Zibia Gasparetto & Lucius

A amizade entre
os dois vai além
da literatura.

Zibia Gasparetto *(in memoriam)* foi uma das principais escritoras espiritualistas do Brasil e, com maestria e sensibilidade, cativou leitores por várias gerações. Até hoje, seus romances nos permitem entender a importância do amor, o valor do perdão e a força que trazemos em nossa alma.

Seu primeiro trabalho como escritora foi o livro *O amor venceu*, ditado pelo espírito Lucius em 1958. A amizade entre os dois foi além da literatura: para Zibia, ele era um verdadeiro mestre. Quando Lucius se aproximava, o pensamento da autora tornava-se mais claro, lúcido, e ela sentia uma indescritível paz interior. Com ele, a escritora aprendeu a observar os fatos do dia a dia com os olhos da alma.

Ao longo de sua carreira, Zibia publicou 60 obras, trilhando um caminho de fé, perseverança e compromisso com a espiritualidade.

© 1992, 2015 por Zibia Gasparetto
©iStockphoto.com/IngredientsPhoto

Coordenadora editorial: Tânia Lins
Coordenador de comunicação: Marcio Lipari
Assistente editorial: Mayara Silvestre Richard
Coordenadora de arte: Priscila Noberto
Capa e projeto gráfico: Jaqueline Kir Biyikian
Diagramadora: Priscilla Andrade
Revisora: Cristina Peres

1ª edição — 43 impressões
2ª edição — 9ª impressão
5.000 exemplares
Tiragem total: 497.000 exemplares

Dados Internacionais de Catalogação na Publicação (CIP)
(Câmara Brasileira do Livro, SP, Brasil)

Lucius (Espírito).
Quando a vida escolhe / pelo espírito Lucius ; [psicografado
por] Zibia Gasparetto. — 2. ed. — São Paulo : Centro de
Estudos Vida & Consciência Editora, 2015.

ISBN 978-85-7722-261-2

1. Espiritismo 2. Psicografia 3. Romance espírita
I. Gasparetto, Zibia. II. Título.

13-09679   CDD-133.93

Índices para catálogo sistemático:
1. Romances espíritas psicografados: Espiritismo 133.93

Todos os direitos reservados. Nenhuma parte desta edição pode
ser utilizada ou reproduzida, por qualquer forma ou meio, seja
ele mecânico ou eletrônico, fotocópia, gravação etc., tampouco
apropriada ou estocada em sistema de banco de dados, sem a
expressa autorização da editora (Lei nº 5.988, de 14/12/1973).

Este livro adota as regras do novo acordo ortográfico (2009).

Editora Vida & Consciência
Rua das Oiticicas, 75 – São Paulo – SP – Brasil
CEP 04206-001
editora@vidaeconsciencia.com.br
www.vidaeconsciencia.com.br

ZIBIA GASPARETTO
ROMANCE DITADO PELO ESPÍRITO LUCIUS

QUANDO
A VIDA ESCOLHE

NOVA EDIÇÃO

A SABEDORIA NOS ENSINA
QUE A VIDA SEMPRE
FAZ O MELHOR.

Prólogo

*E*ntardecia. A brisa forte do outono varria as alamedas, espalhando as folhas secas que caíam das árvores amarelecidas, e os raios de sol, que se filtravam por entre as nuvens cinzentas, não conseguiam aquecer os raros transeuntes que caminhavam por entre as campas naquele domingo.

Com um maço de flores entre as mãos, um cavalheiro bem-vestido, revelando sua linhagem nobre, procurava um nome, lendo atentamente as inscrições das lápides.

Finalmente, parou.

Aqui jaz
SUZANNE FERGUSON,
que deixou a Terra em 30 de setembro de 1906.

Seus olhos encheram-se de lágrimas. Por seu rosto amadurecido passou uma onda de emoção.

Finalmente a encontrara. Finalmente tinha notícias. Ela estava morta!

Como sonhara com o momento do reencontro! Como buscara por toda parte sua figura amada! Tudo inútil.

Quase vinte e cinco anos gastara nessa busca e, agora, apenas encontrara uma lápide fria, onde a morte matava suas esperanças e o coração oprimido apenas dizia:

— Nunca mais! Nunca mais verei seu rosto amado, ouvirei seu riso cristalino, tomarei suas mãos, beijarei seus cabelos castanhos, abraçarei seu corpo querido sentindo seu coração bater junto ao meu.

Era muito cruel, e ele se curvou ao peso de sua dor. Colocou as flores sobre o túmulo e ajoelhou-se, deixando que as lágrimas lavassem sua face livremente.

Se ao menos ela soubesse o quanto ele a amava! Se ao menos pudesse ter-lhe dito o quanto havia sofrido e o quanto se arrependia de sua atitude rude, de sua leviandade, de sua ambição! Mas agora tudo estava acabado. Suzanne estava morta e nunca mais o ouviria, e ele não poderia abrir-lhe seu coração, falar-lhe de seus enganos e de seus remorsos.

Permaneceu ali, de joelhos, pensando, pensando desesperado. De que lhe valia agora todo o dinheiro que acumulara? De que lhe valiam a posição, o poder, todas as coisas que ambicionara e pelas quais havia trocado o amor puro de Suzanne, num casamento sem amor, a serviço do interesse e do qual só lhe restavam desilusão e desconforto?

Ah! As lágrimas que ela havia chorado! Seus belos olhos imploraram que ele não a abandonasse, e ele, frio, quase indiferente, propusera-lhe uma ligação extraconjugal, um lar aonde ele iria quando seus compromissos sociais e com a esposa lhe permitissem.

Vendo inúteis suas lágrimas, Suzanne desapareceu às vésperas de seu casamento. A princípio, pensou que ela houvesse se afastado temporariamente. Afinal, ela o amava, tinham uma ligação íntima, ele a sustentava. Naturalmente, ela voltaria quando o dinheiro acabasse ou a saudade apertasse. Era até bom que ela desaparecesse por algum tempo. Não queria que sua nova posição, desposando uma moça de família tradicional e de grande projeção social, pudesse ser prejudicada por sua ligação com Suzanne.

Afinal, Maria Helena acreditava que ele a amasse. Representara o papel com tal veemência que ninguém aventou a hipótese de que ele houvesse se casado por interesse. Ele procedia de uma família de estirpe. Seus pais haviam pertencido à corte no Rio de Janeiro no tempo do Império e haviam lhe legado seus bens, que lhe possibilitavam manter uma boa aparência.

José Luís gostava do luxo. Vivia rodeado de tudo quanto era de melhor, adorava obras de arte, e sua bela casa no Rio de Janeiro era mobiliada com móveis franceses. Todos os utensílios, e até suas roupas, eram importados.

Era recebido nas altas rodas e muito considerado por sua sobriedade e sensatez. Contudo, José Luís sabia que seus recursos eram poucos. Ele queria mais, muito mais.

Maria Helena pareceu-lhe a mulher ideal para seus planos de poder. Seus pais usufruíam de projeção social, política e eram muito ricos. O pai dela, batalhador pela República, deputado federal, ocupava alto cargo de confiança do presidente Floriano Peixoto.

José Luís aspirava a subir. Era advogado, estudara, porém não acreditava que conseguiria projetar-se sem cartucho.

Conhecera Suzanne em seus tempos de estudante em São Paulo. Ela era brasileira, porém havia sido adotada por um casal de Ingleses que a educaram muito bem. Falava inglês com naturalidade e sem sotaque. Seu pai adotivo era funcionário da estrada de ferro. Não tinham filhos e, ao adotar Suzanne recém-nascida, fizeram-no por amor. Deram-lhe tudo quanto puderam. Ela era linda, inteligente, culta, educada.

José Luís logo se sentiu atraído por seu ar brejeiro, por seu riso franco e cristalino, por seu rostinho doce e delicado. Amou-a profundamente. Apesar disso, esquivou-se sempre de um compromisso sério, alegando os estudos e a necessidade de graduar--se primeiro.

Suzanne entregou-se àquele amor de corpo e alma. Tinha certeza de que, quando ele se formasse, iriam se casar. Ele não desmentia, entretanto, os pais de Suzanne, que apesar do conforto em que viviam e do nível de educação que possuíam, não eram ricos. O pai vivia de seu salário no emprego que, embora fosse muito bom, não lhe proporcionava projeção social ou política.

José Luís queria muito mais. Se se casasse com Suzanne, iria se tornar um advogado medíocre e pobre para o resto da vida. Precisava cuidar de seu futuro. Por isso, quando ia ao Rio visitar os pais, procurava ambiciosamente alguém que preenchesse suas condições.

Maria Helena foi ideal. Era bonita e fina. Olhos vivos, rosto expressivo. Morena, cabelos negros e lisos, corpo elegante, olhos escuros e brilhantes. Apaixonou-se por ele rapidamente, e José Luís exultou. Do namoro ao noivado foi um pulo, e seus pais, lisonjeados, aprovavam com entusiasmo aquela união.

Em sua formatura, todos iriam a São Paulo assistir às solenidades, e José Luís resolveu acabar sua ligação com Suzanne. Era-lhe penoso esse momento, não queria que ela sofresse. Amava-a muito. Não desejava perder seu amor. Contava com o tempo para que a situação se arranjasse da melhor forma. Suzanne amava-o muito. Sofreria a princípio, mas, depois, haveria de aceitar. Iria vê-la sempre que pudesse. No futuro, quem sabe, talvez ela pudesse ir morar no Rio de Janeiro. Montaria uma bela casa, onde eles seriam felizes.

Os pais de Suzanne voltariam à Inglaterra dentro de pouco tempo. Ela lhe prometera ficar com ele. Às vésperas da formatura, José Luís contou-lhe tudo: sua ambição, seu noivado, seus projetos, tudo. Suzanne chorou muito, mas não aceitou a situação, como ele desejara. Disse-lhe que, se ele se casasse, nunca mais a veria.

Ele não acreditou. Ela o amava e haveria de reconsiderar. Ela, porém, não voltou, desapareceu, e ele nunca mais a encontrou. Tinha procurado por ela inutilmente. Soube que haviam voltado à Inglaterra. Conseguiu uma viagem pretextando negócios e foi até lá. Não os encontrou. Contratou um agente a quem pagou regiamente para localizá-la, inutilmente. Parecia que a terra a havia tragado.

A saudade doía em seu coração. Ele tentou esquecê-la. Afinal, possuía tudo que queria: posição, dinheiro, vida social. Maria Helena deu-lhe dois filhos sadios e inteligentes. Era atenciosa e dedicada. O que mais poderia desejar?

Mas o riso de Suzanne vinha-lhe à memória, seu rosto alegre e carinhoso aparecia-lhe em sonhos nos quais as cenas de amor eram uma constante. José Luís não conseguia esquecê-la.

Os anos passaram e com eles vieram o tédio da vida mundana, a rotina de um casamento sem amor. José Luís não

10

conseguia continuar representando para Maria Helena o papel de apaixonado. Cedo ela percebeu que ele não a amava. Discreta e educada, ferida em seus sentimentos, ela se fechou, tornando-se distante e fria com ele. Assim seu relacionamento foi ficando apenas formal, e José Luís procurava, em outras ligações, o amor, sem conseguir encontrá-lo.

Arrependeu-se de não haver desposado Suzanne. Intensificou as buscas até que, por fim, localizou, naquele cemitério no Rio de Janeiro mesmo, a singela sepultura.

Olhou o retrato oval incrustado na lápide, no qual Suzanne aparecia sorrindo. Como pudera ser tão cego? Como pudera trocar o amor daquela criatura pelas ilusões mundanas?

Mas era tarde. Agora só lhe restava chorar. Ficou ali, amargurado, durante algum tempo. Quando se preparava para levantar-se, sentiu que uma mão suave lhe tocou levemente o ombro.

Levantou-se. Uma jovem estava diante dele. Olhou-a admirado. Os mesmos olhos de Suzanne, os mesmos cabelos castanhos e anelados. Sentiu um choque.

— Desculpe se o assustei. É que não o conheço e nunca o vi aqui.

José Luís não sabia o que dizer. A surpresa emudecia-o. Ela continuou:

— Está emocionado. Chorou por ela. Diga-me: conheceu minha mãe?

Ele se sentiu aturdido. Ela era filha de Suzanne. Então ela havia se casado! Claro! Por que nunca pensara nisso?

Uma onda de ciúme o acometeu. O amor de Suzanne teria se acabado? Ele precisava saber. Era importante conhecer a verdade.

Olhou aquele rostinho delicado, tão parecido com o de Suzanne, e respondeu:

— Sim. Conheci muito sua mãe. Faz muitos anos.

Ela suspirou fundo.

— Talvez então o senhor possa me explicar algumas coisas — disse pensativa.

— Eu pensava exatamente a mesma coisa.

— Precisamos conversar — tornou ela, séria.

— Certamente. A tarde está fria. Aceitaria tomar um chá comigo?

— Com prazer. Vejo que trouxe flores. Vamos arrumá-las no vaso. Depois, iremos.

Com delicadeza e carinho, ela dispôs as flores enquanto ele a esperava. Apesar de toda a emoção, José Luís, de repente, sentiu uma sensação de paz.

Eles não viram que o espírito de Suzanne estava ali, luminoso e belo, olhando a cena com emoção.

"Finalmente, meu Deus", pensou ela com alegria. "Finalmente eles se encontraram".

Seu coração em prece envolveu-os com muito amor, e ela os acompanhou quando saíram do cemitério e procuraram um local apropriado para conversar.

I
Primeiro
Capítulo

Sentados frente a frente em uma confeitaria elegante, olhavam-se com disfarçada curiosidade. José Luís estava muito emocionado. O rosto corado e expressivo da moça lembrava muito o de Suzanne, e ele sentia aumentar a saudade.

— Disse que conheceu minha mãe...

— Sim. Conheci muito, e, vendo-a tão parecida com ela, sinto-me emocionado.

— Por quê?

— Como se chama? — indagou interessado.

— Luciana.

— Meu nome é José Luís. Sua mãe nunca o mencionou?

— Não — respondeu ela, pensativa.

— Compreendo. Por certo seu marido não compreenderia. Nós fomos namorados.

— Mamãe nunca se casou.

José Luís sentiu um baque no coração. Uma súbita suspeita começou a despertar dentro dele. Precisava saber mais, queria saber tudo.

Emocionado, colocou a mão sobre a dela, apertando-a com força quando disse:

— Luciana, por favor, preciso saber tudo. É importante que me conte sua vida, onde andaram todos esses anos.

— Por quê? — inquiriu ela, sentindo-se também envolvida por grande emoção.

Ela pressentia que finalmente iria conhecer o drama de sua mãe, seu passado, sua origem. Ele respondeu:

— É preciso. Há quase vinte e cinco anos procuro Suzanne desesperadamente. Só hoje descobri que está morta há dez anos. Se ela não se casou, isto é, você...

— Não sei o que dizer... Talvez o senhor possa esclarecer-me. Ela nunca me falou sobre o passado. Meus avós diziam-me que não fizesse perguntas, que ela havia sofrido muito e precisava esquecer.

— Quantos anos tem? — inquiriu ele, trêmulo.

— Vinte e quatro — disse ela de sopro. — Por favor, se sabe de alguma coisa, conte-me.

Sem poder conter-se mais, José Luís disse a Luciana com certa euforia:

— É cedo para dizer, porém tudo leva a crer que você seja...

— Que eu seja? — ela o encorajou, vendo-o hesitar.

— Minha filha! — concluiu ele, apertando as mãos dela com força.

Ficaram calados alguns minutos, olhando-se sem coragem de falar. Depois, quando serenou, ela disse:

— Deve ter boas razões para pensar assim. Por favor, conte-me tudo. Depois, direi o que sei.

— Muito bem — concordou ele, fazendo uma pausa, esperando que o garçom dispusesse as iguarias sobre a mesa e lhes servisse o chá.

Olhando o rosto emocionado de José Luís, ela considerou:

— Vamos tomar o chá. Ambos precisamos de um. Quero saber tudo, com detalhes.

José Luís sorveu alguns goles de chá e procurou acalmar-se. Depois, sentindo-se mais encorajado, contou tudo sobre seu amor e sua história com Suzanne. Não omitiu nenhum detalhe. Ao contrário, foi duro consigo mesmo, como que se penitenciando para a filha, já que não podia fazê-lo diante de Suzanne.

Ela ouviu, sentindo as lágrimas rolarem pelas faces, pensando no sofrimento de sua mãe.

— Estou arrependido — terminou ele. — Queria pedir-lhe perdão. Dizer que me enganei. Que, se fosse hoje, eu não a teria perdido. Mas agora é tarde! Ela partiu para sempre!

— Engana-se — respondeu Luciana. — Seu corpo morreu, mas seu espírito continua vivo e ao meu lado. Sinto-a junto a mim. Vejo-a de vez em quando.

Ele a olhou admirado. Luciana tinha alucinações.

— É verdade. A morte não é o fim de tudo. Nós somos eternos! Não acredita nisso?

— Não. Sinto desiludi-la. Se isso a conforta, posso compreender. Mas quem morre jamais volta. Nunca mais voltaremos a nos ver.

Luciana olhou-o com tristeza.

— Sinto que ainda não tenha descoberto esta verdade. É triste pensar no "nunca mais".

— Isso tem me crucificado. Mas não tem remédio. Agora conte-me tudo que sabe. Sua idade desperta em mim uma suspeita. Ela não se casou, pode ser que... Conte-me tudo.

Luciana concordou com a cabeça e começou:

— Nasci no Brasil no dia 4 de julho de 1892, mas fui empregada em Londres, onde vivemos durante oito anos. Em casa, meus avós nunca mencionavam meu pai, e, quando eu perguntava por ele, minha mãe dizia que ele havia morrido antes de meu nascimento e que eles nunca tinham se casado. Ela, porém, sofria tanto quando eu perguntava, que minha avó me repreendia dizendo que evitasse o assunto, que minha mãe guardava grande mágoa no coração, que eu precisava dar-lhe muito amor para ajudá-la a superar essa dor. Fiz o que pude. Aliás, era fácil gostar de mamãe. Ela era encantadora, amorosa, amiga e bondosa. Desvelava-se por mim abnegadamente, e eu a amava muito. Meu avô morreu em 1899, e vovó ficou muito abalada com essa perda.

Fez uma pausa e continuou:

— Nossa situação financeira não era boa, e minha mãe trabalhava muito para ajudar nas despesas. Foi quando ela decidiu voltar ao Brasil. Vovó havia deixado uma pequena casa em São Paulo, da qual não recebia dinheiro algum por estar emprestada a uma amiga. Escrevemos a ela e fomos para São Paulo. A casa era pequena, mas quando a amiga de vovó se mudou, pudemos

15

nos instalar. Mamãe procurou trabalhar, o que era difícil, apesar do progresso e das novas oportunidades que a mudança do século trouxera. Ela dava aulas de inglês aos filhos de famílias ricas, mas, naqueles tempos, o francês estava mais em evidência. Apesar de conhecer esse idioma, ela não sabia o suficiente para ensiná-lo. Conseguiu alguns alunos e assim pudemos ir vivendo com dificuldade.

José Luís disse como para si mesmo:

— Suzanne nunca me disse que estava grávida. Eu jamais soube disso.

— Acredito. É próprio de seu caráter. Um dia, apareceu em casa muito nervosa. Disse que precisávamos partir. Que havia uma pessoa interessada em descobrir nosso paradeiro. Vovó tentou dissuadi-la. Afinal, a casa era nossa segurança. Mas ela não cedeu. Assim, vendemos a casa e viajamos para cá.

— Em que ano foi?

— Fins de 1900 ou começo de 1901, não me lembro bem. O dinheiro da casa foi gasto quase todo, enquanto mamãe procurava emprego e pagávamos aluguel no subúrbio. Ela adoeceu gravemente, e nós passamos por muitas dificuldades. Minha avó possuía joias que foram vendidas para tentar salvá-la. Foi inútil. Depois que ela morreu, eu e vovó ficamos muito tristes. Mamãe, apesar de todas as suas lutas, sempre nos animava a prosseguir. Era alegre e jamais esmorecia. Sem ela, sentimo-nos abaladas e sem rumo. Vovó queria voltar para a Inglaterra, porém não tínhamos recursos para a viagem. Depois, eu preferia ficar no Brasil. Era minha terra e eu sentia que aqui era nosso lugar.

Luciana parou, olhos perdidos em um ponto indefinido, imersa nas recordações. Depois de alguns instantes, continuou:

— Mas nós tínhamos de viver. O dinheiro acabou. Vovó era velha demais para trabalhar, e eu procurei sem sucesso uma colocação qualquer que nos permitisse sobreviver. Uma noite em que eu estava desesperada, sonhei com minha mãe. Ela estava na cozinha com vovó e dizia com voz firme:

"— Suas conservas são deliciosas. Todos gostam. Eu tenho saudade delas. São maravilhosas."

— No sonho, vovó sorria contente. E quando, no dia seguinte, contei-lhe o que havia sonhado, ela se animou dizendo:

16

"— As conservas! Vou fazer para vender. Não acha uma boa ideia?"

— E, assim, começamos a trabalhar. Eu a ajudava, e fazíamos doces, conservas de legumes, tudo que ela sabia. Vendíamos para vizinhos, amigos, conhecidos. Aos poucos fomos ficando conhecidas, e nossos produtos eram muito procurados. Graças a isso, pude terminar meus estudos.

Luciana fez uma pausa, olhos perdidos, mergulhada em suas recordações.

José Luís olhou-a comovido.

— Vocês não precisavam ter passado por tudo isso. Apesar do que fiz, eu jamais deixaria de ajudar se tivesse conhecido a verdade.

Luciana levantou o olhar, encarando-o.

— Não lamente. O que mamãe fez estava certo. Já que o senhor escolheu outro caminho, ela se afastou e procurou resolver sozinha seus problemas.

— Vocês sofreram sem necessidade.

— Não diga isso. Nossas lutas foram boas e nos deram experiência. Apesar das dificuldades, conseguimos viver muito bem.

José Luís olhou-a comovido.

— Não tenho dúvida de que você é minha filha. A coincidência de datas não permite que Suzanne tenha tido outro romance depois do nosso. Dá para perceber que, quando nos separamos, ela já estava esperando você.

Luciana sorriu:

— Se lhe agrada saber, ela jamais teve outro namorado. Vovó não se conformava, vendo-a jovem, bonita, alegre, muito cortejada apesar de não encorajar ninguém, sem querer aceitar nenhum admirador.

José Luís sentiu uma onda de emoção.

— Apesar de tudo, eu também nunca a esqueci. Jamais deixei de procurá-la, e, se ela não tivesse se mudado de São Paulo, eu a teria encontrado.

Luciana suspirou pensativa.

— Isso não teria mudado nada: ela jamais aceitaria um relacionamento dessa natureza.

17

— Não sei. Nosso amor era muito grande e puro, só entendi isso muitos anos depois.

— Seja como for, agora tudo mudou.

José Luís concordou com a cabeça.

— É verdade. Nada mais posso fazer senão me conformar.

Seu rosto refletia tristeza e desânimo. Continuou pensativo:

— Agora a vida vai perder todo o seu encanto. Antes, eu alimentava a esperança de rever Suzanne, sonhava com o reencontro, com as coisas que lhe diria para provar meu arrependimento. Contava refazer nossas vidas. Infelizmente, tudo acabou.

Luciana olhou-o séria:

— Não deve alimentar tristeza nem pessimismo. A escolha foi sua. A vida sempre coloca em nossa frente várias opções. A escolha é livre, mas, uma vez feita a opção, cessa nossa liberdade e somos forçados a recolher as consequências.

José Luís olhou-a admirado.

— Gostaria que fosse diferente — disse.

— Se houvesse se casado com minha mãe, talvez guardasse para sempre a ilusão de que o outro caminho fosse melhor. Talvez se arrependesse.

— Você se engana. Se eu a houvesse desposado, teria encontrado a felicidade.

— Será? Acredito que ela saberia fazê-lo feliz, mas seu coração teria se privado de coisas que valorizava. Isso não o teria tornado infeliz? Apesar de ter o amor dela, isso, naquele tempo, não lhe bastava.

José Luís sentiu que era verdade. Se houvesse se casado com Suzanne, por mais felizes que tivessem sido, ele sempre guardaria certa insatisfação, sua ambição não o teria deixado ser completamente feliz.

Olhou o rostinho corado da filha, aparentando ser mais jovem do que era, e admirou-se de novo.

— Hoje sei que estava errado. Minhas ambições satisfeitas não me deram a alegria que esperava.

Luciana colocou a mão sobre o braço de José Luís, dizendo com voz serena:

— Todos os acontecimentos da vida guardam lições preciosas. O senhor precisava compreender isso.

— Agora é tarde.

Luciana sorriu de leve.

— O senhor tem uma missão a cumprir neste mundo. Uma família para manter, orientar, amar. O dever cumprido sempre nos dá muita dignidade.

— Tenho uma esposa indiferente e fria. Um casal de filhos sempre ocupado com as disciplinas que Maria Helena exige. Não parecem precisar de nada. Eu tenho os negócios, nada mais. Apesar de tudo, foi muito bom ter encontrado você.

Luciana suspirou:

— Sempre duvidei da morte de meu pai. Nunca me apresentaram seu túmulo. Nunca se podia falar sobre ele. Agora compreendo tudo.

— Espero que me perdoe e aceite minha amizade. Sinto-me feliz por tê-la encontrado.

— Eu também. Agora preciso ir. Vovó deve estar me esperando.

— Vou levá-la para casa. Gostaria de falar à sua avó.

— Seria melhor prepará-la primeiro. Não desejo emocioná-la muito.

— Vou até lá, ficarei esperando do lado de fora enquanto conversa com ela e a prepara para receber-me. É muito importante para mim falar-lhe.

— Está bem. Podemos ir.

Luciana morava em uma pequenina casa no subúrbio. Apesar do combinado, a moça convidou-o a entrar. Vendo-os, Egle levantou-se da poltrona, admirada.

José Luís, emocionado, chapéu entre as mãos, esperava, fitando aquele rosto envelhecido com respeito e ansiedade.

— Vovó — foi dizendo Luciana —, este é um velho conhecido seu que veio visitar-nos. Estava chorando no túmulo de mamãe.

Egle empalideceu e em seguida passou ao rubor. Quis falar, mas a voz não saiu. Durante anos, considerara aquele homem o grande responsável por todos os sofrimentos que Suzanne passara. Chegara a odiá-lo, principalmente por presenciar a dignidade da filha, que nunca o depreciara.

Suzanne sofria, mas, ao mesmo tempo, compreendia que ele tinha o direito de escolher outro caminho. No entanto não

19

conseguia esquecê-lo e amar outro homem. Sua vida havia ficado destruída por essa traição.

Egle gostava de José Luís, embora identificasse nele muita vaidade e ambição. Mas Suzanne amava-o, e, vendo-a feliz com as atenções e o carinho dele, apreciava-o.

Contudo, depois do que ele fizera, seu coração encheu-se de mágoa, ressentimentos, tristeza. Ele não tinha o direito de destruir os sonhos de Suzanne. Era um homem egoísta, frio, capaz de trocar o amor pelo dinheiro, e isso o tornara desprezível a seus olhos. Ajudara a filha a suportar as suas lutas, mas o espinho ainda estava cravado em seu coração.

José Luís avançou procurando fixar-lhe os olhos angustiados.

— Dona Egle, precisamos conversar.

Foi com voz baixa e dificultada pela emoção que ela respondeu:

— Agora nada mais há para dizer. Não deveria ter vindo.

— Eu precisava. Tenho sofrido muito. Estou arrependido!

Uma onda de indignação coloriu o rosto da velha senhora. A custo dominou-se. Voltou-se para Luciana:

— Deixe-nos a sós.

A moça protestou.

— Sei de tudo, vovó. Estou a par do passado. Agora conheço minha origem.

A velha olhou-a angustiada.

— O que lhe disse ele? Você acreditou?

— A verdade — disse ele. — Quando terminei com Suzanne, não sabia que ela ia ser mãe. Por que não me contou?

Egle deixou-se cair na poltrona sem saber o que dizer. Durante tantos anos ela e Suzanne haviam procurado fugir a esse encontro que, mesmo agora, tantos anos depois da morte da filha, ele ainda a atemorizava.

Guardou silêncio por alguns momentos, depois disse com voz magoada:

— Com que direito o senhor volta depois de tantos anos para remexer a ferida que ainda dói?

— Foi o acaso que nos reuniu — disse ele, emocionado. — Eu nunca soube que tinha essa filha. Não acha que isso também foi injusto? Durante anos procurei Suzanne por toda parte. Jamais deixei de amá-la!

— Seu amor não foi o bastante para defendê-lo da ambição.
José Luís baixou a cabeça, pensativo. Ela prosseguiu:
— Nunca pensou em quantas pessoas prejudicou?
Ele levantou a cabeça olhando-a corajosamente.
— Há muitos anos compreendi meu erro. Procurei Suzanne para pedir-lhe perdão. Se eu pudesse voltar o tempo, tudo seria diferente, mas infelizmente agora é tarde. Ela está morta. Nunca mais poderei dizer-lhe o quanto me arrependi do que fiz, o quanto gostaria de ver seu rosto amado, seu sorriso lindo, que nunca esqueci. Eu também não consegui esquecer. Esse é meu castigo: amá-la e não poder tê-la comigo. Desejar sua presença e saber que nunca mais a verei. Todas as coisas que tenho na vida não são suficientes para suprir sua ausência. Em meu sofrimento, conforta-me saber que aqui estão Luciana e a senhora, a quem posso pedir perdão. A quem posso implorar que me compreendam e me ajudem a suportar a angústia de viver.

Lágrimas rolavam pelas faces de José Luís, enquanto ele apertava as mãos nervosamente, pronunciando as palavras com dificuldade, sem que pudesse contê-las.

Foi Luciana quem respondeu, abraçando-o:

— Não posso perdoar, porque não posso acusar, nem julgar. Sei que está sendo sincero. Sei que toda ilusão que valorizamos, a vida sempre destrói. Nossos enganos têm um preço doloroso: a desilusão. Mas têm uma colheita preciosa: o amadurecimento. Apesar de tudo, sinto-me feliz, porque eu estava órfã e agora tenho pai. Gostaria que fosse meu amigo. Se mamãe o amava tanto, é porque encontrou em seu coração a nobreza de alma, a elevação de sentimentos, a grandeza interior. Eu também quero amá-lo. Agora que a vida nos uniu, tenho a certeza de que mamãe vai nos abençoar.

José Luís, embargado pela emoção, abraçou a filha sem poder falar.

Ficaram assim, enlaçados, sentindo o coração bater forte, naquele reencontro de almas. José Luís sentiu uma sensação nova de paz, que havia muito tempo não experimentava, invadir-lhe o coração.

21

Envolvidos pela emoção, apenas Luciana percebeu a forma alva de Suzanne, que os abraçava, e em seu coração elevou silenciosa prece de gratidão a Deus.

Quando a comoção serenou, José Luís, tendo entre as suas as mãos de Luciana, considerou:

— Você não se parece com sua mãe só fisicamente, possui também uma nobreza de alma que me enternece. Não me condenou pelo passado. Isso aumenta a consciência de minha culpa. Mas hei de provar-lhe meu arrependimento, verá. Daqui para frente, cuidarei de você.

Egle olhou-o séria.

— Você tem uma família. Não prometa o que não poderá cumprir. Temos vivido bem até aqui. Deixe-nos seguir nosso caminho em paz.

José Luís fixou-a com firmeza.

— Vejo que ainda não me perdoou — disse.

— O arrependimento não apaga o sofrimento que nos vai na alma.

— Reconheço isso. Mas desejo esforçar-me, tentar pelo menos refazer aquilo que me for possível. O que me resta, senão isso? Sua mágoa é, tanto quanto a minha, insolúvel. O que podemos fazer agora?

Luciana abraçou a avó com ternura.

— Vovó, não agasalhe o ressentimento no coração. Isso não vai modificar o que passou e não tem remédio. Pelo contrário, além de debilitar sua saúde, fazer-lhe muito mal, ainda entristece mamãe, que há muito compreendeu e perdoou. Se ela, que foi a mais prejudicada, não guarda ressentimentos nem mágoas, por que nós vamos fazer isso? Esqueça o passado, vovó. Não somos suficientes para julgar e criticar ninguém. Abrace meu pai e vamos esquecer. Procuremos daqui para frente viver melhor e cultivar amizade e amor. Isso nos fará mais felizes.

— Esquecer os sofrimentos de sua mãe? — tornou ela com voz dorida.

— Sim — respondeu Luciana num sopro. — Se ela sofreu, foi porque Deus permitiu. Deve ter sido por uma razão justa. Ela já perdoou e espera que saibamos compreender. Espera também, antes de tudo, que nos abracemos com otimismo e vontade de sermos melhores.

Egle baixou a cabeça sem saber o que dizer. Luciana tomou a mão da avó e colocou-a sobre a do pai, dizendo:

— O passado está morto e nada poderemos fazer por ele. Mas hoje estamos juntos e podemos nos esforçar para vivermos melhor.

Egle não teve mais argumentos. Apertou a mão de José Luís e aceitou o beijo que ele delicadamente depositou nela.

— E agora — continuou Luciana — vamos nos sentar para conversar. Quero saber tudo sobre o senhor, seus hábitos, seus gostos, suas ideias. Vamos nos conhecer melhor, recuperar o tempo perdido.

José Luís sentiu um brando calor aquecer-lhe o coração. Luciana era encantadora. Ele se deixou conduzir docilmente até gostosa poltrona, onde se sentou, enquanto ela se acomodava em uma banqueta a seus pés.

Foi com prazer que José Luís se entregou àquele momento, descobrindo entre surpreendido e encantado as belezas daquela alma de mulher, tão jovem ainda, mas possuidora de gosto requintado, instrução e uma espontaneidade que o deslumbravam.

José Luís esqueceu-se do tempo, dos problemas, do passado, de tudo. Só horas depois foi que deixou a modesta casa, sentindo o coração vibrar de alegria e prometendo a si mesmo voltar muito breve.

Passava das dez horas quando José Luís entrou em casa, encontrando-a parcialmente às escuras. Todos já se haviam recolhido. A não ser que tivessem algo especial, uma visita ou uma data significativa, às nove horas, invariavelmente, Maria Helena dava boa-noite aos filhos, que iam cada um para seu quarto, e ela perguntava ao marido se precisava de alguma coisa. Era como uma formalidade, porque a casa era muito bem administrada e Amélia, a governanta, cuidava muito bem de tudo.

José Luís tinha tudo à mão e um criado sempre atento aos seus mínimos desejos. Invariavelmente ele respondia um "não, obrigado" e ela, em seguida, depois de um simples boa-noite, ia para seus aposentos.

Dormiam em quartos separados. A princípio não fora assim. Eles habitavam suntuoso quarto de casal onde José Luís dormia ao lado da mulher na belíssima cama importada da França, em alvos lençóis de linho, finamente bordados.

Mas no fim da gravidez do primeiro filho, a pretexto de não incomodá-la, José Luís escolhera dois quartos conjugados da bela e luxuosa vivenda e transformara-os em ricos aposentos, confortáveis e belos, onde passou a dormir.

Nunca mais expressou desejo de voltar a dormir na cama com a esposa, que nunca o convidara ao retorno nem lhe perguntara o porquê desse afastamento.

Apesar disso, José Luís cumpria duas vezes por semana suas funções de marido, passando pelo quarto da esposa antes de recolher-se ao seu. Com o correr do tempo, esse contato foi se espaçando, e agora nem se lembrava quanto tempo não ia ter com Maria Helena.

Às vezes, sua consciência acusava-o de indiferença, mas Maria Helena nunca emitira qualquer queixa. Talvez até não o amasse e aceitasse sua intimidade por obrigação. Cansara-se de fingir um amor que não sentia.

Ela era bonita, fina, bem-cuidada, aristocrata. No começo do casamento, ela algumas vezes havia aparentado um ardor que o estimulara, fazendo-o ter esperanças de um bom relacionamento conjugal. Mas, depois do nascimento do filho, ela se tornara fria e fechada, não demonstrando qualquer emoção, e José Luís, temperamento ardente e romântico, justificava com essa atitude seu afastamento cada vez maior da intimidade dela.

Era, porém, um marido socialmente impecável. Fazia questão de ser atencioso com ela, de cumprir seus deveres de chefe de família. Acompanhava-a às visitas de praxe. Às terças-feiras, sempre estava em casa para o sarau costumeiro, onde, após a parte literária e musical, eram servidos vinho e licor, doces e café, indo os homens para a sala fumar, enquanto as mulheres conversavam e os jovens entretinham-se em brincadeiras de salão.

Invariavelmente, entre dez e dez e meia, despediam-se os amigos, e o casal, à porta, agradecia-lhes a presença, convidando-os à semana seguinte.

Maria Helena sabia receber com fidalguia, e José Luís orgulhava-se de sua classe e finura, de seu bom gosto, dispondo tudo com luxo e distinção. Além disso, era exímia pianista, havendo estudado até na França, e, por isso, sempre muito solicitada a que tocasse nesses saraus. Apesar de só tocar os clássicos, ela os escolhia com muito bom gosto e era sempre muito aplaudida.

De vez em quando o casal retribuía comparecendo aos saraus de alguns amigos, para haver reciprocidade. Eram sempre muito bem recebidos, não só pela posição social que ocupavam como também pela classe, simpatia e finura com que se comportavam. Eram tidos por todos como casal-modelo de felicidade e bom-tom.

José Luís ainda se sentia emocionado. Despediu o empregado que, calado, o esperava, tendo aprontado o leito e disposto seu traje de dormir. Enquanto se preparava para deitar, seu coração batia descompassado, recordando os últimos acontecimentos.

Deitou-se, porém a alegria não lhe permitia conciliar o sono.

Quando a notícia da morte de Suzanne chegou a seu conhecimento, uma enorme sensação de perda abateu-o. Jamais pensara na possibilidade de que ela houvesse morrido. Suzanne era a alegria, a própria vida. Como podia haver se transformado em um corpo frio, morto, para nunca mais voltar?

Sentia-se revoltado pensando nisso, porém a presença de Luciana despertara nele emoções novas. Ela era muito diferente de seus dois filhos. João Henrique era frio e distante como a mãe, e seu relacionamento com ele era seco e disciplinar. Ele só se mostrava tocado em seu amor pela mãe. Era ciumento em seu afeto e muito apegado a ela, por quem demonstrava muita afinidade. Maria Lúcia era muito tímida e pouco comunicativa. Obedecia sempre sem reclamar e ruborizava-se por qualquer coisa, e se alguém mencionasse esse particular, não continha o pranto. Sua mãe era enérgica com ela, escolhendo seus trajes, seu penteado, tudo, e ficava muito irritada quando a inquiria sobre qualquer assunto e a via indecisa e ruborizada sem saber o que responder. Costumava comentar com o marido as qualidades do filho, tão inteligente, seguro e tendo sempre uma boa resposta para tudo, e seu desgosto com relação à filha, que, apesar de não ser uma moça feia (era até bonita), não tinha bom gosto, classe e possuía pouca inteligência.

José Luís ouvia-a e, assumindo seu papel de pai, lembrava a pouca idade da menina e sua esperança de que com o tempo ela viesse a melhorar. Ele também não gostava de vê-la confundida e envergonhada, apagada e sempre em último plano.

Luciana não era igual a eles. Tinha ideias próprias, era culta sem ser pedante ou indiferente, carinhosa sem ser piegas, inteligente, dizendo coisas que o haviam feito refletir, verdades que ele nunca havia percebido antes.

Sentia enorme admiração por ela. Gostaria de contar ao mundo que aquela linda criatura era sua filha, mas reconhecia não poder fazer isso. Todavia, desejava dar-lhe tudo que pudesse, como a compensar o que negara no passado tanto a Suzanne quanto a ela própria.

José Luís agitou-se no leito procurando posição mais confortável. Compraia uma bela casa em lugar aprazível e iria decorá-la. Daria a Luciana uma boa mesada para manter-se com o luxo e a riqueza que merecia. Talvez lhe desse bens que pudessem garantir-lhe boa renda para o resto da vida. Era o mínimo que podia fazer por ela, depois de tudo quanto ela havia sofrido.

Era já madrugada quando ele finalmente conseguiu adormecer.

II
Segundo
Capítulo

Sentada ao piano, Maria Helena percorria as teclas com os dedos ágeis, arrancando sons harmoniosos do instrumento que enchiam o ar da bela sala de estar. Sentia o coração apertado por um sentimento opressivo e sem remédio, que a enchia de desalento e tristeza.

Nesses momentos, recorria à música, procurando extravasar com ela suas emoções, recalcadas e escondidas sob o verniz das conveniências.

Sentia-se muito só. Casara-se por amor. José Luís representara para ela sua própria razão de viver. Seu riso franco e gentil, seus olhos verdes e emotivos, seus beijos quentes e delicados, sua elegância natural, seu porte altivo e seu jeito encantador haviam-na conquistado desde o primeiro dia.

Educada de forma rígida e muito disciplinar, procurava ocultar seus sentimentos como se fosse vergonhoso amar ou desejar ser amada. Mas ele a cortejara, e ela se sentira imensamente feliz. Casar-se com ele era tudo quanto podia aspirar. Foi com o coração cantando de alegria que deu o "sim" no dia do casamento e seus olhos encheram-se de lágrimas, emocionada de felicidade.

A gentileza, as atenções, a delicadeza do marido tornaram-na mais feliz ainda, e Maria Helena deixara-se embalar nas asas do sonho, julgando haver conquistado o paraíso na Terra.

Aos poucos, entretanto, foi percebendo que o marido não demonstrava o mesmo interesse dos primeiros dias. Era natural, pensara ela. Ouvira contar, por pessoas mais velhas e experientes, que no casamento, com o correr do tempo, a paixão inicial cede lugar à amizade bem comportada em que o amor se acomoda ao cotidiano, amadurecendo. Mas sua percepção de mulher apaixonada foi fazendo-a notar que, sob as atenções de homem educado, não havia o calor de que ela gostaria.

Quando José Luís se aproximava, Maria Helena sentia-se estremecer. Seu coração batia mais forte, desejosa de que ele a abraçasse e beijasse. Tremia ao pensar nisso, sentia uma onda de calor envolver seu corpo, porém dominava-se, lutando contra a emoção, buscando não demonstrar o que lhe ia na alma, pois percebia que José Luís estava indiferente, parecendo não sentir nenhuma emoção com sua proximidade.

"A mulher deve ser passiva", pensava ela. Deus nos livre que José Luís viesse a perceber sua paixão escondida, seu amor descontrolado. Seria humilhante, indigno.

E ela continuava aparentando indiferença, esperando que ele demonstrasse seu amor, para poder aceitar seus carinhos, e, ainda assim, lutando para não aparecer diante dele como uma mulher venal e loucamente apaixonada.

Aos poucos, Maria Helena foi vendo José Luís distanciar-se dela, que engolia sua decepção, seu sofrimento, sufocava seus anseios e procurava mostrar-se indiferente. Todavia, se ela conseguia esse controle, seu coração aguardava com verdadeira ansiedade os dias em que José Luís buscava seu quarto. Nessas ocasiões, tentava iludir-se, sentindo seus beijos e seus carinhos, pensando que ele a amava, mas que essa era a forma de amar no casamento, e que ela deveria contentar-se com isso, deixando suas ilusões de lado.

José Luís era formal e não a deixava participar de sua vida interior. Muitas vezes surpreendera-o com olhos perdidos na distância, ar tristonho e rosto contraído. Ela sentia que o marido sofria, desconfiava que ele tivesse um problema, mas, como ele nunca se abria, ela não dizia nada. Além disso, sempre que ela desejava chegar-se mais a ele, tentar maior intimidade, José Luís esquivava-se educadamente.

28

Maria Helena sentira, pouco a pouco, aumentar a barreira que havia entre eles, e não sabia como modificar essa situação. Compreendeu, por fim, que o marido não a amava. Quando teria deixado de amá-la? Não sabia. Temia perguntar-se se ele a teria amado algum dia. Preferia acreditar que ele, satisfeitos seus desejos, acomodara-se ao casamento, como muitos casais que conhecia, restando apenas a convivência educada e natural da tolerância mútua.

Apesar de entender tudo isso, de repetir-se esses conceitos, Maria Helena amava o marido. Sofria com seu abandono, sentia sua indiferença. Havia momentos em que desejava abraçá-lo, estar com ele, sentindo seus braços envolverem seu corpo, descansando a cabeça em seu peito largo. Então, quando a solidão e o desejo a consumiam, sentava-se ao piano e tocava, tocava.

Deixava a emoção fluir com a música e depois se sentia melhor, mais serena, em condições de continuar mantendo sua aparente indiferença.

Às vezes, a curiosidade incomodava-a. O marido não a procurava havia meses. Teria outras mulheres fora do lar? Essa dúvida atormentava-a e o ciúme feria-a fundo. Sentia-se desprezada, recusada como mulher, depreciada, e fechava-se ainda mais no orgulho, mostrando-se indiferente, para que José Luís jamais viesse a perceber sua dor.

Mas o marido era muito discreto. Seu comportamento exemplar nunca a deixara notar nada, nenhum deslize. Será que ele estaria mantendo-se afastado das mulheres todo esse tempo? Ela duvidava, gostaria de perguntar a outra mulher mais experiente, porém sentia vergonha. Jamais teria coragem de falar com alguém sobre sexo.

João Henrique era seu consolo, seu enlevo. Desde pequeno, ele havia demonstrado seu afeto por ela, preferindo-a a qualquer coisa. Os dois tinham grande afinidade. Gostavam das mesmas coisas e, a sós com o filho, Maria Helena abria o coração, demonstrando seu afeto, dando largas aos sentimentos. Ele a compreendia. Havia muito notara a frieza do pai e censurava-o por isso. Temperamento apaixonado, João Henrique cobria a mãe de beijos e agrados, como querendo suprir a indiferença paterna.

João Henrique não se preocupava muito com o pai. Desde pequeno sentia ciúme da mãe, e ficava aliviado quando o pai se afastava, para poder livremente manifestar seu amor por ela.

José Luís era um pai severo, embora procurasse ser justo. Exigia do filho obediência e respeito, tal qual ele mesmo fora educado. Percebia haver uma barreira entre ele e o filho, mas não conseguia entender o porquê.

Algumas vezes, chegara a surpreender certa animosidade em seus olhos, certa aversão. Nessas horas, sentia remorsos. Pensava: "Esse filho foi concebido sem amor. Como não amo sua mãe, ele não me ama". Tentara aproximar-se mais dele, procurando interessar-se pelas coisas de que ele gostava, porém logo percebia que João Henrique se fechava, rechaçando seu interesse.

José Luís sentia-se culpado por haver enganado Maria Helena, desposando-a mesmo amando Suzanne. Afastava-se do filho, aceitando sua recusa, ao mesmo tempo em que tentava dizer a si mesmo que João Henrique era seu filho e precisava amá-lo, compreendê-lo, ser um bom pai.

Mas se José Luís cumpria todos os seus deveres de pai, cuidando de sua educação, de sua saúde e até de seu futuro, a barreira existente entre os dois nunca pudera ser vencida.

Maria Helena suspirou procurando fixar sua atenção na música que executava. Se ao menos pudesse banir a tristeza!

Pensou na filha. Que aberração! Sempre fechada no quarto, de onde precisava ser tirada quase à força, conservando-se calada, cabisbaixa, apática e insignificante.

A princípio, pensara em alguma doença, em debilidade mental, mas os médicos não haviam encontrado nada. Diagnosticaram timidez, sensibilidade excessiva, temperamento. Logo ela, tão forte e controlada, fora ter uma filha fraca e desequilibrada! Por que essas coisas lhe aconteciam? Sentia vontade de chorar, de morrer!

Ficou ali, tocando, tocando, sem parar. João Henrique entrou na sala, colocando as mãos em seus ombros e beijando-lhe os cabelos com carinho.

— Muito linda essa música, mas muito triste. Quase me fez chorar. Não prefere tocar algo mais alegre?

Maria Helena deixou cair as mãos ao longo do corpo. Depois, voltou-se abraçando-o calorosamente.

— Desculpe se o entristeci. Não tive intenção.
— Não gosto de vê-la triste. Fico triste também.

Maria Helena sorriu:

— Não estou triste — mentiu, estendendo os lábios em um sorriso.
— Melhor assim. Há momentos, mamãe, em que, quando toca, sua música expressa enorme tristeza, como se a senhora estivesse de mal com o mundo.
— De certa forma, eu estou. Este mundo não é um lugar muito feliz.
— De fato. As injustiças, as doenças, a dor, a morte entristecem-nos. Mas de que adianta pensar nisso? Não há remédio mesmo.
— Falemos de você.
— Não há nada a dizer.
— Como foi seu dia?
— Muito bem. Aquele projeto que fiz foi destacado pelo professor, que me permitiu descrevê-lo minuciosamente aos outros alunos. Ao final, recebi muitos aplausos e foi um sucesso.

Os olhos de Maria Helena brilharam orgulhosos. Seu filho seria um grande engenheiro.

— Gostaria de vê-lo. Não entendo dessas coisas, mas saberei apreciar se me explicar.
— Claro, mamãe. Não o tenho agora. Ficou com o professor, que desejava estudá-lo melhor. Mas terei prazer em mostrá-lo à senhora. Tenho muitas ideias novas e sei que, com seu bom gosto, poderá não só apreciar como até me ajudar. Ainda hei de mudar a aparência de nossa cidade. Tantas belezas naturais e tão pouca preocupação com nossa arquitetura e até com a falta de higiene das ruas, o que é uma vergonha.
— Concordo plenamente — disse Maria Helena satisfeita.
— É preciso cuidar de nossas ruas, providenciar sua limpeza. Não se pode andar a pé sem o risco de mergulhar suas botinas na lama ou no excremento dos animais. Estamos no século 20. Outros países da Europa têm suas ruas limpas, seus

prédios bem construídos, bem cuidados. Por que não podemos fazer o mesmo?

— Na Europa as pessoas não atiram lixo nas ruas. Aqui, não só os serviçais ou os negros, mas até as pessoas da elite o fazem. É uma lástima.

— Pois eu vou lutar contra isso. Vou transformar esta cidade em uma cidade civilizada. Verá.

— Não vai ser fácil, mas creio que o fará. Você foi feito para comandar, sabe como fazer as coisas.

— Tenho a senhora, que me estimula.

— Dona Maria Helena!

Maria Helena voltou-se.

— O que é, Amélia?

— É a menina, senhora.

— O que tem? — perguntou Maria Helena desgostosa.

— Hoje ainda não saiu do quarto. Não quis almoçar e ainda agora fui chamá-la ao lanche e recusou-se a abrir a porta. Fechou-se lá dentro.

Maria Helena levantou-se tentando conter a irritação.

— Ela me disse que não queria almoçar porque não estava bem do estômago. Terá piorado?

— Não sei, senhora. Não quis abrir a porta para mim. Ela pode estar mesmo doente. É melhor a senhora mesma ir ver.

Com um suspiro contrariado, Maria Helena dirigiu-se ao quarto da filha. Precisava ser paciente com ela, segundo dissera o médico, mas suas infantilidades tinham o condão de irritá-la. Bateu na porta dizendo com voz enérgica:

— Abra a porta, Maria Lúcia. Deixe-me entrar.

A porta abriu-se em seguida, e o rosto de Maria Lúcia surgiu. Maria Helena empurrou a porta e foi entrando.

— O que aconteceu? Você está ainda de camisola em plena tarde? Está doente?

A menina baixou a cabeça e nada disse. Maria Helena, irritada, continuou:

— Nem parece mulher. Tão desleixada. Olhe a desordem deste quarto, mais parece um pardieiro. Isso não pode continuar. Afinal, menina, está doente ou não? Responda!

— Não — balbuciou ela, trêmula.

— Você não tinha dor de estômago pela manhã?

— Tinha, mas já passou.

— Então vista-se imediatamente e desça para tomar o lanche. E não se demore como sempre — dirigindo-se ao guarda-roupa, apanhou algumas peças: — Vista isso. Trate de arrumar-se. Odeio o relaxamento. Vamos, menina, não se demore, estarei esperando.

Com um suspiro inconformado, Maria Helena deixou o quarto. Essa era uma cruz em sua vida. Que mal havia feito para merecer uma filha tão insignificante?

Maria Lúcia olhou com tristeza as peças de roupa que a mãe atirara sobre a cama. Sentiu impulso de rasgá-las. Conteve-se, porém. Sentia vontade de gritar, de dizer que não iria vestir nada daquilo, que queria ficar em seu quarto, onde podia dar vazão à sua fantasia, imaginar ser o que quisesse, onde não se ruborizava à toa e sempre sabia o que fazer.

Ela sonhava ser forte, bonita, ter personalidade. Na intimidade de seu quarto era que ela se imaginava reagindo, aparecendo diante de todos altiva, bela, dominadora, quando sua mãe, olhando-a com admiração, apresentava-a aos amigos, falando nela com a mesma frequência e com o mesmo ardor com que se referia a João Henrique.

Maria Lúcia, maquinalmente, apanhou as roupas sobre a cama e vestiu-as. Não gostava daquelas peças. Achava-as horríveis.

Olhou-se no espelho e não gostou. Sentiu vergonha. Ela jamais seria bonita, elegante e segura como a mãe. Ela era feia, desajeitada, burra, insignificante.

Penteou os cabelos e prendeu-os com uma fita. Olhou-se novamente e arrancou a fita. Esses enfeites ficavam bem em moças bonitas. Nela, estava ridículo. Fez a trança costumeira e prendeu-a na nuca com grampos.

Finalmente desceu. A mãe esperava-a na porta da copa. Olhou-a dos pés à cabeça, mas nada disse.

"Estou horrível", pensou tristemente Maria Lúcia, sentindo-se mais desajeitada.

— Sente-se para tomar seu lanche. Você já está adulta o suficiente para saber que precisa alimentar-se. Não vejo necessidade

33

de dona Amélia precisar incomodar-se por causa de seus caprichos. Cuidado com essa xícara, não vê que vai derrubá-la?

Maria Lúcia, que se sentara à mesa e esbarrara na xícara, tentou segurá-la e não conseguiu. Ela espatifou-se no chão. A moça levantou-se assustada. Seu rosto coloriu-se de intenso rubor.

— Viu o que você fez? — disse Maria Helena nervosa. — E não me olhe com essa cara de boba. Pelo amor de Deus! Até quando terei paciência com você?

Maria Lúcia tremia ruborizada e lutava para segurar as lágrimas que já começavam a rolar em suas faces.

Maria Helena estava no limite de seus nervos.

— Chorar agora, não! Isso não. Vamos. Sente-se aí. Você vai tomar esse lanche de qualquer jeito. Amélia, providencie outra xícara. Ainda bem que essa não era do jogo. Para ela, nunca ponha nada do jogo, por favor! Isso. Essa está boa. Agora ponha o café com leite e coloque o pão com manteiga no prato. Agora, coma.

Maria Lúcia, sentada, tensa, lutando para dominar as lágrimas, mãos trêmulas, pegou a xícara e levou-a aos lábios. Estava muito envergonhada. Ela não servia para nada, era um empecilho para a mãe, um peso desagradável que se carrega a contragosto. Ela queria morrer. A mãe estava ali, esperando, e ela sorveu um gole de café com leite. Estava amargo como fel, mas ainda assim ela o engoliu.

— Coma o pão. Precisa alimentar-se.

Ela pegou o pão e colocou um pedaço na boca. Não sentia nenhuma vontade, mas, mesmo assim, mastigou um pedaço.

Maria Helena deu-se por satisfeita.

— Amélia, fique aqui. E, se ela não comer tudo, avise-me. Estou exausta. Vou descansar um pouco.

Maria Lúcia não disse nada. Lentamente continuou tomando o leite, comendo o pão, misturado ao gosto salgado das lágrimas que, por mais que lutasse, não conseguia evitar.

34

III
Terceiro
Capítulo

Nos dias que se sucederam, José Luís voltou várias vezes à pequena casa do subúrbio para ver a filha.

Quanto mais conversavam, mais ele sentia crescer a admiração e o respeito por Luciana. A moça tinha caráter bem formado e ideias próprias. Foi com carinho que procurou uma casa para comprar. Desejava rodeá-la de luxo e conforto. Pretendia apagar qualquer ressentimento que a moça pudesse guardar do passado, mostrar seu melhor lado, conquistar-lhe a admiração, a estima.

Tinha intenção de adquirir um palacete na Glória, mas Luciana recusou. Preferia uma casa mais simples. Recusou-se também a deixar de trabalhar. Era professora no colégio Santo Antônio. Gostava de seu trabalho e desejava continuar.

— Você não precisa — argumentou José Luís, aborrecido. — Sou seu pai, vou cuidar de você como é de direito. Terá dinheiro suficiente para viver muito bem.

Luciana fixou no pai seus belos olhos luminosos, dizendo com voz firme:

— O trabalho pode não ser só pelo dinheiro que se recebe por executá-lo. Pode ser alguma coisa a mais. Ensinar as crianças a enxergar a vida, mostrar-lhes as belezas do conhecimento, despertar seus espíritos para o bem, para a participação útil e ativa na sociedade é uma satisfação que não tem preço, que escolhi voluntariamente e que não pretendo deixar.

José Luís admirou-se. Para ele o trabalho sempre fora um fardo desagradável que se carrega unicamente em função dos proventos que ele dá.

— Mas agora você não precisa. Poderá ocupar-se de coisas mais interessantes. Ter seu tempo livre para fazer o que quiser.

Luciana sorriu alegre.

— Eu quero lecionar. É claro que eu, como moça pobre, valorizo o dinheiro que recebo por meu trabalho. Mas quando estou dentro da sala de aula, esqueço tudo. Diante daquelas crianças, vendo-as despertar para o conhecimento, mostrando-lhes a perfeição da natureza, a beleza da vida, ensinando-as a desenvolver todo o bem que guardam no coração, sinto-me muito feliz. Eu gosto de fazer isso. Não conseguiria viver na ociosidade, entre um sarau e outro, o salão de modas ou a vida social. A chance de viver é muito importante para que eu gaste meu tempo na inutilidade. Tudo se movimenta no universo, gerando equilíbrio e progresso. Quero viver em harmonia com ele. O trabalho é para mim como o ar que respiro.

José Luís olhava-a sem compreender.

— Nunca ouvi tais conceitos. Não está sendo muito severa consigo mesma, privando-se das alegrias a que tem direito?

— O senhor não entendeu o que eu disse. Minha alegria está também em meu trabalho. Ele não é um fardo, mas um prazer. Um prazer que toma parte de meu tempo, que não impedirá que eu tenha outras atividades. Entretanto, eu não gosto de frequentar certos meios onde a futilidade e os mexericos ditam regras e os preconceitos deturpam os valores verdadeiros e eternos do espírito. Gosto de fazer amigos, de conviver com as pessoas, de relacionar-me com elas, porém seleciono os amigos, faço apenas o que gosto e o que me alegra o coração. Respeito quem pensa diferente, mas não aceito pressão do convencional, da obrigação social, da hipocrisia.

— Se todos fossem como você, nossa sociedade se desagregaria. Seria o caos.

— Engana-se. As pessoas seriam mais leais, mais verdadeiras. Não arrastariam suas vidas com um sorriso nos lábios e mágoa no coração, tentando fugir de si mesmas, afundando-se nos vícios, na mentira, sentindo-se cada dia mais sós em seu meio social, mais infelizes e abandonadas, empobrecendo o coração, sentindo o vazio de uma vida sem objetivos nem amor.

José Luís saiu da casa de Luciana pensativo. As palavras da filha faziam-no pensar em sua própria vida, tão cheia de sonhos, mas que se transformara exatamente em solidão, vazio, desencanto, amargura.

Ele era homem de sociedade. Requisitado, convencional, fechando o coração a seus sentimentos verdadeiros, mostrando uma felicidade inexistente, carregando o peso do preconceito, lutando para que os outros não descobrissem seu desencanto, sua vida inútil e vazia, fazendo o papel do homem feliz, aparecendo diante dos outros como vencedor, forte, alguém que conseguiu conquistar a felicidade, despertando a inveja dos incapazes, a admiração dos fracos.

Sua vaidade satisfazia-se com isso, mas seu coração estava infeliz e a angústia que o acometia estava ficando mais difícil de suportar a cada dia. Apesar disso, ele não pensava em mudar. Não tinha coragem de enfrentar os preconceitos, nem de admitir que não era feliz. Sentia-se preso à situação que o sufocava, mas não queria fazer nada para modificá-la. Carregava o peso da culpa no coração, aceitando as consequências de seus atos passados como uma punição merecida, da qual não tinha o direito de queixar-se.

Não compreendeu o ponto de vista de Luciana. Pensou que ela era inexperiente, sonhadora. Naturalmente mudaria de ideia quando já estivesse usufruindo uma posição melhor e o dinheiro lhe chegasse às mãos.

Ela lhe pedira para escolher a casa antes de comprá-la, e José Luís concordou. Apesar de desejar comprar um luxuoso palacete, ele gostou da casa que Luciana escolheu. Era graciosa, bela, rodeada por lindo jardim, em um bairro um pouco afastado. Entusiasmou-se vendo sua alegria, percorrendo os aposentos e idealizando a decoração.

José Luís sentia-se feliz.

— Contrataremos um especialista para escolher o mobiliário.

Luciana colocou a mão no braço do pai, dizendo-lhe com delicadeza:

— Gostaria de fazer isso eu mesma. Como um estranho poderia saber o que apreciamos? Vovó tem muito bom gosto, vai me ajudar. Só preciso saber de quanto dinheiro dispomos para isso.

José Luís abanou a cabeça, indeciso.

— Quero que a decoração seja a mais linda possível. Desejo que vocês vivam bem e com alegria. Acha que saberá fazer isso?

— Penso que sim.

— Vamos fazer o seguinte... quero que tudo seja da melhor qualidade: mobiliário, louças, cristais, roupas etc. Você escolherá tudo. Mas vou mandar Madame Marie para auxiliá-la. Ela entende da qualidade dos fornecedores de tudo e providenciará para você. Quanto ao dinheiro, gaste o que quiser. O que eu quero é que tudo seja do melhor e do mais bonito.

Luciana abraçou-o emocionada.

— Não é preciso tanto. Eu seria feliz com menos.

— Você merece o melhor e o terá.

José Luís comprou a casa e levou Madame Marie a Luciana, começando assim dias de intensa atividade para elas. A casa foi pintada e mobiliada, e José Luís, satisfeito, reconheceu o bom gosto da filha.

Um mês depois, mudaram-se para lá. José Luís contratara empregados e pretendia comprar um carro, mas Luciana recusou.

— É demais. Teria de ter chofer, e não há necessidade. Quando precisar, tomo um carro de aluguel. Chega já o que fez por nós. Tudo está maravilhoso.

Egle sentia-se feliz vendo o carinho de José Luís para com Luciana. Entusiasmara-se com o belíssimo piano que havia na sala, em frente ao qual se sentava todas as tardes e tocava velhas canções inglesas, recordando a pátria distante.

Vendera seu piano depois da morte da filha para poderem sobreviver. Luciana também gostava de tocar. Havia estudado desde criança. Sabia os clássicos, mas preferia as valsas, os lundus, os xotes e os tangos.

Nenhuma delas tocava diante de José Luís. Sentiam-se inibidas. Foi ele quem, uma tarde, sentado no sofá após o chá, costume que Egle conservava religiosamente, lembrou-se:

— Há aqui um piano. Lembro-me de que a senhora tocava muito bem. Nunca esqueci aqueles tempos! Seu piano era lindo. Procurei um igual para comprar, mas não achei.

— Trouxe-o de minha terra. Era um tanto antigo, mas muito bom. Infelizmente tive de vendê-lo.

Pelos olhos da velha senhora passou um brilho de emoção.

— A senhora tocava lindas canções. Eu as adorava. Quer tocá-las para nós?

Egle dirigiu-se ao piano e com graça tocou várias canções. José Luís, olhos marejados, sentia-se transportado ao passado, com Suzanne a seu lado na pequena casa em São Paulo. Por que a perdera? Por quê?

Egle terminou uma canção, e Luciana, observando a tristeza no rosto do pai, disse alegremente:

— Vovó, agora sou eu.

Imediatamente Egle levantou-se, e Luciana, sentando-se diante do piano, começou a tocar um xote muito em voga.

Arrancado de seu mundo interior, José Luís olhou admirado para a filha. Ela jamais dissera que tocava piano. Luciana não só tocava como cantava com voz agradável, sem ser empossada, tão ao gosto da época. Graciosa, do xote passou à valsa, da valsa ao tango, que não cantou.

Ele estava deliciado. Quando ela parou, ele perguntou:

— Não toca clássicos?

Ela sorriu:

— Gosto de brincar ao piano, não sou uma virtuose. Gosto de cantar, traz alegria ao coração. Nunca faço isso diante dos outros. Quis alegrá-lo. O senhor estava triste.

— Mas estudou piano...

— Estudei. Quer ver?

Luciana tocou uma peça de Liszt razoavelmente bem. O pai ficou satisfeito.

— Você toca bem — disse ele. — Deveria dedicar-se mais aos clássicos.

— Por quê? Gosto deles, há páginas belíssimas. Mas aprecio também as canções em voga. Esta música, por exemplo, é uma delícia.

E a moça tocou um xote malicioso e alegre.

— Tem razão. Possui um jeito especial para essas músicas alegres. Faria muito sucesso em qualquer sarau.

— Deve ser meu sangue plebeu. Sou do povo e gosto das coisas populares.

José Luís riu divertido. A jovialidade alegre de Luciana fazia-lhe enorme bem. As horas que passava na casa da filha transformaram-se nos momentos mais felizes de sua vida. Lá, podia ser ele mesmo, sem fingimentos nem dissimulações. Podia dizer o que pensava, usufruir de uma atmosfera de paz, carinho, alegria, amor. Sentia-se querido, recebido com prazer, valorizado.

Também apreciava conversar com Luciana. Gostava de sua inteligência arguta, seu espírito alegre, sua maneira de enxergar a vida. Por tudo isso, suas visitas eram cada vez mais assíduas, e ele sempre achava um jeito de passar por lá, mesmo quando seus compromissos não lhe permitiam demorar.

Apesar da mudança que a presença de Luciana trouxera em sua vida, ele continuava cumprindo religiosamente suas obrigações sociais com a família.

Maria Helena sentia que o marido estava diferente. Havia um brilho novo em seus olhos, e momentos em que ele parecia ter remoçado. Estava menos irritado, mais paciente e mostrava-se algumas vezes distante, pensativo, absorto.

O que teria acontecido? Em casa, nada se havia modificado. Os problemas eram os mesmos. Havia guerra na Europa, mas os negócios iam bem, como sempre. O que estaria acontecendo?

Uma noite em que recebiam os amigos, Maria Helena ao piano executou brilhantemente uma música clássica. Quando terminou, José Luís aproximou-se dela, dizendo com olhos brilhantes:

— Que beleza! Você é uma artista!

— Obrigada — respondeu ela, sentindo seu coração bater mais forte, tal a emoção. Seu marido jamais elogiara uma execução sua. Parecia-lhe que ele nem sequer prestava atenção quando tocava. Admirou-se.

José Luís olhou para a filha, que, sentada a um canto da sala, parecia indiferente e sozinha. Aproximou-se dela, que, vendo-o, levantou-se.

— Fique sentada.

Sentou-se a seu lado. Ela se sentara novamente, na ponta da cadeira. Estava tensa. Seu pai quase nunca lhe dirigia a palavra, principalmente em público.

— Como vão seus estudos de piano? — perguntou.

A moça corou e baixou a cabeça, sem responder.

— Estou falando com você. Continua estudando piano, não é?

— Sim — respondeu ela baixinho.

— O que você gosta de tocar?

— Eu toco o que a professora manda.

— Você gosta de tocar?

— Não muito.

— Por quê?

— Eu não sei tocar como mamãe. Nunca vou aprender. Ela nunca acha que está bom. Ela tem razão. Eu não dou para a música.

— Você não gosta?

— Não sei. Tenho vergonha. Sei que vou errar as notas. Sempre erro alguma. Prefiro não tocar.

José Luís olhou-a desanimado. Que diferença de Luciana, tão cheia de vida, sabendo sempre o que quer.

Levantou-se e olhou para o filho. Conversava com alguns amigos. Naquele momento, tinha o rosto descontraído e alegre. Era um bonito moço. José Luís aproximou-se.

Falavam sobre arquitetura, grande paixão de João Henrique. Vendo-o aproximar-se, pararam o assunto, ao que José Luís considerou:

— Por favor, continuem, também me interesso pela beleza de nossa cidade.

Eles retomaram a conversa, mas João Henrique mudara completamente sua expressão. Seu rosto tornara-se frio, ouvia calado as palavras dos demais, e José Luís, entristecido, depois de alguns minutos, afastou-se.

João Henrique não o aceitava. Por quê? Teria sido influenciado por Maria Helena? Ele era muito afeiçoado a ela. Essa atitude do filho começava a incomodá-lo. Afinal, era seu único filho homem. Era inteligente, culto, por que se afastara tanto dele?

José Luís preocupava-se com os filhos. O amor de Luciana e a felicidade que sentia a seu lado despertaram nele os sentimentos de pai. Durante aqueles anos, havia se voltado muito a seus próprios problemas, jamais usufruíra das alegrias da paternidade. Teria sua indiferença os afastado dele?

Olhou-os. Talvez já fosse muito tarde para tentar modificar as coisas.

IV
Quarto
Capítulo

Foi uma semana depois, tomando chá na casa de Luciana, que José Luís mencionou os filhos. Abriu o coração. Falou do desejo que sentia de aproximar-se deles e da culpa que guardava por não se haver dedicado a eles como deveria.

Sentia-se triste, deprimido. Diante de Luciana, ficava à vontade para falar de seus sentimentos.

Desabafou amargurado:

— Não sei por que estou falando nesse assunto, trazendo meus problemas. Eles não têm remédio. Agora é tarde para fazer qualquer coisa.

Luciana, que o ouvira em silêncio, colocou a mão no braço do pai com carinho.

— Não desanime. Não nos é dado conhecer o futuro. De um momento para outro, tudo pode mudar para melhor.

José Luís abanou a cabeça com tristeza.

— As coisas não vão mudar.

Luciana sorriu levemente.

— Tudo muda neste mundo. A cada minuto, todas as coisas estão diferentes. É a pulsação da vida. Ninguém consegue parar o tempo, as mudanças. Quer estejamos conscientes delas ou não, quer as desejemos ou não. Minha vida, de repente, modificou-se completamente, para melhor. Encontrei o senhor. Não sou mais a órfã com receio de ficar sozinha no mundo.

José Luís fixou o belo rosto da filha, e um brilho de emoção refletiu em seus olhos.

— É verdade! Para mim tudo mudou depois que nos encontramos. Ter uma filha como você fez-me sentir que não estou só. Que há alguém que me quer bem e que se preocupa comigo, que se interessa por meu bem-estar.

Luciana sacudiu a cabeça.

— Não está sendo injusto com sua família?

— Não — respondeu ele. — Eles apenas me suportam. Não demonstram nenhum afeto. Ao contrário, sinto que ficam aliviados quando me afasto.

— Sua esposa também?

— Maria Helena é uma mulher fria, indiferente. Incapaz de amar.

— Todos somos feitos para amar. O amor é lei da vida. Ninguém pode viver sem amor.

— Maria Helena vive. A ela só interessam os preceitos sociais. Não sente nem um pouco de afeto por mim. Não se importa se me sinto bem ou como gasto meu tempo. Desde que eu compareça pontualmente a seu lado em nossos compromissos sociais, tudo está bem.

— Com os filhos ela também é assim?

José Luís suspirou com tristeza.

— Com Maria Lúcia é. Não a culpo. Nossa filha desanima qualquer pessoa. É apagada, retraída, tímida. Temos desgosto vendo-a tão insignificante. Maria Helena tenta ajudá-la, mas não consegue. Com João Henrique, ela é diferente. Nosso filho é apegado a ela, eu diria até que de forma doentia. É seu preferido. Estão sempre juntos, conversando, e ela o defende sempre.

— Eu sabia que ela não aguentaria viver sem dar amor. Ninguém pode. É lei de Deus. Toda a afetuosidade dela canaliza-se para ele.

— Você acha certo isso? Maria Lúcia também é filha.

— O que é certo ou errado só Deus sabe. O que percebo é que dona Maria Helena, como todos nós, tem muito amor no coração.

José Luís admirou-se.

— Ela é uma mulher indiferente, fria. Só com João Henrique ela muda. Isso é egoísmo. Se fosse amorosa, seria afetiva com a filha e com todos os que a cercam.

Luciana levantou para o pai seus olhos brilhantes, que refletiam compreensão e afeto.

— A indiferença, a frieza podem ser a forma de impedir o sofrimento de ferir o coração. Uma maneira de defesa para evitar a dor.

— Maria Helena? Você não a conhece. Sempre teve tudo. Nasceu em berço de ouro. Nunca a vi chorar, nem se lamentar, mesmo diante dos problemas com Maria Lúcia. É uma mulher forte, dirige a casa com energia.

— Ela se casou por amor?

Apanhado de surpresa, ele pensou um pouco antes de responder.

— Não sei. Acho que não. As mulheres casam-se por vários motivos. Para obedecer aos pais, por medo de ficarem solteiras e até por curiosidade.

— Ela nunca lhe disse que o amava?

— Nunca. A princípio, cheguei a pensar que me amava. Mas depois, quando nosso filho nasceu, ela se apegou a ele. Antes de seu nascimento, para dar-lhe mais conforto, fui dormir em outro quarto. Ela gostou da situação, nunca me chamou de volta.

— Eu também não chamaria.

— Por quê?

— Porque a decisão foi sua — respondeu. — Competia ao senhor tomar a iniciativa.

— Se existisse amor, essas coisas seriam secundárias.

— Pode ser. Mas a forma de educação, os preconceitos e até o orgulho podem influenciar mesmo quando existe amor. Eu não o chamaria de volta. No lugar dela, eu lutaria. Não teria perdido seu amor.

José Luís riu gostosamente.

— Você me aprecia. É diferente.

— Se ela se casou com o senhor, foi porque o apreciava. Uma mulher como ela sempre sabe o que quer. Deve ter percebido que não era correspondida e retraiu-se. Seu orgulho foi mau conselheiro. Ele sempre prejudica. Por causa dele, ela atirou fora a felicidade.

José Luís sentiu que a filha poderia ter razão. Ele não amava sua mulher. Iludira-a demonstrando um interesse que não sentia.

45

— A culpa foi minha. Casei-me com ela apaixonado por outra mulher.

Luciana fixou o pai com seriedade.

— Não se trata de culpar ninguém. A culpa também pode ser uma desculpa para não fazer o que se deve. Reconhecer a culpa, até certo ponto, é válido; contudo, corrigir o erro, desfazer o prejuízo, é mais importante.

José Luís suspirou.

— Nada posso fazer agora. Eles não gostam de mim.

Luciana sorriu:

— Pensar assim é uma maneira cômoda de alimentar a culpa e de justificar a inércia.

As palavras da filha calavam fundo no coração dele. Querendo dissimular a emoção, ele disse em um tom que se esforçou por tornar natural:

— Nosso casamento começou errado. Jamais daria certo.

— Apesar de tudo, se eu fosse ela, teria tentado. O senhor é um homem encantador. Tenho certeza de que ela se casou por amor. Eu lutaria para conquistá-lo. Não teria aceitado passivamente os acontecimentos.

— Se ela me amasse, teria feito isso. Mas entre nós não existe amor.

Luciana sacudiu a cabeça pensativa.

— Ela teve uma educação austera, como todas as mulheres atuais.

José Luís assentiu com a cabeça. Ela prosseguiu:

— Essa rigidez de princípios unida ao orgulho pode ter bloqueado seus sentimentos. O medo de não ser correspondida, de sofrer. Nesses casos, é preciso haver um entendimento, uma conversa franca que esclareça a situação.

— Isso não era possível. Eu jamais teria contado a verdade. Não desejava parecer um interesseiro, nem humilhá-la.

— Seu desinteresse pode tê-la humilhado muito mais do que a verdade o faria. Vocês nem sequer se conhecem. Ela não sabe o que vai em seu coração, e o senhor, por sua vez, desconhece seus sentimentos íntimos. Como pode haver compreensão, afeto, entendimento, sem isso?

— Realmente não há. Respeito-a como mãe de meus filhos; convivemos educadamente. Mas amor não há. Vivemos em quartos separados. Hoje, eu teria constrangimento de ir a seu quarto.

Luciana olhou-o dizendo com emoção:

— Ela deve sofrer com isso.

José Luís sacudiu a cabeça.

— Não creio. Jamais demonstrou desejo de aproximação.

Luciana colocou a mão no braço do pai enquanto dizia:

— O senhor não está percebendo a verdade. Arrependeu-se de haver abandonado minha mãe, gostaria de pedir-lhe perdão, reconhece que errou casando-se por interesse com outra mulher. Não conseguiu ser feliz. Culpa-se por isso. Diz que deseja reparar o passado. Cerca-me de amor, luxo, conforto. E dona Maria Helena? Não terá sido também uma vítima? Não terá colocado no senhor todas as suas esperanças de mulher e colhido apenas desinteresse, indiferença, desamor?

José Luís empalideceu. Era duro para ele admitir que ela tinha razão. No fundo de sua consciência, ele sabia que a havia iludido, representando o papel de homem apaixonado. E que, depois de alcançado o objetivo com o casamento, não mais se dera ao trabalho de continuar a representar seu papel. Vendo que ela não exigia nada, acomodara-se.

Era-lhe agradável pensar que ela não o amava e assim diminuir a consciência de sua culpa.

Cumprindo socialmente o papel de marido, pensava oferecer-lhe certa compensação.

— Você está sendo dura comigo.

— Desculpe, papai. Não desejo entristecê-lo. Mudemos de assunto. Os franceses conseguiram segurar os alemães em Verdum, li nos jornais. Tenho esperanças de que a guerra acabe.

— Pois eu não. Há muitos interesses em jogo. Os alemães estão muito fortes. Estão jogando bombas até no povo nas cidades. Seus zepelins espalham terror e morte. É monstruoso!

Luciana concordou:

— É cruel a morte de pessoas inocentes que não criaram a disputa e se encontram desarmadas, dentro de suas casas.

— Nunca houve guerra tão cruel como esta! Se os alemães vencerem, o mundo sofrerá ainda mais. Eles pretendem dominá-lo!

47

— Não acredito que possam vencer. Aqueles que tentaram conquistar esse domínio nunca conseguiram. César, Napoleão foram derrotados. O Kaiser também o será. Deus não permitirá.

Luciana falava convicta. José Luís objetou:

— Se Deus estivesse interessado, teria impedido esse morticínio. Só em Verdum morreram centenas de pessoas dos dois lados. Por que Ele permite tal coisa?

— A guerra foi invenção do homem, sua ambição, sua ânsia de poder, seu egoísmo. O homem tem livre-arbítrio, pode optar, escolher seu caminho. O senhor mesmo, se decidir amanhã pegar sua arma e matar uma pessoa, nada o impedirá. Contudo, ao escolher um caminho, provoca uma resposta, uma reação da vida, das pessoas, das coisas a seu ato, e perceberá suas consequências, sentindo os resultados.

— Numa guerra, morrem inocentes. Até os soldados estão obedecendo a ordens. Só os governos são responsáveis, mas todos pagam, sofrem.

— É verdade. Mas amadurecem, ganham experiência. Muitos que são inocentes agora, nesta guerra, em vidas passadas cometeram crimes, acreditaram na violência, abusaram do poder. Numa guerra, o homem é provado em sua fé, em seu amor pelo próximo e em sua dignidade. Aparecem os assassinos e os heróis; os abnegados, os líderes verdadeiros, os sanguinários. Há como uma aferição de valores. É como uma prova difícil, que o próprio homem escolheu, mas que Deus permite para acelerar seu progresso ainda que pela dor.

José Luís permaneceu pensativo. A filha dizia coisas muito originais, obrigando-o a pensar, vendo as coisas sob outros ângulos.

— Isso de vidas passadas é tolice. Não acredito ter vivido outras vidas. Não me recordo delas. Que utilidade teriam?

Luciana olhou para o pai e sorriu:

— Se o senhor vivesse só esta vida, que utilidade teria? Como amadurecer, aprender, crescer, vivendo apenas sessenta ou setenta anos neste mundo?

— Este é um problema com que o homem se debate há séculos. Nunca conseguiu saber.

— Não lhe parece mais lógico que voltemos ao mundo outras vezes para continuar aprendendo?

— Para quê?

— Fomos criados para sermos eternos. Para desenvolvermos nossos potenciais, como espírito, e aprendermos a cooperar com a natureza e as forças da criação.

— Como chegou a essa conclusão?

— Observando. Se fomos criados simples e ignorantes, de onde vêm as diferenças de aptidões, dos graus de inteligência, de bondade, de beleza, de personalidade e até de objetivos? O senhor tem dois filhos, da mesma mãe e criados no mesmo lar. Por que são tão diferentes um do outro?

— Não saberia dizer.

— Porque já viveram outras vidas, outras experiências, outras situações. Escolheram seus caminhos de forma diferente...

— Mesmo assim, é difícil crer.

— Como conciliar a justiça perfeita de Deus com a desigualdade entre as pessoas no mundo?

— Muitos descreem de Deus por causa disso.

— Porque a justiça de Deus não se circunscreve a uma só existência. Ela se estende por muitas vidas que cada um vive na Terra, respondendo a suas escolhas adequadamente.

— Tem lógica, contudo...

Luciana sorriu novamente.

— Não pretendo cansá-lo com minhas ideias. Peço-lhe que observe certos fatos e tente compreendê-los.

Ao sair da casa da filha, José Luís estava pensativo. As palavras de Luciana tinham remexido a ferida que ele lutava por ignorar. Apesar de tudo, reconhecia haver induzido Maria Helena ao casamento, iludindo-a vergonhosamente. Se não a houvesse envolvido em suas ambições, ela teria tido a chance de encontrar outro homem que a pudesse amar e dar-lhe o afeto que ele nunca dera.

Agora era tarde. Infelizmente não podia fazer nada. Suzanne estava morta, e Maria Helena irremediavelmente presa a ele e aos filhos, sem amor nem esperança.

Naquela noite, não conseguiu dormir de pronto. Sua consciência incomodava-o.

Remexia-se no leito, pensando o que havia feito de sua vida? Se a vida de fato respondia às escolhas de cada um, já lhe dera uma amarga resposta. Seu egoísmo, sua ambição haviam sido satisfeitos. Ele quisera dinheiro, poder, projeção social, aparência. Possuía tudo isso, alcançara seus objetivos. Mas a que preço? Passara por cima de sentimentos, ferira pessoas, enganara, iludira. Vencera. Mas a vitória mostrava-se insignificante se comparada ao que perdera. Ele se enganara. Tinha de reconhecer que depreciara os sentimentos e que colocara, em primeiro plano, coisas secundárias. Nunca, como naquela hora, José Luís sentiu o gosto amargo da derrota, do fracasso.

A única coisa boa de sua vida era Luciana. Fracassara como marido, como pai. Tinha diante de si uma vida vazia, sem felicidade. Sua família não o apreciava. Não os culpava. Ele nunca fizera nada para aproximar-se dos filhos. Respeitavam-no, porém não o amavam. João Henrique demonstrava até certa aversão.

Naquele instante, José Luís admitiu sua culpa. Ele criara a situação. Ninguém, senão ele, era o responsável por ela.

Só muito tarde da noite foi que ele conseguiu conciliar o sono.

Nos dias que se seguiram, José Luís procurou conformar-se. Nada havia para fazer. Sua oportunidade de ser feliz passara. Precisava continuar a levar a vida como sempre, mesmo guardando o arrependimento e a desilusão no coração.

Entretanto, apesar disso, pensamentos novos começaram a incomodá-lo. As palavras de Luciana, por vezes, povoavam-lhe a mente, despertando indagações, chamando sua atenção a outros aspectos de sua vida.

Fixando o rosto bonito de Maria Helena, seu porte elegante, suas maneiras educadas, pensava:

"Ninguém pode viver sem amor. Maria Helena teria amado? Embaixo daquela indiferença, ela ocultaria sentimentos, desejos de amor?"

Vendo-a controlada, segura, isso lhe parecia quase impossível. Luciana era inexperiente, não conhecia Maria Helena; enganara-se, por certo. Sua esposa só se importava com a sociedade, com as aparências, com os filhos. Ou melhor, com o filho.

"Eu sabia que ela não poderia viver sem dar amor. Ninguém pode."

Seria essa maneira de amar de Maria Helena? Teria ela colocado toda a sua capacidade de amar em João Henrique?

Essa ideia, agora, parecia-lhe muito provável. Não amando o marido, nem sendo amada, seus sentimentos canalizaram-se para ele. Apesar de inexperiente, Luciana poderia ter razão.

Seria mesmo verdade que ninguém aguenta viver sem dar amor? Seria esta a razão de ele não se esquecer de Suzanne, de sentir esse vazio dentro do peito, essa amargura, esse desconforto?

Ao dar amor para Luciana, experimentava satisfação e alegria. Tornara-se mais sensível, humanizara-se.

Ah! Se pudesse abraçar Suzanne, dar-lhe todo o amor que sufocara no coração, como seria feliz! Pela primeira vez, sentiu que o amor era o sentimento mais profundo dentro dele, essencial à sua satisfação interior. Como pudera subestimá-lo a ponto de colocá-lo em segundo plano? Como pudera considerar mais importantes os valores sociais e materiais?

Olhou para a esposa que, sentada à cabeceira da mesa, depois do jantar, tomava tranquilamente seu café. O filho não jantara em casa, e Maria Lúcia permanecera no quarto, o que era comum.

Preso ao fio de seus pensamentos íntimos, José Luís perguntou, fixando-a:

— Você acha que alguém pode viver uma vida inteira sem dar amor?

A pergunta era inusitada e Maria Helena estremeceu sem encontrar de pronto uma resposta. Procurou ganhar tempo para ocultar a emoção.

— A que vem sua pergunta?

— Eu estava só pensando na importância que cada pessoa dá ao amor. Não só o amor entre um homem e uma mulher, mas de um modo geral, entre pais e filhos. O que pensa a respeito?

José Luís jamais havia procurado conhecer os sentimentos íntimos da esposa. Ela o olhou admirada. Ele lhe pareceu diferente. A que atribuir aquela mudança?

Procurando controlar-se, respondeu:

— O amor de mãe é muito gratificante. Principalmente quando o filho corresponde e merece ser amado.

O marido continuou a olhá-la, buscando compreender o que ela dizia:

— Sua forma de amar se resume só em seu filho. Você não acha que é egoísmo? Você tem dois filhos e ama só um?

Ele sabia que, de certa forma, estava sendo maldoso e encontrava até prazer nisso. Queria testar até onde a indiferença dela chegava. Sentia curiosidade em descobrir se ela era mesmo tão fria quanto aparentava.

Maria Helena sentiu brotar dentro de si uma onda de indignação. Ele, que a envolvera sem amor, que não amava a família, que era o homem mais egoísta e frio que conhecera, atrevia-se a julgá-la, a classificá-la de egoísta? Ele, que sempre só se preocupara com o próprio sucesso, só se interessara em aparecer a seu lado na sociedade, que nunca se importara com sua desilusão, sua mágoa, sua renúncia de afeto, tinha o desplante de chamá-la de egoísta?

Eles nunca haviam discutido antes. Resolviam as questões educadamente. José Luís não dava à esposa muitas explicações sobre os negócios e deixava sempre a critério dela o governo da casa e dos filhos.

Maria Helena tentou controlar a raiva. Procurou tornar a voz fria quando disse:

— Se há aqui alguém egoísta, não sou eu. Nesses anos todos de casamento, tenho procurado desempenhar minhas responsabilidades com dedicação. Jamais faltou algo a você ou a nossos filhos. Se tenho mais afinidade com João Henrique, não significa que tenha cuidado menos de Maria Lúcia. Você sabe que ela é diferente. Não se aproxima de nós. Não gosta de mim como ele gosta. Não posso impingir a ela um amor que ela não deseja.

Ele ficou pensativo durante alguns segundos. Teria Maria Helena agido com ele da mesma forma que com a filha? Objetou:

— É assim que você pensa? Só dá afeto a quem demonstra ostensivamente que a ama?

Apanhada de surpresa, ela não encontrou resposta de pronto. Depois, conseguiu dizer:

— Sim. O amor só merece correspondência quando é provado.

— Você seria incapaz de amar alguém que não a amasse ou não demonstrasse seu amor?

— Seria. Ainda que sofresse muito, arrancaria esse amor do coração. Por que essa discussão agora? Nunca falamos sobre esses assuntos. Qual a razão desse seu súbito interesse em conhecer minha forma de pensar?

— Estou lendo um livro de um pensador — mentiu ele — que afirma que ninguém no mundo pode viver sem dar amor. Que o amor é essencial à própria vida. Curiosidade apenas.

Embora aparentando tranquilidade, Maria Helena ainda lutava com a emoção.

— Para mim, o único amor verdadeiro e capaz de todos os sacrifícios é o amor de mãe. Só ele é sincero e merece ser alimentado.

José Luís admirou-se.

— Você não crê no amor entre um homem e uma mulher?

Maria Helena conseguiu imprimir um tom frio ao responder:

— É só um jogo de interesses, em que cada um se acomoda às conveniências. Assim é o casamento. Um arranjo prático, nada mais.

Ele se irritou com a resposta. Seria ela tão segura de si como parecia? Resolveu provocá-la:

— E os grandes amores da história? E aqueles que abandonam tudo, posição, família, dinheiro, para seguir o amor?

Maria Helena abanou a cabeça.

— Ilusão. Só ilusão. A paixão é como doença, destrói os valores e esmaga quem a sente.

— O amor para você só é válido no casamento.

— Seria, se existisse.

— Você está generalizando. Nós conhecemos casais que se amam dentro do casamento.

Ela sacudiu a cabeça em negativa enquanto dizia:

— Aparências, conveniências. A família é uma instituição social sagrada. Toda pessoa de bem luta para preservá-la. Acredito na amizade, na convivência educada. É vantajoso para o casal preservar esses valores. Há os filhos.

— E o amor?

— Não existe. Todos estão tão interessados em demonstrar felicidade, em aparentar, que acabam por iludir-se acreditando que o sentem. Na verdade, só Deus sabe o que guardam no íntimo, escondido no coração.

— Você também esconde o que lhe vai no coração?

Havia uma ponta de ironia em sua voz quando ela respondeu:

— Não posso guardar dentro de mim sentimentos nos quais não creio. Há muito que as ilusões não fazem parte de minha vida. Estou estranhando essas perguntas partindo de você, sempre preocupado com outros interesses.

José Luís irritou-se. As palavras dela, embora veladas, faziam alusão ao motivo que o levara a casar-se. Colocou-se na defensiva. Ele podia acusar-se, porém ainda não se sentia com forças para aceitar que ela o fizesse. Olhou-a sério, dizendo com firmeza:

— Engana-se. Se algum dia pensei de forma diferente, hoje sei que estava enganado. O amor existe e é a maior força da vida. Está acima de tudo.

— Do dinheiro, do nome, da posição, do poder? — inquiriu ela, dura.

— Sim. Acima de tudo. Eu concordo com o livro. Ninguém pode viver sem dar amor.

Maria Helena sentiu um aperto no coração. Estaria ele amando alguma outra mulher? Isso explicaria sua mudança, sua humanização. Sentiu medo. Empalideceu.

— Desculpe — disse. — Estou cansada, vou recolher-me.

— Você não me parece bem. Minha conversa desagradou-a?

— Absolutamente. Estou cansada. Vou repousar um pouco e logo estarei bem.

— Minha curiosidade é só literária. Em tese, tudo é possível neste mundo, até o amor.

Ela se levantou e procurou aparentar a mesma serenidade de sempre, porém sua respiração um pouco acelerada, sua palidez, o brilho nos olhos demonstravam o contrário.

— Boa noite — disse ela.

— Tem certeza de que está bem? — insistiu José Luís, que também se levantara oferecendo-lhe o braço. — Acompanho-a até o quarto.

— Obrigada. Não é preciso. Boa noite.

— Boa noite — repetiu ele.

Sentado em uma poltrona em seu quarto, José Luís tinha entre as mãos um livro entreaberto, sem ler. Seu pensamento tentava compreender a atitude de Maria Helena. De uma coisa tinha certeza: ela não era tão fria e controlada quanto deixara

54

transparecer. Reconheceu que Luciana estava certa em um ponto: ele não conhecia a esposa tanto quanto pensava.

Acreditava também que ela não guardava ressentimentos pelo passado. Chegara a pensar que ela houvesse aceitado sua falta de interesse e de amor como uma coisa natural na rotina do casamento.

Suas palavras, entretanto, haviam demonstrado o contrário. Apesar de ele se esforçar por ser educado e socialmente irrepreensível como marido, Maria Helena percebera que não era amada e que ele se casara por conveniência.

Sentiu-se desconfortável. Sabia ter agido mal, arrependera-se, porém seu orgulho não aceitava que a esposa soubesse disso. Para encobrir essa verdade é que se esforçava para atender suas obrigações diante dos outros, representando o papel do bom marido e do bom pai.

Pensou em João Henrique. Ele também teria percebido a verdade? Apaixonado pela mãe, seria essa a razão pela qual ele não o apreciava? Guardaria por causa disso algum ressentimento no coração, julgando-o também um oportunista, um interesseiro?

Levantou-se, sentindo certo mal-estar. Seu filho sempre fora um jovem idealista. Apesar da falta de afinidade com o pai, pudera observar seus projetos, suas ideias profissionais, sempre objetivando a arte, a beleza, os benefícios para o povo, a vontade sempre manifesta de melhorar o padrão de vida em sua cidade.

João Henrique era muito bem-visto até pelos mais velhos, que o elogiavam com entusiasmo. Como pai, José Luís orgulhava-se disso. A ideia de que ele pudesse conhecer a verdade e desprezá-lo era-lhe insuportável.

Apesar disso, começou a perceber que as peças daquele quebra-cabeça começavam a encaixar-se. Pela primeira vez, encontrava um motivo que pudesse justificar a aversão do filho por ele.

Arrasado, José Luís sentou-se novamente. Como não percebera isso antes?

Reagiu. Afinal, apesar de não se ter casado por amor, sempre cercara Maria Helena de atenções, de apoio. Nunca haviam tido atritos sérios, e Maria Helena, em tempo algum, mostrara-se infeliz.

Passou a mão pela testa, como a afastar dali pensamentos que lhe eram desagradáveis.

Não estaria exagerando? Sentindo remorsos pelo passado, não estaria fantasiando?

Suspirou fundo e tentou ler o livro que tinha nas mãos, mas foi-lhe difícil concentrar-se na leitura.

Na manhã seguinte, à mesa do café, a família reuniu-se. Não era sempre que isso acontecia. José Luís fixou o rosto de Maria Helena procurando analisá-lo. Ela estava como sempre. Parecia calma e interessada apenas na disposição da mesa para que nada faltasse.

Depois do bom-dia, sentados todos ao redor da mesa, enquanto se servia de café com leite, José Luís procurou conversar com o filho.

— Vai à universidade?

— Vou.

— Outro dia, o doutor Mezara falou-me com entusiasmo sobre um projeto seu. Teceu muitos elogios. Gostaria de conhecê-lo.

João Henrique surpreendeu-se.

— O senhor nunca se interessou por arquitetura. Iria maçá-lo.

— Engana-se. Embora não conheça detalhes técnicos, sei apreciar um projeto, seja de uma bela casa, de uma ponte, de uma praça ou de uma rua. Meus amigos dizem até que tenho senso para isso. Quando você tiver tempo disponível, apreciaria vê-lo.

— Está bem. Qualquer dia destes eu o mostrarei.

— Vale a pena, meu filho — lembrou Maria Helena com entusiasmo. — É uma beleza!

Olhou para o marido ligeiramente desconfiada. Ele estava diferente. Nunca procurara aproximar-se do filho.

— A senhora exagera, mãe!

— Penso que não — retrucou José Luís. — Várias pessoas elogiaram esse projeto. Pessoas que entendem do assunto.

Maria Helena sentia-se feliz. Vibrava com a capacidade de João Henrique.

José Luís fitou Maria Lúcia, que, de cabeça baixa, pausadamente, tomava seu café. Tentou conversar com ela.

56

— E você, minha filha, o que está fazendo de bom?

Ela o olhou assustada. Gostava de passar despercebida. José Luís repetiu:

— Então, filha, o que tem feito de bom?

Ela balbuciou:

— Nada. Eu não sei fazer nada.

Maria Helena franziu o cenho, mas nada disse. Olhando o rosto da filha, José Luís penalizou-se. Ela estava um pouco trêmula. Sabia que, se insistisse, ela chegaria às lágrimas. Não queria isso. Assim sendo, respondeu calmo:

— O que você não sabe, pode aprender. Para isso há professores. Se todos soubéssemos fazer tudo, não precisaríamos deles. O que é preciso é ter vontade de aprender.

— Sim, senhor.

O silêncio se fez. João Henrique pediu licença e saiu; Maria Helena acompanhou-o até a porta, como de costume. José Luís perguntou à filha:

— Você gosta de música?

— Um pouco.

— Que tipo de música?

— Mamãe diz que é preciso apreciar o clássico.

— Você gosta?

Ela baixou a cabeça. Ele repetiu:

— Você gosta?

Ela queria dizer que odiava, porém balbuciou:

— Mais ou menos.

— Parece que não é uma entusiasta.

— Eu tento, papai. Dona Eudóxia quer que eu estude três horas por dia. Não consigo.

— Só música clássica?

— Só. Essa é a boa música. A única que mamãe me permite aprender.

José Luís experimentou uma sensação desagradável. Maria Helena era muito exigente com a filha. Era preciso tentar ajudá-la, perceber do que ela realmente gostava.

Então, ele aproximou-se de Maria Lúcia, colocando a mão em seu ombro.

57

— Hoje, antes do jantar, gostaria de dar uma olhada em seus cadernos de música.

Ela se sobressaltou.

— Para quê?

— Para saber o que dona Eudóxia está fazendo com você. Não se preocupe, não vou avaliar você, nem criticar. Preciso ir agora. Até logo, filha.

Beijou-a na testa e fingiu não perceber o rubor que coloriu seu rosto.

— Até logo — murmurou ela.

Aquela tarde, ao chegar em casa, José Luís cumpriu o prometido. Mandou chamar a filha e pediu para ver as partituras e os cadernos de música nos quais ela estudava.

A moça obedeceu em silêncio. Ele os folheou e perguntou:

— Onde você está? O que tem para estudar?

Ela separou as músicas. Ele pediu:

— Toque para mim.

Maria Lúcia estremeceu.

— Desculpe, papai, eu não posso. Iria errar tudo. Acredite, eu não sirvo para pianista. Não consigo aprender!

Maria Helena entrou e, tendo ouvido as palavras da filha, irritou-se. Sua incapacidade era um horror.

— Vamos, menina. Toque. É preciso lutar — olhando as partituras, continuou: — Você sabe essa lição, estudou-a muitas vezes. Vamos ver como está.

Maria Lúcia enrubesceu e seus lábios começaram a tremer. José Luís não queria provocar uma cena. Por isso, interveio:

— Se ela não sente vontade de tocar, não é preciso. A execução de uma música é um prazer, não um sacrifício.

Maria Helena olhou-o com reprovação.

— Dessa maneira ela jamais vencerá a timidez. É preciso enfrentar o medo.

— Ela poderá fazer isso depois. Eu não pretendo julgar seus conhecimentos musicais. O que eu quero é conhecer essas músicas. Pode tocá-las para nós?

Maria Helena surpreendeu-se. Decididamente, ele estava diferente. Apanhou as partituras, foi ao piano e executou-as.

José Luís a custo conseguiu dissimular o enfado. Eram peças pesadas e sem graça. Teve pena da filha, tendo de tocá-las durante três horas seguidas, todos os dias.

Lembrou-se de dona Egle, de Luciana, que transformavam o piano em um instrumento agradável e belo.

Quando Maria Helena acabou, ele agradeceu e pediu para Maria Lúcia guardar suas partituras. Quando se viu a sós com Maria Helena, desabafou:

— Que coisa horrível! Não me admira que Maria Lúcia odeie estudar piano.

Maria Helena ressentiu-se.

— Não diga isso. São peças básicas, exercícios que darão segurança à execução.

— Poderiam encontrar músicas mais alegres, mais bonitas, com a mesma finalidade. Essa professora pareceu-me antiquada.

— Dona Eudóxia é excelente professora! O problema é Maria Lúcia. Temos de reconhecer que ela tem dificuldade de aprender.

— Por isso é preciso ajudá-la. Perceber o que ela gosta, o que lhe dá prazer. Aguentar essas músicas três horas ao dia é sacrifício para qualquer um.

— Espero que você não me desautorize com nossa filha. Dona Eudóxia é excelente. É uma mulher de boa moral e seriedade.

— Não duvido. Mas gostaria que você procurasse outra professora. Mais jovem, talvez, que possa ajudar a desenvolver o gosto de Maria Lúcia pela música. Alguém mais alegre, que não toque só clássicos.

— Não concordo. Durante a formação musical é preciso só utilizar a música clássica para não deturpar o estilo e comprometer a execução.

— Talvez para alguém que pretenda dedicar-se exclusivamente à música, tornar-se uma virtuose — argumentou ele. — Maria Lúcia não tem essa pretensão. Depois, não são todas as pessoas que têm habilidade para os clássicos. Há aquelas que são excelentes musicistas na execução da boa música popular, dos choros, das valsas, dos lundus.

— Você nunca interferiu em minha orientação com nossos filhos.

— Não quero interferir. Mas Maria Lúcia não é como as outras moças. A cada dia se torna mais dependente e insegura. Precisamos estudar uma maneira de ajudá-la. Gostaria que procurasse outra professora.

— Está bem. Vou tentar. Mas desde já asseguro que não vai adiantar. O problema está nela, em sua falta de capacidade, e não na professora, que é excelente.

— Veremos — respondeu ele.

Maria Helena olhou-o séria. Para ela, seria muito desagradável ter de despedir dona Eudóxia. Ela era uma mulher muito conceituada entre as famílias. Cobrava caro pelas aulas. Estudar com ela era chique e de bom-tom. Além disso, Maria Helena reconhecia-lhe os méritos profissionais. Suas execuções eram impecáveis.

Ela não confiava em outra professora. Mas José Luís nunca se interessara pelos problemas dos filhos e era a primeira vez que lhe pedia algo. Não desejava parecer intransigente. Mesmo contrariada, resolveu concordar.

Nos dias que se seguiram, Maria Helena não conseguiu atender ao pedido do marido. Dona Eudóxia continuava. Nenhuma das professoras que haviam sido indicadas pelas amigas conseguira satisfazer suas exigências.

— Estou procurando — alegava ela ao marido. — Não é fácil encontrar uma pessoa do nível de dona Eudóxia.

— Não estará sendo muito exigente?

— Não é qualquer pessoa que pode conviver com nossa filha. É preciso ser alguém de confiança.

José Luís aborreceu-se. Percebia o constrangimento de Maria Lúcia, sendo obrigada a fazer coisas das quais não gostava. Era partidário da boa educação, do respeito, da preservação de valores da família, mas dona Eudóxia era severa demais, particularmente para uma menina delicada como Maria Lúcia. Por certo a intimidava com sua maneira rígida, seus trajes escuros, sua mania de perfeição.

Preocupado, desabafou com Luciana:

— Receio que Maria Helena esteja sendo muito exigente com Maria Lúcia.

— Por quê?

José Luís olhou a filha pensativo. Gostava de conversar com ela, contar-lhe suas preocupações. Nesses momentos, esquecia-se de que ela era jovem e era sua filha. Aprendera a respeitar suas opiniões, sempre muito diferentes da maioria das pessoas, às vezes até de sua própria, porém muito verdadeiras. Ela percebia coisas que ele não via e mostrava-as com simplicidade e afeto.

— Maria Lúcia não é uma moça como você, ou como as outras. É acanhada, enrubesce, chora por qualquer coisa. Não gosta de estudar, tranca-se no quarto o tempo todo. Maria Helena luta para educá-la, fazê-la aprender, estudar, inutilmente. A cada dia ela me parece pior. A mãe preocupa-se em fazê-la mudar, e nesse esforço exige dela coisas que talvez sua inteligência não tenha meios de aprender.

— Acredita que ela não possa aprender?

— Acredito.

— Ela tem alguma deficiência física?

— Aparentemente não. Foi sempre retraída, tímida, mas os médicos não encontram nela nenhuma doença.

— Seu desenvolvimento quando bebê foi igual ao de outras crianças? Sentou, andou no tempo certo etc.?

— Nunca teve problemas quanto a isso. Seu desenvolvimento físico é normal. Poderia dizer que goza de excelente saúde.

— O que pensa dona Maria Helena?

— Que ela é incapacitada. Admira-se porque, enquanto João Henrique é dono de brilhante inteligência, Maria Lúcia é o oposto. Sempre apagada. Não gosta de enfeitar-se como as moças de sua idade. Veste-se mal, eu diria que não tem bom gosto. Insiste em parecer mais feia e desajeitada do que é.

— Não é bonita?

José Luís hesitou, depois disse:

— Não é. Pareceria melhor se tivesse bom gosto. Infelizmente não tem. Maria Helena sofre muito com isso. É uma mulher bonita, fina, sabe apreciar a beleza.

— Imagino. Ter uma filha com esses problemas não deve ser agradável para ela. Provavelmente dona Maria Helena deve ter se ligado muito ao filho.

— Tem razão. Apegou-se a ele. É seu preferido, seu orgulho.

61

— Talvez isso contribua para que Maria Lúcia se sinta mais incapaz.

— Ela é incapaz. João Henrique sempre se sobressaiu em tudo. Ela sempre foi um fracasso. O que me causa admiração é que ambos são filhos dos mesmos pais. Por que nasceram tão diferentes?

Luciana olhou o pai com carinho. Seus olhos brilhavam mais quando respondeu:

— É que os pais só dão o corpo de carne para os filhos. O espírito que o habita é criado por Deus, que é o dono da vida.

José Luís surpreendeu-se.

— Não sou contra a religião. Sei que temos uma alma empregada por Deus. Mas ainda penso por que Deus os fez tão diferentes? Por que deu tudo a João Henrique e nada a Maria Lúcia?

Luciana sorriu:

— Está afirmando que Deus foi injusto?

Ele deu de ombros.

— Não tenho condições para afirmar isso. O que digo é que não posso compreender.

— Se o senhor pensar que Deus cria o espírito das pessoas na hora em que nascem no mundo, não poderá mesmo entender. Mas se perceber que Deus cria os espíritos todos iguais, simples, ignorantes, colocando-os no mundo para desenvolver-se e aprender, nascendo e morrendo, renascendo de novo e morrendo, muitas vezes, perceberá que cada um vive em uma fase de aprendizagem. Uns têm mais conhecimentos, viveram mais, aprenderam mais, enquanto outros são mais jovens na criação e têm menos experiência.

Ele se admirou.

— É uma teoria audaciosa. Parece-me fantástica. Nascer de novo! Que ideia! Você já falou sobre isso.

— A reencarnação tem sido estudada por muitas pessoas esclarecidas, sábios, pensadores. Só ela pode explicar diferenças como essas de seus filhos. Se Deus pode colocar um espírito em cada ser que nasce no mundo, por que obrigatoriamente teria de criá-lo nessa hora e fechar a porta a um que viveu apenas uma vez e não teve oportunidade para aprender tudo de quanto necessitava? Já pensou como é curta uma vida na Terra, mesmo quando se vivem sessenta ou setenta anos? E as crianças que morrem? Teria sido negada a elas oportunidade para aprender?

José Luís estava boquiaberto. As ideias da filha eram muito avançadas. Os padres passavam a vida inteira estudando e afirmavam coisa diferente. Como uma menina como Luciana poderia saber mais do que eles?

— Essa sua filosofia vai longe demais — disse ele. — A igreja ensina diferente.

— A igreja foi feita por homens. Para conhecer a verdade, precisamos olhar as coisas de Deus. A vida é o livro divino em que cada um deve aprender. E a vida nos mostra que a reencarnação é a única crença que explica as desigualdades e as diferenças no mundo e se harmoniza com a justiça de Deus, que nunca erra.

José Luís calou-se. O argumento da filha impressionou-o. Era um bacharel. Militando na justiça dos homens, muitas vezes questionara a justiça de Deus. Estaria errado?

Luciana continuou:

— Tudo é perfeito na obra de Deus. Nosso espírito é eterno. Viveu outras vidas, amou, aprendeu, errou, sofreu e, a cada morte do corpo, liberta-se e regressa à morada espiritual de onde tinha vindo, guardando o progresso feito. Quando se torna oportuno, volta novamente a nascer na Terra, trazendo no inconsciente as experiências vividas e as condições para desenvolver suas aptidões.

José Luís abanou a cabeça admirado.

— Para que tudo isso?

— Para aprendermos a responsabilidade de escolher nossos próprios caminhos. Para amadurecermos e nos tornarmos cooperadores do Criador no Universo.

— Você vai longe demais em suas fantasias. De onde tirou essa ideia?

— Tem outra melhor, que possa explicar o que vai pelo nosso mundo? Que possa conciliar a justiça e a bondade de Deus com a desigualdade reinante ao nosso redor? O senhor mesmo tem dois filhos tão diferentes! Deus teria sido injusto dando tudo a João Henrique e nada a Maria Lúcia?

José Luís não encontrou palavras para responder. Luciana prosseguiu:

— Tudo está certo da maneira que é. Deus jamais erra ou comete injustiças. É preciso aprender a enxergar a vida com realismo. Fantasia é fechar os olhos à verdade que todos os dias nos bate à porta, para dar lugar a preconceitos que as religiões colocaram em nossa cabeça e que nos impedem de perceber o que a vida mostra a cada passo. O conceito de um Deus vingativo, que pune, castiga, que é parcial na distribuição de bens e exige severas contas, é irreal e ilusório.

José Luís ouvia estupefato. A voz de Luciana tornara-se mais grave e fê-lo lembrar-se muito de Suzanne. Emocionou-se.

— Você diz coisas estranhas — disse —, de certa forma incoerentes. Há momentos em que parece ter fé, crer em Deus, e há outros em que combate as religiões.

Luciana sorriu levemente.

— Eu posso confiar em Deus, ter fé e não aceitar o que os homens fazem. Gostaria muito de conhecer Maria Lúcia.

José Luís concordou:

— Seria ótimo para ela conhecer uma moça como você. Poderia ajudá-la muito.

Luciana olhou para o pai pensativa, depois disse:

— Não será possível. É pena.

— Por quê?

— Não posso apresentar-me em sua casa como sua filha mais velha. Dona Maria Helena não sabe de nada.

Era verdade, e ele não respondeu. Como apresentar Luciana à sua família? Maria Helena não conhecia seu passado, seu amor por Suzanne e, mesmo que lhe contasse, ela era uma mulher rígida de princípios, não aceitaria a presença de uma filha ilegítima em sua casa, em convivência com seus filhos.

Como o pai não respondeu, Luciana continuou:

— Não importa. Mesmo assim, eu gostaria de ajudar Maria Lúcia. Ela deve sofrer muito.

— Ela é muito calada, prefere passar despercebida em casa. Não tem amigas e, se a deixarmos, não sai do quarto.

— Gostaria de conhecê-la. Ninguém em sua casa precisaria saber quem sou.

— Não acho justo. Orgulho-me de você e gostaria de gritar aos quatro cantos do mundo que é minha filha!

64

— Basta-me seu amor. Não é preciso perturbar a vida de sua família.

José Luís passou a mão pelos sedosos cabelos da filha.

— Você é muito nobre. Mas não vejo como conseguir isso.

Luciana sorriu e seus olhos brilharam maliciosos e alegres quando disse:

— O senhor acha que eu seria uma professora de piano muito ruim?

Ele se assustou.

— Você não está pensando...

— Estou. Eu poderia dar aulas de piano a Maria Lúcia. Seria um pretexto excelente para estar com ela. Poderia conhecê-la melhor, ajudá-la a encontrar a alegria de viver.

Ele estava indeciso.

— Não sei se daria certo. Depois, você não precisa fazer esse sacrifício. Seria cansativo e trabalhoso. Maria Helena é exigente e muito formal. Iria tratá-la como uma subalterna. Não acho justo.

Luciana colocou a mão no braço do pai e respondeu:

— Nada disso importa. Maria Lúcia é minha irmã. Sente-se infeliz. Eu sinto que poderia ajudá-la. Terei grande prazer em realizar esse trabalho. Quanto a dona Maria Helena, saberei comportar-me à altura. O senhor se esquece de que sempre trabalhei para viver? Sei como tratá-la, não se preocupe.

— Não duvido. O que me preocupa é vê-la entrar em minha casa como uma assalariada, quando deveria ser recebida como da família.

— Se queremos ajudar Maria Lúcia, temos de deixar o orgulho de lado. Esqueça esse aspecto. O que me preocupa é a parte profissional. Acha que, como professora, dona Maria Helena me aceitará?

— Precisaria ter método, programar as aulas, qualquer coisa assim.

— Quanto a isso não há problema. Vovó deu aulas e tem tudo isso. Inclusive, poderá orientar-me.

Ele abanou a cabeça indeciso, preocupado.

— Mesmo assim, não sei...

— Papai, deixe-me fazer alguma coisa por Maria Lúcia. Sou professora. Entendo um pouco desses assuntos. Por favor!

65

Ele se decidiu:

— Está bem. Verei o que posso fazer. Você é muito moça, preciso arranjar um forte argumento para convencer Maria Helena.

Luciana levantou-se e passou os braços pelos ombros do pai, beijando-o levemente na face.

— Obrigada, papai. Não vai se arrepender. Vou me preparar muito bem. Verá.

José Luís sorriu:

— É uma loucura, mas sempre será uma tentativa.

Ao sair da casa de Luciana, José Luís ia emocionado. A cada dia admirava mais a filha. Seu espírito nobre e generoso impressionava-o. Ele, que infelicitara sua vida pela ambição, percebia que Luciana era o oposto, colocando os sentimentos, o amor, a amizade sempre em primeiro lugar. Ela já sabia o que ele estava começando a aprender a duras penas. Admirava-a.

Ela, em sua casa, ao lado de Maria Lúcia, seria o raio de sol que levaria a beleza, a bondade, o amor, a alegria.

De volta a casa, foi pensando em como convencer a esposa. Na noite seguinte, depois do jantar, foi que José Luís julgou oportuno tratar do assunto.

Sozinho com Maria Helena, perguntou por João Henrique, seus projetos, seus ideais.

O rosto de Maria Helena iluminou-se. Falar do filho era sua alegria. O marido ouviu-a atencioso, comentando esta ou aquela ideia. Quando ela se calou, ele perguntou:

— E Maria Lúcia, você já despediu dona Eudóxia?

Maria Helena suspirou.

— É uma tarefa desagradável. Depois, ela é tão eficiente! Tem certeza de que devemos substituí-la?

José Luís olhou-a sério.

— É tão difícil para você atender a um desejo meu?

Maria Helena remexeu-se na cadeira e não respondeu imediatamente. Ele a olhava esperando por uma resposta. Por fim, ela disse:

— Se você faz questão, farei isso amanhã. Ainda não encontrei ninguém à altura de substituí-la. Por isso, guardava a esperança de vê-lo reconsiderar esse assunto.

— Não mudei de ideia. Ainda penso que dona Eudóxia é muito velha e antiquada para agradar Maria Lúcia.

— Não se trata de agradar Maria Lúcia. Aliás, não há nada que consiga torná-la feliz. Não vejo por que uma preceptora precisa de outra coisa que não sejam sua competência, sua moral, sua educação. Hoje os costumes estão mudando e precisamos de cuidado com esse modernismo que destrói as famílias.

— Você diz bem: os tempos estão mudando e nós não podemos parar. Gostaria que encontrasse uma professora jovem. Quem sabe assim nossa filha possa aprender a alegria de viver.

Maria Helena olhou-o admirada. Positivamente ele lhe parecia diferente, modificado.

— Verei o que posso fazer — disse por fim.

José Luís não tocou mais no assunto. Foi dali a dois dias que disse a Maria Helena:

— Encontrou a professora para Maria Lúcia?

— Não — foi a lacônica resposta.

— Hoje eu soube casualmente de uma moça que dá aulas de piano.

— Você a conhece?

— Não — mentiu ele. — Foi o doutor Alfredo quem me indicou. Trata-se de uma moça de excelente família, que reside com a avó. Ficou órfã. Parece que quer ocupar-se e gosta de dar aulas de piano. Segundo ele, trata-se de uma moça fina e muito educada. Tomei a liberdade de anotar o endereço para você.

Ela concordou:

— Está bem. Vou conversar com ela, marcar uma entrevista e avaliar seus conhecimentos.

— Se quiser, posso mandar o rapaz de recados solicitar que venha até aqui.

— Fico-lhe grata. Pode mandá-la amanhã às quatro.

— Está bem.

José Luís baixou os olhos para que Maria Helena não visse a alegria que sentiu. Conversou sobre outros assuntos. Não queria que ela desconfiasse de nada.

No dia seguinte pela manhã, ele foi pessoalmente à casa de Luciana.

— Você ainda pode desistir — disse com seriedade.

Luciana sacudiu a cabeça.

— Desistir, eu? O senhor não me conhece... Passei estes dias me preparando. Vovó estudou num grande conservatório de Londres. Foi lá que eu me "formei" professora. Ela me contou tudo, os métodos, as aulas.

— Veja lá o que vai fazer.

— Não se preocupe. Quando eu programo uma coisa, vou até o fim. Haveremos de vencer! Verá!

— Está bem. Esteja lá às quatro. Maria Helena é muito exigente com pontualidade.

— Eu também. Não se esqueça de que tenho uma educação britânica.

José Luís sorriu. Quando ele saiu, Luciana procurou pela avó.

— Vamos preparar aquela peça. Precisa estar impecável.

— Está bem — concordou Egle. — Se deseja obter êxito, precisa estudar muito. Lembre-se de que vai ser examinada por uma boa pianista.

— Dona Maria Helena toca muito bem, mas eu, quando quero, não sou tão ruim assim.

Aproximando-se do piano, sentou-se e, pela décima vez, repassou a música que pretendia tocar na entrevista da tarde.

V
Quinto
Capítulo

Sobraçando sua pasta de música, Luciana tocou a sineta da bela casa de José Luís. Faltava um minuto para as quatro e, enquanto era introduzida na sala em que Maria Helena a esperava, ouviu as quatro badaladas do grande relógio que havia no saguão.

Maria Helena olhou-a enquanto dizia:

— Vejo que é pontual.

Luciana olhou o rosto da esposa de seu pai e curvou ligeiramente a cabeça, dizendo:

— A pontualidade é uma qualidade que procuro cultivar.

— Sou Maria Helena.

— Sou Luciana. Recebi seu convite para esta entrevista.

Maria Helena olhou-a atentamente. Luciana estava muito bem-vestida e era muito bonita.

— Sente-se, por favor. Foi um amigo de meu marido quem me recomendou a senhorita como preceptora de piano para minha filha. Por acaso dá aulas para muitas moças?

Luciana sentou-se na poltrona que lhe era oferecida, colocando sua pasta no colo.

— Não, senhora. Eu realmente não faço da música um meio de vida. Gosto de tocar, gosto de ensinar. A música é um prazer que enriquece o espírito.

— É idealista. Eu pensei que desse aulas para viver.

— Se eu precisasse, talvez, mas eu e vovó temos uma renda suficiente.

— Então não compreendo.

— Gosto de ensinar.

— Se eu a contratar, preciso pagar.

— Concordo. Entretanto, eu me reservo o direito de dar aulas só para alunas muito bem escolhidas, coisa que quem luta pela subsistência não pode fazer.

Apesar de admirada, Maria Helena gostou da firmeza e da segurança de Luciana. Por certo, deveria ser muito eficiente, pensou ela.

— A senhorita estudou em que conservatório?

— Fui educada em Londres e estudei piano na Harmony House.

Maria Helena fitou-a com respeito. Seu sonho sempre fora estudar naquele local. Por certo estava diante de uma grande virtuose.

— Poderia tocar para mim?

— Por certo, senhora.

Maria Helena conduziu-a à sala vizinha, abrindo o piano. Luciana, com segurança, escolheu a partitura e colocou-a no piano. A outra, em pé ao lado, observava-a.

Luciana começou a tocar. Colocou toda a alma na peça que executava. Saiu perfeita.

Maria Helena deu-se por satisfeita.

— Muito bem. Gostaria de contratá-la. Acertar os detalhes.

— Primeiro, antes de aceitar, desejo conhecer sua filha.

— Desde já posso descrevê-la para a senhorita. Ela tem dificuldade de aprender. Você precisará de muita paciência com ela.

— Poderia apresentar-me? Não posso aceitar sem saber se ela me aceitará.

— Minha filha faz o que eu quero. Obedece. Mas não vejo inconveniente em chamá-la.

Ela tocou a sineta e ordenou à empregada que fosse buscar a filha. Maria Lúcia apareceu alguns minutos depois. Cabeça baixa, entrou na sala, mal olhou para Luciana.

— Esta é Maria Lúcia. Esta é Luciana, professora de piano.

Luciana levantou-se e estendeu a mão para a moça.

— Como vai?
— Bem — balbuciou Maria Lúcia, pegando a mão de Luciana frouxamente.
— Sua mãe quer que eu venha dar aulas de piano para você. O que acha?
Maria Lúcia baixou os olhos.
— Não sei. Se minha mãe quer, está certo.
Luciana notou que a moça estava tensa. Voltou-se para Maria Helena:
— Está bem. Vamos combinar tudo. Virei aqui duas vezes por semana.
Maria Helena acertou todos os detalhes, com os quais Luciana concordou plenamente. Tudo combinado, Luciana levantou-se. Percebeu que Maria Lúcia observava-a furtivamente.
— Espero que seja paciente e que realmente goste de ensinar. Maria Lúcia não aprende com facilidade. É preciso muita disciplina e insistência.
O rosto da moça cobriu-se de rubor.
Luciana respondeu calmamente:
— Terei muito prazer em estar com Maria Lúcia e fazê-la sentir a beleza da música e o prazer da execução. Ela vai aprender rapidamente, tenho certeza disso.
Maria Helena fitou o rosto corado da filha, olhos postos no chão, sem nada dizer. Suspirou e não insistiu. Luciana cedo descobriria o que ela tentara dizer.
Luciana despediu-se. Em casa, sua avó esperava-a ansiosa. Vendo-a entrar, perguntou:
— E então?
Luciana colocou a pasta sobre a mesa e respondeu alegre:
— Consegui! Vovó, estou contratada.
Egle balançou a cabeça.
— Acha que dará certo? Se Maria Helena descobrir a verdade, ficará furiosa. Ninguém gosta de ser enganado.
— Ela não saberá, vovó. Serei discreta e muito eficiente. Verá. Se a senhora visse Maria Lúcia, ficaria penalizada. É tímida, dominada. Pareceu-me indiferente, sem vontade de reagir, de lutar e ocupar seu lugar no mundo.
— Não terá deficiência intelectual?

— Papai garantiu que não é. Fez todos os exames médicos. É questão de personalidade.

— Acha que poderá ajudá-la?

— Acredito que sim. Quero tentar. A senhora me ajudará.

— Eu?!

— Sim. Com sua experiência e orientando as aulas. Começarei na próxima terça-feira à tarde. Como deverá ser tecnicamente a primeira aula? O que deverei ensinar?

— Vou preparar tudo.

— Entendo o que papai quis dizer quando mencionou que Maria Helena era formal. Nem sequer me ofereceu um chá. Falou o estritamente necessário. A senhora tinha razão. Quando mencionei a Harmony House, ela se impressionou.

— Eu sabia.

— Acho que foi meio caminho andado. Minha execução saiu perfeita. Queria que a senhora estivesse lá.

Egle abraçou a neta com carinho.

— Não duvido. Você é uma feiticeira. Não me surpreenderei se transformar essa menina. Agora, vamos tomar nosso chá. Está na hora.

Abraçadas, as duas dirigiram-se à cozinha.

José Luís chegou em casa para o jantar, mas, embora estivesse ansioso para saber, achou prudente não perguntar. Foi Maria Helena quem, depois do jantar, mencionou o assunto.

— A nova professora de piano esteve aqui.

José Luís procurou dissimular o interesse. Ela prosseguiu:

— Achei-a muito moça. Contudo, pareceu-me muito discreta e educada.

— É boa profissional?

— Parece ser. Depois, estudou em Londres, na Harmony House. Executou uma peça com clareza e segurança. Tem uma particularidade curiosa: não dá aulas para viver.

— Não?

— Não. Aliás, estava muito bem-vestida. Disse que gosta de ensinar música e o faz por prazer.

— Interessante.

— Mas eu lhe disse que só a aceitaria para dar aulas a Maria Lúcia se recebesse por seu trabalho.

— Fez bem. E ela?

— Concordou. Mas, antes de aceitar ser professora de nossa filha, quis conhecê-la. Tive receio de que, vendo-a, Luciana desistisse. Contudo, ela aceitou.

— Você a contratou?

— Sim. Virá duas vezes por semana, à tarde.

— Como lhe pareceu essa moça?

— Um pouco idealista. Eu fui honesta e falei das dificuldades de Maria Lúcia. Ela não se importou. Cedo perceberá seu engano. Só espero que não venha a desistir.

— Talvez uma moça educada e fina possa influenciar Maria Lúcia e despertar nela o gosto pela vida.

Maria Helena suspirou.

— Se isso acontecesse, seria um milagre.

— Vamos ver. Gente jovem precisa de companhia de pessoas de sua idade.

— Maria Lúcia não tem amigas porque não quer. Nos saraus, isola-se, não conversa com ninguém, e as outras moças cansaram-se de sua indiferença.

— Sei que ela é difícil. Mas precisamos tentar alguma coisa. Se essa professora for inteligente, poderá ganhar-lhe a estima e fazê-la melhorar.

— É, pode ser. Luciana é uma moça educada e parece muito fina.

— Pelo que sei, é de excelente família.

— Vamos ver. Terça-feira ela virá para a primeira aula.

José Luís exultava. Luciana conseguira. Soubera posicionar-se. Percebera que Maria Helena referia-se a ela com cortesia. Escondeu a alegria. Tinha impulsos de sair, ir à casa da filha saber todos os detalhes, porém controlou-se. Esperaria pelo dia seguinte.

73

Na terça-feira, pontualmente às duas da tarde, conforme o combinado, Luciana, sobraçando sua pasta de música, foi introduzida na casa de Maria Helena.

Na sala, Maria Lúcia a esperava, sentada ao lado da mãe. Trajava severo vestido cinza, os cabelos puxados para trás e presos na nuca em birote.

Luciana cumprimentou-as curvando a cabeça. Depois disse:

— Dona Maria Helena, antes de iniciar a aula, gostaria de falar-lhe a sós por alguns instantes.

— Está bem. Venha a meu gabinete, por favor.

Passaram para outra sala, e Maria Helena fechou a porta.

— Estou às suas ordens.

— Dona Maria Helena, sua filha parece-me uma moça muito tímida. Tenho meus métodos de ensino. Antes de começar a ensinar, preciso de uma avaliação do que ela já sabe. Porém não quero constrangê-la. Ao contrário, pretendo deixá-la menos tensa, mais serena. Ninguém pode avaliar um músico se ele estiver nervoso.

Apesar de surpresa, Maria Helena reconheceu que Luciana tinha razão.

— O que pretende fazer?

— Gostaria de conversar com ela sem que ninguém nos interrompesse, e que a senhora não se admirasse se hoje eu não conseguir que ela execute nada. Gostaria de conhecê-la melhor. Desta forma, verei qual o melhor método a ser usado. As pessoas são diferentes umas das outras, e o que dá bom resultado com algumas pode não dar nenhum com outras.

— É interessante seu ponto de vista.

— Essa técnica é usada na Harmony House. Desejo informá-la de que, além de ter feito curso de piano, sou educadora formada. Preciso conversar com Maria Lúcia.

Maria Helena, satisfeita, concordou. Sua filha bem que precisava de uma educadora.

— Faça como achar melhor. Não interferirei.

— Obrigada. A senhora verá que ela vai aprender.

De volta à sala onde Maria Lúcia esperava sentada ainda na mesma posição, Luciana fechou a porta. Depois, sentou-se em frente à moça, conservando-se calada.

Durante dez minutos, as duas conservaram-se na mesma posição. Disfarçadamente Luciana observava. De repente, Maria Lúcia levantou os olhos, fixando-os em Luciana. Esta sorriu. A moça baixou novamente o olhar, um pouco corada. Luciana continuou em silêncio.

Maria Lúcia remexeu-se na cadeira, tornando a fixá-la. Luciana sorriu de novo. Percebia que a moça começava a ficar curiosa. Preparara-se para uma aula sofrida, odiosa, com uma desconhecida e, agora, lá estava ela, parada, sem fazer nada. O que estava acontecendo?

O silêncio pesava, e ela não sabia o que fazer. Sempre esperava pela iniciativa dos outros para tomar qualquer atitude. Por que a outra ficava calada? Se ela estava esperando que ela, Maria Lúcia, começasse o assunto, perdia seu tempo. Odiava piano e não iria aprender nada. Não tinha jeito para a música. Jamais tocaria como sua mãe. Por que não desistiam?

E aquela professora calada à sua frente. Por quê? Talvez ela tivesse mentido e não gostasse de dar aulas. Talvez precisasse mesmo do dinheiro. Mentira para que sua mãe lhe pagasse melhor. Assim, não precisaria fingir. Podia abertamente dizer que não gostava de estudar música.

Olhou-a novamente. Sua curiosidade era evidente.

Luciana sorriu levemente. Decorrera meia hora sem que dissessem uma palavra. Por fim, Maria Lúcia disse com voz muito baixa:

— Você não gosta de dar aulas de música!

— Gosto — respondeu Luciana. — A música alimenta o espírito e alegra a alma, faz bem ao coração.

Maria Lúcia sacudiu a cabeça negativamente. O silêncio novamente colocou-se entre ambas, e foi Maria Lúcia quem o quebrou:

— Você não veio para uma aula de piano?

— Vim.

— Está esperando o quê?

Maria Lúcia sentia-se inquieta, nervosa, irritada. Por que ela não acabava logo com aquilo? Queria ir logo para seu quarto. Estava até disposta a tocar alguns exercícios e depois ficar livre. Dona Eudóxia era fria, indiferente, aguentava impávida seus erros ao piano. Sua mãe pagava-lhe para isso. Desprezava-a. Ela aguentava tudo por causa do dinheiro.

— Quer começar agora? — perguntou Luciana com voz firme. — Mostre-me o que estava estudando.

Maria Lúcia obedeceu. Dirigiu-se ao instrumento, apanhou o livro de exercícios, colocou-o no piano, abrindo-o. Luciana observava-a:

— Pode começar.

Maria Lúcia começou a tocar lentamente e muito mal. Não foi interrompida por Luciana, que a ouviu até o fim.

— O que mais estava aprendendo?

Maria Lúcia procurou outro exercício e tocou-o tão mal quanto o primeiro. Durante meia hora a moça tocou, e Luciana ouviu sem comentar nada.

— Por hoje basta.

A moça levantou-se, guardou as partituras. A professora não a mandara parar nem criticara seus erros. Impossível que não os tivesse percebido. Seria uma professora tão ruim assim? Melhor, porque assim, quem sabe, sua mãe desistisse e a deixasse em paz.

Luciana aproximou-se. Olhando-a nos olhos, disse com voz firme:

— Maria Lúcia, apesar de você errar de propósito, de não querer estudar música e de estar louca de vontade de ir fechar-se em seu quarto, de querer que eu desista, que sua mãe desista, eu vou dar-lhe aulas de música. E afirmo que você vai adorar.

A moça, corada, cabeça baixa, não encontrou resposta. Seus lábios começaram a tremer, e Luciana percebeu que ela iria chorar. Fingindo não notar, prosseguiu firme:

— Eu vou fazer isso porque acredito que você é capaz de aprender tudo se quiser. Para que você queira, é preciso gostar. Procurarei tornar nosso tempo juntas muito agradável.

A moça começava a soluçar.

— Agora eu vou embora. Se quiser chorar, chore. É um direito seu. Mas quero que saiba que gosto muito de você e pretendo ensiná-la a gostar de mim. Passe bem. Voltarei na próxima sexta-feira.

Levantou o rosto de Maria Lúcia e beijou-a delicadamente na face, saindo.

Maria Helena não estava ali. A moça dirigiu-se à empregada.

— Vou embora. Não incomode dona Maria Helena. Dê-lhe meus cumprimentos. Estarei de volta no dia marcado. Passe bem.

76

Maria Helena ouviu a funcionária transmitindo-lhe o recado e não disse nada. Sua ausência fora proposital. Ouvira a péssima execução da filha e estava irritada. Dona Eudóxia estava habituada com a burrice de Maria Lúcia, mas Luciana não. Temia que ela desistisse. Nesse caso, não teria jeito de chamar novamente a velha professora. Fora-lhe difícil despedi-la. Ela ficara ofendida, apesar da delicadeza que tivera.

Depois que Luciana se foi, entrou na sala, mas a filha já se havia recolhido.

Maria Helena sentou-se no sofá, pensativa. Por que sua filha nascera tão incapaz? Que diferença de João Henrique!

Fundo suspiro escapou-lhe do peito. Não sabia de nenhum caso na família. Por que teria acontecido com ela, por quê?

Sentia-se particularmente triste naquela tarde. Luciana era uma moça bonita, inteligente, culta. Que diferença de sua filha!

Pensou no marido. Ele estaria certo colocando junto à filha uma moça tão bonita e cheia de atributos? Não iria deixar Maria Lúcia mais tímida, mais insignificante?

Num ponto concordava com ele: alguma coisa precisava ser feita. Daria resultado? Estava disposta a deixar Luciana tentar. Não sabia se a moça teria paciência suficiente.

Quando Luciana saiu, Maria Lúcia parou de chorar. Apanhou sua pasta de música e foi para o quarto.

Finalmente estava livre. Fechou a porta por dentro e atirou a pasta sobre a cama. Se sua mãe visse, iria repreendê-la. Queria cada coisa em seu lugar. Sentiu uma onda de rancor, misturada a um pouco de satisfação.

Aquele era seu território. Podia fazer o que lhe aprouvesse, desde que sua mãe não visse.

Sentou-se no chão e soltou os cabelos. Os grampos incomodavam-na. Apoiou as costas no lado da cama e fechou os olhos. Seria bom se ela pudesse dormir. Viver era horrível. Abominava sua casa, a disciplina que era obrigada a seguir. Tudo era monótono e sem graça. Olhou a boneca que estava sobre a cama.

"Preferia ser ela", pensou. "É bonita e não precisa fazer nada. Não gosta nem odeia. Não sente nada. Aconteça o que acontecer, está sempre com a mesma cara. Se eu fosse ela, eles me deixariam aqui, sem ser nada, sem ter de aprender nada. Mas eu não sou, infelizmente! Logo mamãe vai mandar me chamar para o lanche. Terei de suportar tudo de novo. E se eu jogar tudo no chão? Quero ver a cara dela. Vai ficar furiosa."

Maria Lúcia sorriu levemente.

"Ela fica furiosa, mas não chora como eu. Quando eu choro, ela fica ainda mais nervosa. Ela nunca chora! Essa professora de música nem ligou quando eu chorei…"

Seu rosto cobriu-se de rubor, e ela levou as mãos às faces.

"Ela percebeu que eu errei de propósito! Dona Eudóxia nunca percebia isso. Essa é mais esperta."

Ela deu de ombros.

"Melhor. Assim ela perceberá rápido que eu não dou para a música e me deixará em paz. Quem sabe mamãe desista!"

Ela se levantou do chão e começou a andar pelo quarto.

"Ela não desistirá! Nunca consegui nada dela. Posso morrer que ela não me atenderá. Se eu morrer, ela vai sentir remorso! Vai se arrepender. Vou ficar sem comer até morrer! Ela vai ver!"

Sentou-se na cama.

"Vai se arrepender nada. Ela não gosta de mim. Ela me persegue, odeia-me. Vai dar graças a Deus por ver-se livre de mim. Eu sou a sua vergonha."

Seu rosto ruborizou-se novamente. Passou as mãos pelas faces. Lembrou-se do beijo de Luciana. Sua mãe nunca a beijara. Ninguém a beijava. Quem gostaria de beijar uma moça feia como ela? Seu irmão, seu pai, ninguém a beijava.

Maria Lúcia passou os dedos pela face na região em que Luciana pousara os lábios com doçura. Essa professora de piano dissera que gostava dela. Por que teria mentido? Estaria com pena? Ou pretendia comprar-lhe a obediência? Ela iria ver uma coisa. Não estava disposta a aprender nada, fingir uma amizade que não podia sentir. Ela era feia, sem graça, incapaz. Por que alguém iria gostar dela?

Na sexta-feira, quando Luciana chegou, a moça estava na sala de música, com a mesma postura, o mesmo penteado e um vestido tão severo quanto o da primeira vez.

Luciana fechou a porta, colocou sua pasta sobre a mesa e, aproximando-se de Maria Lúcia, estendeu-lhe a mão.

— Como vai?

— Bem — disse ela, apertando a mão que lhe era estendida, sem levantar o rosto.

— Está um lindo dia. Você já deu uma volta pelo jardim?

— Não — balbuciou ela.

— Não sabe o que está perdendo. Gostaria que nossa aula hoje fosse ao ar livre?

Maria Lúcia não entendeu:

— Não há piano no jardim — disse.

— Podemos deixar o piano por hoje. Há outras coisas que eu gostaria de conversar com você.

Essa professora era diferente. O que pensaria sua mãe vendo que ela não lhe dava aula de piano? Por certo, ficaria contrariada. Pagava-lhe para isso!

— Se prefere ficar aqui e ir ao piano, pode dizer — tornou Luciana.

Maria Lúcia sacudiu a cabeça.

— Não. Vamos ao jardim.

Procurou dissimular a satisfação. Aquela professora tinha os dias contados em sua casa. Em breve estaria livre dela.

Luciana abriu a pasta de couro que trouxera e tirou dela um livro finamente encadernado.

— Vamos — disse.

Vendo que Maria Lúcia estava sem ação, esclareceu:

— Não precisa levar nada. O que tenho basta.

Foram ao jardim.

— Vamos procurar um lugar bem bonito.

Luciana respirou gostosamente e disse:

— Que delícia de perfume! — parou, olhou para Maria Lúcia e perguntou: — O que é?

— Não sei, não estou sentindo nada.

Luciana segurou o braço de Maria Lúcia.

79

— Experimente prestar atenção. Sinta que coisa deliciosa. Aspire esse ar! Feche os olhos e aspire.

Maria Lúcia obedeceu. Sentiu o perfume.

— Vamos ver de onde vem? — disse Luciana alegremente.

"Que importância tem isso?", pensou Maria Lúcia. Queria ver a cara de sua mãe quando soubesse o que se passava.

Luciana puxava-a pela mão. Seguiu-a docilmente.

— Olhe que beleza! É desse pé de jasmim! Está coberto de flores. Não é lindo?

O olhar de Maria Lúcia ia do rosto de Luciana ao jasmim, sem saber o que dizer.

— Feche os olhos e sinta o aroma. É delicioso!

Ela obedeceu. Luciana continuou:

— São coisas que a Mãe Natureza faz para enfeitar nossa vida! Vamos nos sentar neste banco. Nossa aula hoje será aqui.

A outra olhava sem entender. Como iria estudar piano em um banco de jardim? Apesar disso, sentou-se, cabeça baixa. Luciana acomodou-se a seu lado. De repente, disse num murmúrio:

— Olhe um beija-flor. Que lindo! Não se mexa para não assustá-lo!

Maria Lúcia olhou e viu o pássaro voando sobre o jasmineiro, introduzindo o bico nas flores. As duas ficaram em silêncio observando-o. Quando ele se foi, Luciana considerou:

— Às vezes, penso que seria bom ser como ele. Poder voar, sentir o perfume das flores.

Maria Lúcia havia pensado em ser como a boneca, mas passarinho seria melhor. Poderia voar para o céu, sair dali para sempre. Não disse nada. Luciana, depois de alguns segundos, continuou:

— Só às vezes, porque ele é muito lindo e me comove. É claro que ser gente é muito melhor do que ser passarinho.

Maria Lúcia fez pequeno e quase imperceptível gesto de contrariedade, mas Luciana percebeu e indagou:

— Você, o que acha?

— Não sei.

— Se você pudesse escolher, o que gostaria mais de ser: pássaro ou gente?

— Uma boneca — disse ela.

80

Luciana sorriu:

— Não estamos falando em boneca. Você acha que seria melhor ser boneca do que ser gente ou beija-flor?

— É bobagem. Nunca vamos ser nada disso.

— Faz de conta. Nunca brincou de fazer de conta?

— Não.

— A gente pode ser tudo que quiser. É só fazer de conta. Por que preferiria ser uma boneca? Para ser muito bonita?

A moça enrubesceu.

— Não é isso — disse.

— Então por quê?

— Porque ela pode ficar no quarto e não tem de fazer nada. Não precisa aprender nada.

Luciana sentiu uma onda de carinho por Maria Lúcia. Tomou-lhe as mãos entre as suas e disse com suavidade:

— Maria Lúcia, você não precisa ser uma boneca, nem um pássaro, porque você é um espírito criado por Deus! Tem alma, sentimentos, amor no coração. Tem inteligência para perceber todas as coisas boas do mundo. Pode olhar a natureza, os seres vivos, o céu, as estrelas, o mar, o sol, as flores, sentir a força de Deus que existe em tudo e acordar para a felicidade, para o progresso e para a vida! Você é muito mais do que uma boneca!

Maria Lúcia tremia como folha batida pelo vento. Olhava para Luciana e em seus olhos havia um misto de surpresa e dor.

— Você é um ser humano. Você é criação perfeita de Deus!

Maria Lúcia apertou as mãos de Luciana com força. Depois, com uma voz que vibrava, disse:

— Não sou nada disso.

Luciana retirou as mãos.

— Deus fez você perfeita. Mas o que você está fazendo com você é muito triste.

— Eu?

Ela queria gritar que sua mãe era culpada. Que sempre a desprezara, envergonhava-se dela, punia-a só porque ela não era inteligente ou bonita como João Henrique. Ela nascera assim, que culpa lhe cabia? Mas não disse nada. Baixou os olhos e engoliu a mágoa.

Luciana disse com suavidade:

— O que você faz com você é problema seu. Nada tenho com isso. Agora eu a vejo como você é: amorosa, inteligente e sozinha. Muito sozinha. Gostaria que aceitasse minha amizade de verdade.

Havia ternura e sinceridade em Luciana, que estava comovida. Vendo que ela não respondia, perguntou:

— Você quer?

Maria Lúcia olhou para ela, e havia tanta dor em seus olhos que Luciana abraçou-a com força. Permaneceram abraçadas durante alguns minutos. Luciana sentia que a moça também a abraçava.

— Você ainda não me respondeu — disse.

— Quero — disse Maria Lúcia por fim.

— Muito bem. Agora chega de falar de nós. Já somos amigas mesmo. Quero que veja este livro que eu trouxe especialmente para mostrar a você. É um livro raro que pertence à minha avó. Veja que linda capa. É trabalho de verdadeiro artista. As letras foram gravadas com ouro mesmo.

Maria Lúcia olhava com admiração. Nunca se detivera em olhar a capa de um livro. Não gostava de ler.

— Passe o dedo sobre as letras e sinta o relevo.

Apanhou o dedo indicador de Maria Lúcia e colocou-o sobre as letras.

— O artista poderia ter feito letras simples, porém deu-se ao trabalho de fazer estas. Sabe por quê?

Maria Lúcia sacudiu a cabeça negativamente.

— Por que estas são mais bonitas, têm mais arte e valorizam mais o livro. Não acha que são lindas?

A moça olhava sem responder. Luciana prosseguiu:

— Gostaria que você pudesse ver outras mais simples para perceber a diferença. Não as tenho aqui, mas trarei outro dia para mostrar-lhe.

Segurou a mão da moça e continuou:

— Olhe sua mão, minha mão. Elas são preciosas. Possuem o dom de transformar o mundo.

Maria Lúcia olhava boquiaberta.

— Não concorda comigo?

82

— Não sei...

— Muitas coisas que nos rodeiam foram feitas por mãos humanas. Quer ver?

Ela concordou. Luciana abriu o livro logo no começo, em que havia algumas esculturas de mãos famosas.

— Muita gente sabe disso, tanto que estes artistas lhes prestaram homenagem. Aqui mesmo, neste jardim, vamos ver o que foi feito pelas mãos das pessoas. Você percebe aqui alguma coisa feita pela mão?

Ela olhou ao redor, depois disse:

— O banco onde nos sentamos.

— É verdade. Vamos ver quem consegue ver mais coisas. Agora é minha vez. O poste do lampião. Foi o ferreiro.

Maria Lúcia concordou.

— Agora é você. Vamos ver quem vê mais. Temos um ponto cada uma.

Maria Lúcia olhou em volta, entretida. Pela primeira vez, Luciana percebeu um brilho mais vivo em seu olhar. Sentiu-se feliz por isso e prosseguiu alegremente, conseguindo que Maria Lúcia sorrisse algumas vezes. A certa altura, olhou-a e disse com firmeza:

— Você foi feita para sorrir. Tem um lindo sorriso.

A outra corou e imediatamente voltou à postura costumeira. Fingindo não perceber, Luciana continuou:

— Mas, para que não se envaideça, acho seu vestido muito triste e em desacordo com a beleza de seu sorriso. Essa cor é muito severa. Você, de rosa ou de verde, ficaria mais bonita. Acha que a cor de meu vestido fica bem com o tom de minha pele?

Maria Lúcia olhou-a e achou-a linda. Mas balbuciou:

— Não sei...

— Somos amigas. Entre amigas trocam-se ideias sobre moda, beleza. É verdade que os gostos são diferentes. Você gosta da cor de seu vestido, por certo. Já eu, acho que ficaria melhor de outra cor. Eu gosto do meu, mas você pode pensar diferente. É bom trocar opinião. Olhe para mim, o que acha de meu vestido?

— É bonito. Fica-lhe muito bem.

Luciana beijou-lhe a face com alegria.

— Obrigada, querida. Você é gentil.

83

Fingiu não ver o embaraço e o rubor da outra. Ficaram tão entretidas que o tempo passou rápido. Luciana, vendo que o sol já estava para ocultar-se e que a tarde findava, levantou-se dizendo:

— Nossa! Já está escurecendo! Passei da hora. Você tinha algum compromisso?

Maria Lúcia balançou a cabeça negativamente, e Luciana continuou:

— Sinto muito! Estava tão agradável aqui, conversando com você, que me esqueci de tudo.

Maria Lúcia queria dizer que apreciara a tarde, mas não teve coragem.

— Desculpe. Vou embora agora. Vamos entrar.

Maria Helena estava curiosa. Aquela professora era diferente. Passara a tarde no jardim, fora além do horário combinado. Ao entrar na sala, Luciana foi logo dizendo:

— Desculpe, dona Maria Helena. Abusei da hora. Estava tão agradável nossa conversa que nem percebemos passar o tempo. Maria Lúcia disse-me que não tinha outro compromisso.

A curiosidade de Maria Helena acentuou-se. Ninguém achava agradável passar a tarde com Maria Lúcia. O que teria acontecido?

— É verdade. Alegro-me que tenham apreciado a aula.

Luciana sorriu levemente ao dizer:

— Hoje, preferi cultura artística. Faz parte da formação musical. Trouxe este livro de arte para ilustrar nossa aula. Gostaria que a senhora o examinasse. Trata-se de obra rara da coleção de minha avó.

Maria Helena apanhou-o admirada. Folheou-o com delicadeza. Era uma preciosidade. Estava satisfeita. Começava a pensar que essa professora fora um achado. Além de não se aborrecer com a burrice da filha, tinha classe e cultura invejáveis. Dona Eudóxia nunca tivera essa ideia. Intrigava-a o ar tranquilo de Maria Lúcia e a satisfação de Luciana. Achar agradável dar aula para sua filha era de espantar.

Devolveu o livro, dizendo com satisfação:

— É uma preciosidade!

— Sabia que iria apreciar.

84

Luciana apanhou sua pasta, guardou o livro e despediu-se. Sentia-se esperançosa e feliz. Haveria de alcançar seu objetivo.

VI
Sexto
Capítulo

Na semana seguinte, ao chegar para a aula, Luciana, com pontualidade que fazia questão de manter, encontrou Maria Lúcia na postura de sempre. Contudo, percebeu que ela vestira um vestido cor-de-rosa.

Aproximou-se dela, beijando-a na face.

— Como vai? — indagou atenciosa.

— Bem — disse ela. — Você hoje demorou!

Luciana respondeu com naturalidade:

— Senti saudade de você. O tempo custou a passar. Hoje, vamos aproveitar bem nossa aula.

— Aqui nesta sala há muitas coisas que foram feitas pelas mãos. Enquanto esperava, fiquei contando.

— Assim não vale. Você vai ganhar. Ainda não observei nada!

Maria Lúcia sorriu e seus olhos brilharam. Num gesto carinhoso, Luciana passou a mão pela face da moça.

— Você tem covinhas encantadoras quando sorri. Já percebeu isso?

Maria Lúcia corou. Luciana fingiu não ver. Continuou:

— Nós, mulheres, precisamos descobrir nossos encantos para realçá-los.

— Você é muito bonita — disse Maria Lúcia.

Luciana passou o braço sobre os ombros dela.

— Faço o possível para parecer melhor. Não acredito em feiura. A beleza está em todas as pessoas. É preciso cultivá-la.

Maria Lúcia abanou a cabeça negativamente. Luciana perguntou:

— Não concorda?

Ela baixou a cabeça sem responder. Luciana não insistiu.

— Vamos nos sentar aqui, neste sofá, para nossa aula.

Maria Lúcia obedeceu e, como Luciana não dissesse nada, levantou os olhos curiosa. Luciana detinha nas mãos uma pasta de couro.

— Você trouxe o livro?

— Trouxe.

Com calma tirou-o da pasta, colocando esta sobre uma mesa lateral.

— Hoje estou em desvantagem. Você pensou no assunto, eu não. O que mais tem aqui feito pelas mãos?

Com certa ansiedade, Maria Lúcia começou a enumerá-las, e Luciana percebeu que a menina havia conseguido mais do que esperava. Sentiu-se feliz.

— Você viu tudo. Não deixou muita coisa para mim. Ganhou longe — tomou a mão de Maria Lúcia e continuou: — Sinta como nossas mãos são preciosas. Eu, às vezes, quando as movimento, agradeço a Deus por possuí-las. Se eu quiser, poderei fazer muito mais coisas com elas. Não é uma beleza?

Maria Lúcia olhava suas mãos admirada.

— Há também os pés. — A outra olhou-a curiosa. — Acha que eles só servem para andar?

— É — fez Maria Lúcia. — Nunca olhei para eles.

— Sente-se aqui, perto de mim. Vamos ver no livro.

Abriu numa página em que havia uma sapatilha de balé e disse:

— Você gosta de balé?

Ela deu de ombros.

— Não sei...

— Nunca foi ao teatro assistir a um balé?

— Nunca.

Luciana virou a página em que havia um quadro retratando uma bailarina.

— Essa foi uma das melhores bailarinas do mundo. Quando dançava, encantava pela graça, leveza e arte. Vendo-a em cena, as pessoas choravam de emoção, tocadas por seu talento. Gostaria de conhecer sua história?

Os olhos de Maria Lúcia brilhavam quando respondeu:

— Sim.

Com voz suave e emocionada, Luciana fez a narrativa, que Maria Lúcia ouviu encantada.

Maria Helena estava curiosa.

As duas moças estavam na sala de música, mas não se ouvia o piano. O que estariam fazendo? Não lhe passara despercebido que a filha mostrava interesse pelas aulas. Procurava dissimular, mas, ainda assim, notava-se que se impacientava pela chegada de Luciana.

Esperou e, quando o horário da aula acabou, como as duas ainda permaneciam na sala, entrou.

As moças estavam sentadas lado a lado no sofá, o livro aberto no colo de Luciana, que falava animada. Olhos brilhantes, Maria Lúcia ouvia-a com muito interesse.

Maria Helena admirou-se vendo a expressão comovida da filha e o brilho de seus olhos. Luciana interrompeu-se, vendo-a entrar.

— Pensei que a aula já houvesse terminado — disse Maria Helena.

— Já estou no fim — esclareceu Luciana. — Permita-me terminar.

— Claro, eu me retiro.

— Pode ficar, dona Maria Helena — e continuou sua narrativa: — Ela fez da arte a expressão de seus sentimentos. Conseguiu tocar a alma das pessoas, fazendo-as perceber a beleza que guardavam dentro de si. Quem a viu dançar um dia, nunca mais a esqueceu. Veja, Maria Lúcia, como os pés podem expressar a beleza, a alegria, a arte. Nesses dias vamos pensar como nossos pés são importantes e merecem ser valorizados. Sem eles não poderíamos ir a parte alguma.

Maria Lúcia baixara o rosto na postura costumeira, aparentando indiferença.

— Estão estudando arte? — disse Maria Helena.

— Estamos estudando a vida, a beleza e a manifestação da arte.

— Ótimo — considerou Maria Helena, satisfeita.

— Um grande artista é sempre um instrumento do belo e da elevação dos sentimento, pois toca nossa alma e aproxima-nos de Deus.

Maria Helena olhou-a com admiração. Luciana falava com segurança, desembaraço e naturalidade. Sentiu vontade de conversar mais com ela.

— Aceitaria ficar e tomar um chá conosco?

Luciana balançou a cabeça num gesto gracioso.

— Teria muito gosto. Hoje, porém, não posso demorar-me. Outro dia, talvez, aceitarei com prazer.

Maria Lúcia, olhos baixos, não escondia a inquietação. Não parecia a moça de momentos antes. Para Luciana, foi fácil perceber que a presença da mãe a constrangia e irritava.

Com naturalidade e calma, guardou o livro e, aproximando-se de Maria Helena, disse com simplicidade:

— Boa tarde, dona Maria Helena. Obrigada pelo convite — e voltando-se para Maria Lúcia: — Até terça-feira. Aproveite bem seu tempo, como da outra vez. Sua filha, dona Maria Helena, teve ótimo aproveitamento de nossa aula anterior. Foi melhor do que eu. É muito observadora e inteligente.

A moça corou, porém nada disse. Sentiu uma sensação nova envolvê-la. Acabara de ser elogiada.

Maria Helena não ocultou seu espanto. Estaria Luciana querendo agradá-la? O ar sério da moça não lhe permitia essa suposição.

— Acompanho-a até a porta — disse com amabilidade.

Uma vez longe de Maria Lúcia, ela não se conteve:

— Você fez uma afirmativa surpreendente ainda há pouco. Parece-me por demais otimista. Estou ciente dos problemas de Maria Lúcia. A inteligência não é seu forte.

— Desculpe, mas não concordo. Maria Lúcia tem problemas, não nego, mas não é pobre de inteligência. Em alguns momentos tem se mostrado muito perspicaz. Tenho testado sua capacidade e, apesar do pouco convívio que tivemos, pude perceber que, quando ela gosta do assunto, capta com facilidade. Estou observando e estabelecendo um plano para despertar

90

nela a alegria de viver. Isso é o que lhe falta. A depressão em que vive impede-a de sentir entusiasmo, de perceber as coisas boas que poderia desfrutar com sua juventude, sua família, seus amigos, e principalmente de enriquecer o espírito aprendendo com as experiências do dia a dia.

Maria Helena estava boquiaberta.

— Ela não consegue aprender direito. Todos os seus professores disseram isso!

— Ela tem bloqueios psicológicos. Por essa razão tenho procurado prepará-la para aprender música. Se eu for direto ao piano, ela não vai aprender. Desejo que ela sinta essa necessidade.

— Ela não gosta de nada. Jamais vai sentir isso.

— Se ela não sentir, jamais poderá tocar. A música é a voz do sentimento, e para ser um bom intérprete há de senti-la.

Maria Helena suspirou.

— Quero que ela aprenda alguma coisa. Sou mãe, tenho o dever de educá-la.

Luciana sorriu com suavidade:

— Se a senhora me permitir continuar, acredito que ainda vai se surpreender.

— Claro que desejo que continue. Receio que se decepcione e desista.

Luciana sacudiu a cabeça.

— Não vou desistir, dona Maria Helena. Sua filha é como uma pequena planta delicada e cheirosa, sufocada pelos galhos mais fortes dos arbustos que a cercam. Precisa apenas enxergar seu espaço. Um dia crescerá e abrirá seu próprio caminho, transformando a paisagem e encantando com sua beleza, distribuindo seu perfume. A senhora vai se sentir feliz vendo-a desabrochar. Passar bem, dona Maria Helena.

Com um gesto gracioso, Luciana afastou-se.

Maria Helena entrou pensativa. As últimas palavras de Luciana perturbaram-na.

O que teria ela querido dizer? Elogiara Maria Lúcia! Era inusitado. Estaria sendo sincera?

Quando José Luís chegou, contou-lhe o que se passara.

— Essa moça é diferente dos outros professores. Não estará se iludindo? Elogiar Maria Lúcia! Será ela tão pouco exigente?

José Luís pensou um pouco antes de responder, depois disse:

— Ela lhe pareceu leviana?

— Não. Ao contrário. Parece segura do que afirma. Garante que Maria Lúcia é inteligente! Não posso acreditar. Alguma coisa está errada.

— Não a entendo. Você temia que ela desistisse de ensinar Maria Lúcia. Está acontecendo exatamente o contrário. De que se queixa?

— Ela age de forma diferente.

— Tem métodos modernos. Estudou na Europa. Não se esqueça de que é educadora e, pelo que me informaram, das melhores.

— Quando entrei na sala, o rosto de Maria Lúcia parecia outro. Seus olhos brilhavam e sua fisionomia era expressiva. Logo voltou a ser como sempre, mas reconheço que estava modificada. Sabe o que a professora contava? A vida da maior dançarina do mundo.

— Está certo. Ela deseja que Maria Lúcia aprecie arte. Se lhe despertar o interesse, facilitará sua aprendizagem. Acho a ideia brilhante!

— Pode ser. Receio que se desiluda. Garantiu-me que não vai desistir.

— Melhor assim. Os outros nunca conseguiram nada. Vamos apoiá-la.

— Quero conhecê-la melhor. Formar uma opinião mais de perto.

— Como quiser. Entretanto, dê-lhe liberdade de ação para ensinar Maria Lúcia. Talvez ela esteja agindo certo.

— Tenho minhas dúvidas. Conheço nossa filha, infelizmente! Mas não vou interferir por enquanto.

— Melhor assim — concluiu José Luís, aliviado.

Confiava em Luciana. Sentia necessidade de visitá-la para falar sobre o assunto. Iria vê-la na noite seguinte.

Sentado confortavelmente em gostosa poltrona na casa de Luciana, José Luís ouvia-a falar sobre Maria Lúcia. Quando ela terminou, disse:

— Não desejo desanimá-la, mas não estará demasiadamente otimista?

Luciana sacudiu a cabeça negativamente.

— Não. Maria Lúcia não é a pessoa indiferente e inexpressiva que aparenta ser.

— Ela estará dissimulando? — perguntou José Luís com ar de incredulidade.

— Isso não. Eu diria que ela se defende.

— Não compreendo.

— Ela se acredita incapaz e por isso receia cometer erros, bloqueia seus sentimentos reais, admite a própria incapacidade para não ter de fazer nada. Agindo assim, julga proteger-se da crítica.

Ele se admirou:

— Por que agiria assim?

Luciana deu de ombros, num gesto gracioso e muito seu.

— Não sei. É cedo para que eu possa afirmar alguma coisa. Mas percebo que dona Maria Helena faz distinção entre os dois filhos. Não esconde sua admiração por João Henrique e sua decepção com a filha.

— Posso perceber isso, porém ela age assim justamente porque eles são muito diferentes. Se Maria Lúcia fosse uma pessoa como todo mundo, por certo Maria Helena reconheceria e seria muito feliz, pode crer. Ela, mais do que ninguém, lamenta a postura de nossa filha.

— Certo. Não estou afirmando que a postura de dona Maria Helena tenha originado o problema. Mas, que o tenha agravado, não tenho dúvidas.

— Você acha?

— Acho. Não vai aqui nenhuma crítica. Seu comportamento é, até certo ponto, natural dentro da situação. Ela desconhece os problemas do passado espiritual.

José Luís remexeu-se na poltrona.

— Esses seus assuntos são muito complicados.

93

— Ao contrário. Podem esclarecer muitos problemas, como os de Maria Lúcia. Prova, de início, que cada pessoa traz ao nascer suas experiências de outras vidas. Mesmo que não se deseje aceitar essa verdade, só a reencarnação pode esclarecer as diferenças de personalidade entre os filhos de um mesmo casal, em igualdade de condições. A gritante disparidade entre seus filhos parece-lhe explicável de outra forma?

José Luís baixou a cabeça pensativo. Esse enigma sempre lhe ocorria sem qualquer explicação possível.

— Essa ideia de reencarnação parece-me fantasiosa. Ter vivido em outro corpo, ter sido outra pessoa, é loucura!

— Mais loucura é acreditar que se viva na Terra apenas uma vez e que se tenha tão pouco tempo para conquistar a sabedoria. Essa ideia apequena as coisas de Deus e limita muito nossas chances de felicidade. Por outro lado, a possibilidade de voltar a este mundo para desenvolver nossos conhecimentos e amadurecer nosso espírito abre-nos as possibilidades e faz-nos perceber a bondade de Deus.

— Não deixa de ser um belo sonho — disse ele.

Luciana sorriu:

— É realidade, papai. Não sou eu quem afirma isso. Em todas as partes do mundo, na Europa, na América, muitos cientistas estudaram esse assunto e afirmaram essa verdade.

José Luís olhou-a admirado.

— Não sabia.

— É verdade. Na França, o professor Rivail; na Itália, o grande Bozzano; enfim, homens sérios, estudiosos, cientistas interessados em descobrir a verdade afirmaram-no. Sem falar das pessoas que se recordam de coisas, fatos ou pessoas que conheceram em vida anterior.

— Vamos supor que fosse verdade — disse ele. — Em que esclareceria o caso de Maria Lúcia?

— Eu não sei quais os fatos que a tornaram assim, que a fizeram bloquear seus verdadeiros sentimentos, mas podemos supor que eles tenham sido causados por alguma experiência dolorosa, provavelmente de dependência, onde foi dominada ou se deixou dominar por alguém durante muito tempo e perdeu sua própria identidade. Quando deixamos que os outros nos dominem, por temor ou por amor, por comodismo ou insegurança, perdemos o contato com nossa própria essência, com nosso eu interior, e passamos a agir como autômatos das ideias alheias, produto do meio social ou do condicionamento familiar. Como não usamos nossa força interior, sentimo-nos inseguros e a cada dia mais e mais receamos o fracasso e nos julgamos incapazes.

José Luís fez um gesto vago.

— Como saber? Se ela teve problemas em outra vida, como descobrir, se ninguém se lembra de nada? Como ajudá-la?

— Tanto se lembra que continua agindo sob a ação do passado. Ela apenas não está consciente. Mas na ação esse passado revela-se em suas atitudes e em seu comportamento.

— Não seria inútil e injusto isso? Sofrer sem saber a causa.

— Não. Embora tenhamos vivido outras vidas na Terra, somos o mesmo espírito, a mesma personalidade que viveu em corpos diferentes, tempos de experiência. A morte não modifica nossa essência, nem nos torna diferentes do que somos só porque nosso estado físico foi modificado. Nossa individualidade aprende sempre e só gradativamente vai conquistando a sabedoria. Só nos libertamos de nossos problemas íntimos quando conseguimos modificar nosso espírito. Podemos carregar o mesmo desequilíbrio durante muitas encarnações seguidas, até podermos vencê-lo.

José Luís ficou sério. Seria verdade aquilo?

Luciana continuou:

— Ninguém acha injusto um aluno ser reprovado porque não aprendeu a lição. Todos aceitam que só deve ser graduado quem aprendeu.

— Não deixa de ser uma teoria interessante.

— No caso de Maria Lúcia, compreender já é uma forma de ajudar. Ela, desde a primeira infância, sempre se revelou insegura e tímida. E, como era de esperar, esse estado agravou-se ainda mais, tendo um irmão brilhante como João Henrique e uma mãe exigente como dona Maria Helena.

— Se isso agravou o problema, ela não deveria ter renascido em nossa casa.

— Pelo contrário, essa situação busca fazê-la perceber a verdade. É claro que ela se sente inferiorizada. Até quando poderá suportar? Até quando conseguirá sufocar seus impulsos interiores? Pelo que tenho observado, posso garantir que ela está em franca ebulição. Seu mundo interior está pronto a explodir. Estou tentando abrir espaços adequados para que ela não venha a ter crises nas quais suas fantasias, altamente desenvolvidas no silêncio de sua timidez, venham a misturar-se com os fatos reais. Nesse caso, não sei aonde a poderiam levar, quais os caminhos que escolheria.

— Refere-se ao descontrole emocional?

— Sim. Às vezes, até a loucura.

José Luís assustou-se.

— Pensa que ela...

— São apenas hipóteses. Ela está reagindo bem. Está me aceitando. E isso facilita as coisas. Devagar, penso que poderemos ajudá-la a melhorar.

— O que eu posso fazer?

— Compreender. Ela precisa aprender a confiar em si mesma, acreditar-se capaz. Elogiá-la sempre que ela fizer alguma coisa adequada, por menos que seja, é importante para ela. É triste a pessoa não enxergar a beleza da vida, ser indiferente ao amor, à bondade, à alegria. Vamos despertá-la. Ela aprenderá.

— Em que se baseia para afirmar isso?

Luciana contou-lhe as mudanças que percebera na moça, e José Luís comoveu-se:

— Foi Deus que pôs você em meu caminho.

— Deus cuida de tudo. Entretanto, foi mamãe quem promoveu nosso encontro naquela tarde. Ela estava lá.

Os olhos de José Luís encheram-se de lágrimas.

— Ah, se eu pudesse vê-la, ainda que fosse apenas por alguns segundos!

Luciana olhou-o séria.

— Quem sabe um dia o senhor também possa. Contudo, o fato de não conseguir não a impede de estar ao seu lado, de abraçá-lo e ajudá-lo sempre.

— Eu não mereço.

— Ela não pensa assim. Sei que lhe deseja todo o bem do mundo.

— O que é próprio de sua alma nobre. Como pude ser tão cego?

Luciana sorriu:

— O passado acabou. Nada poderá modificá-lo. Vamos viver o presente com alegria e amor, renovando as ideias e procurando ser melhores.

Conversaram durante algum tempo, e quando José Luís saiu beijou-a na testa com afeto e reverência. As palavras que Luciana lhe dissera podiam ser questionadas ainda por sua mente cética, mas havia algo nelas que falava a seu coração e lhe infundia muito respeito e muita admiração.

VII
Sétimo
Capítulo

Sentadas na luxuosa sala de estar, Maria Helena, Luciana e Maria Lúcia saboreavam o chá. Naquela tarde, após a aula, Maria Helena insistira e Luciana julgara indelicado recusar. Na mesa auxiliar, guloseimas servidas pela impecável empregada.

Maria Helena conversava com Luciana, enquanto Maria Lúcia permanecia na postura costumeira. Mas Luciana percebia que sob aquela atitude de indiferença, os olhos da moça, de quando em vez, refletiam um interesse que ela se apressava em esconder.

Conversaram sobre arte, e Maria Helena encantou-se com a erudição e a ponderação de Luciana. Depois, interessou-se por sua vida pessoal, perguntando sobre sua avó e seus pais.

Com naturalidade, Luciana contou-lhe em rápidas palavras a morte de sua mãe e do avô.

— E quanto a seu pai? — inquiriu ela.

— Morreu antes de meu nascimento.

Julgava a curiosidade de Maria Helena inoportuna e delicadamente contou a história costumeira e que havia pouco julgara verdadeira.

— Ah! Por certo deixou-lhe bens. Vejo que recebeu excelente instrução.

Luciana concordou com a cabeça.

— Minha mãe e minha avó sempre fizeram questão de que eu cursasse bons colégios e tivesse boa formação. Estudei na Inglaterra, como sabe.

— Sei...

Nesse momento, a porta abriu-se, e João Henrique entrou acompanhado por dois amigos. Vendo Luciana, olhou-a admirado.

Maria Helena levantou-se. Seu rosto iluminara-se vendo o filho.

— Que surpresa agradável, meu filho.

O moço beijou a face da mãe, que estendeu a mão aos dois rapazes, dizendo:

— Ulisses e Jarbas, que prazer!

Os moços curvaram-se, beijando delicadamente a mão que ela lhes estendia.

— Desejo apresentar-lhes a senhorita Luciana, professora de Maria Lúcia. Este é João Henrique e seus colegas de faculdade, Jarbas e Ulisses.

Luciana fez gracioso aceno com a cabeça olhando para os três rapazes.

— Encantado — disse Jarbas.

— Prazer — disse João Henrique.

— Como vai? — disse Ulisses.

Maria Lúcia continuava de olhos baixos, sorvendo seu chá. João Henrique ignorou-a. Os outros dois disseram um "Como vai, Maria Lúcia?", mais por hábito, sem esperar nenhuma resposta.

— Chegaram em boa hora — disse Maria Helena. — Acomodem-se e tomem um chá conosco.

Os rapazes aceitaram de bom grado.

Vendo João Henrique, Luciana compreendeu por que a mãe admirava-o tanto. Sua figura alta, elegante, seu rosto fino e bem-feito, seus cabelos fartos e naturalmente ondulados em tom castanho-dourado eram uma bela moldura para seus olhos brilhantes e magnéticos.

"Deve ter força de vontade e sempre conseguir o que quer", pensou ela. Era parecido com a mãe, embora os cabelos se assemelhassem aos do pai.

Jarbas era moreno, alto, cabelos escuros também ondulados, lábios bem-feitos e sorriso agradável, mostrando dentes

100

alvos e bem distribuídos. Ulisses, estatura mediana, louro, olhos claros e sonhadores, barba bem cuidada e lábios rosados.

Os três eram bonitos, elegantes. Conversando alegremente, procuravam disfarçadamente observar Luciana.

De onde viera aquela beldade? Nenhum deles se lembrava de tê-la visto nos salões ou nos teatros. Onde se escondera?

Luciana continuava calma e discretamente a tomar seu chá. Maria Helena conduzia a conversação, procurando ser agradável. João Henrique levantou-se e foi sentar-se ao lado de Luciana no sofá.

— Permite?

— Certamente — disse ela.

— Mamãe tem me falado sobre a senhorita. Seus métodos são diferentes.

— As pessoas são diferentes umas das outras. Não podemos generalizar.

— Quando as coisas são certas e verdadeiras o são para todas as pessoas.

— Se se refere às leis da vida, concordo plenamente, mas não posso deixar de perceber que a vida, mesmo tendo suas leis básicas às quais obedece, não conduz as pessoas da mesma maneira. A cada um é dada a oportunidade que precisa para desenvolver-se e aprender.

João Henrique surpreendeu-se. Não esperava essa resposta. Estava habituado sempre a dizer as coisas e os outros ouvirem. Felizmente, não percebeu o brilho alegre dos olhos dos dois amigos, deliciando-se com a resposta dela.

— Vejo que é observadora — disse.

Serviu-se de chá e permaneceu silencioso. Luciana terminou seu chá, levantou-se e, dirigindo-se a Maria Helena, disse:

— Dona Maria Helena, preciso ir. Agradeço seu convite. O chá estava delicioso.

Aproximou-se de Maria Lúcia, que parecia mais apática do que nunca, abraçou-a delicadamente, beijando-lhe a face com carinho.

— Até outro dia, Maria Lúcia — disse. — Não se esqueça do que combinamos.

101

Curvando-se ligeiramente diante dos rapazes, saiu depois de apanhar sua pasta sobre a mesa. Os rapazes observaram a figura graciosa que se afastava.

— Que mulher! — disse Jarbas, baixinho.

— Onde se esconde? — indagou Ulisses.

João Henrique olhou-os sério. Maria Helena sorriu:

— Vocês não podem ver uma moça; ficam logo entusiasmados!

— Uma beldade dessas! — tornou Jarbas.

— Uma mulher inteligente. Coisa rara! — disse Ulisses. Notando o olhar de Maria Helena sobre ele, prosseguiu amável: — Um privilégio de dona Maria Helena, tão bela quanto inteligente.

Maria Helena sorriu maliciosa.

— Vocês são galanteadores. Sentem-se e continuem seu chá.

Os rapazes acomodaram-se e conversaram animadamente. Quando Maria Helena deixou a sala, eles passaram a falar da companhia de revista, cuja estrela fazia lotar o teatro todas as noites.

Um pouco corada, Maria Lúcia levantou-se e saiu da sala. João Henrique fez um gesto de aborrecimento.

— Desculpe, João, esqueci que sua irmã estava na sala — justificou-se Ulisses.

— Puxa! Que gafe! Talvez ela não tenha prestado atenção. Ela nunca se interessa por nossos assuntos.

João Henrique deu de ombros.

— Não faz mal. Distraímo-nos. Voltemos ao assunto. Agora estamos sós.

— Gostei do espetáculo. É uma bela mulher — opinou Jarbas.

— Pois eu prefiro essa professorinha que estava aqui — ajuntou Ulisses.

— Que ideia! — fez João Henrique. — São tão diferentes. Não há termo de comparação. Uma é artista, cheia de alegria de viver, empolga multidões; a outra é só uma simples professorinha.

Ulisses suspirou.

— Pois eu a prefiro. O brilho de seus olhos mexeu comigo. Quero voltar a vê-la.

— Se o fizer, que mamãe não saiba.

— Por quê? Tencionava pedir informações a dona Maria Helena.

João Henrique sacudiu a cabeça negativamente.

— Ela não vai gostar. É muito rigorosa com essas coisas. Por certo, despedirá a moça se desconfiar que um de nós esteja interessado nela.

— Hum! — fez Ulisses, pensativo. — Não faz mal.

— Desistiu? — brincou Jarbas.

— Não. Mas darei outro jeito — respondeu ele.

Maria Lúcia fora para o jardim envergonhada. "Os rapazes conversaram sobre mulheres de forma desrespeitosa", pensou ela. Não se lembraram de que ela estava ali.

Sua mãe dizia-lhe que esse tipo de espetáculo não era próprio para mulheres honestas. Jamais falava sobre isso em sua presença.

De repente, ela sentiu o aroma de jasmim. Era bom sentir aquele perfume. Dirigiu-se ao banco onde estivera com Luciana e sentou-se. Ela era linda! Vira a admiração no rosto dos rapazes. Até João Henrique tinha conversado com ela. Ele nunca dirigira a palavra a dona Eudóxia.

Pensou que Luciana era forte, não se intimidava com a presença dos moços nem com a pose de seu irmão. Sorriu pensando na resposta que ela lhe dera. Logo ele, tão sabichão!

Luciana tornara-se seu ídolo. Em suas fantasias, copiava a moça, via-se como ela. Ah, se pudesse ser como ela! Mas isso era impossível. Nunca nenhum moço olhara para ela como o fizeram para Luciana. Ela era feia e inútil. Tão inútil que ninguém sequer reparava em sua presença.

Sentiu uma raiva surda brotar dentro do peito. Teve vontade de voltar à sala e ver se eles continuariam a conversar assuntos proibidos diante dela. Contudo, ficou ali, trêmula, sentindo as lágrimas rolarem pelas faces e uma imensa angústia no coração.

Aos poucos foi passando e ela se sentiu mais calma. Continuou sentada, sentindo o cheiro do jasmim. Lembrou-se das palavras de Luciana:

— Veja como é linda a natureza. Sinta esse perfume. Olhe os pássaros, como estão felizes.

Levantou os olhos e olhou ao redor. O céu estava colorido pelos últimos raios do sol, que já se ocultara no horizonte, e os galhos dos arbustos balançavam docemente. Olhou aquela cena como se estivesse vendo-a pela primeira vez. Que desenhos caprichosos as cores faziam no céu! Era mesmo uma beleza.

— Maria Lúcia!

A moça sobressaltou-se. Ulisses estava no banco ao seu lado.

— O quê?

— Desculpe. Não pretendia assustá-la. Você estava tão distraída olhando o céu...

— Ah!

— Preciso de um favor seu. Sua mãe não deve saber.

A moça ruborizou-se.

Ele prosseguiu:

— É sobre a senhorita Luciana. Desejo voltar a vê-la. Pode dar-me seu endereço?

— Não o tenho — disse. — Mamãe é quem sabe. Mas Luciana estará aqui na quinta-feira.

— Obrigado — disse ele contente. Apanhou a mão de Maria Lúcia e beijou-a com galanteria. — Fez-me um grande favor.

Saiu rápido e Maria Lúcia sentiu seu coração bater forte. Fora a primeira vez que um moço bonito, elegante, beijara-lhe a mão. Levantou o braço e passou as costas da mão pela face. Sentiu uma onda de calor envolver seu coração. Teve vontade de cantar. Ficou ali, pensando, até que a noite desceu e a empregada surgiu chamando-a para o jantar.

Quando Luciana chegou, na quinta-feira, Maria Lúcia esperava-a ansiosa. A professora percebeu, mas agiu com naturalidade.

— Hoje faz um mês que nos conhecemos — disse. — Vamos ao piano?

Maria Lúcia fez um gesto contrariado.

— Não gostou da ideia? Escolhi alguns exercícios que considero bons para nós.

— Está bem — disse a moça com ar desanimado.

Luciana colocou a mão em seu ombro.

— Olhe para mim, Maria Lúcia. Pode ser franca comigo. Não quer estudar piano?

Não lhe passou despercebido o rápido lampejo dos olhos da moça.

— É isso? — insistiu Luciana.
— É.
— Por que não me disse?
— Não quero que você vá embora.
— Ah! Você sabe que estou aqui para ensiná-la a tocar piano e que, se eu não o fizer, terei de ir embora. Certo?
— É.
— Mas você não gosta de piano. Eu diria mesmo que o odeia.

Ela baixou a cabeça e não respondeu. Luciana segurou seu queixo e levantou-lhe o rosto.

— Olhe para mim, nos olhos — pediu ela. — Somos amigas. Não precisa ter segredos comigo. Eu não quero deixar de vir aqui, porque gosto de você. Quero ensiná-la a perceber muitas coisas que você não vê e ajudá-la a tornar-se uma pessoa amada, alegre e feliz. Você quer?

O rosto de Maria Lúcia iluminou-se, e ela se atirou nos braços de Luciana, chorando convulsivamente.

Luciana abraçou-a com carinho e esperou que ela se acalmasse. Depois, fê-la sentar-se no sofá e sentou-se a seu lado.

— Precisamos conversar seriamente. Você confia em mim e quer mudar?

Maria Lúcia, lábios trêmulos, mãos frias e rosto molhado, respondeu baixinho:

— Quero.

Luciana tornou:

— O que disse?
— Quero — disse ela um pouco mais alto.
— Repita. Não ouvi nada.
— Quero! — tornou ela, elevando mais o tom.
— O quê?
— Quero — repetiu, quase gritando desta vez.
— Repita várias vezes: "Eu quero mudar!". Fale forte e alto.

Maria Lúcia obedeceu e repetiu a frase, e, à medida que o fazia, sua voz tornava-se mais firme e forte. Seu rosto modificava-se à medida que falava. Luciana levantou-se e, pegando-a pelo braço, disse:

— Venha comigo. Aqui. Olhe-se no espelho. Veja como você está linda!

105

Maria Lúcia obedeceu. Olhou-se. Parecia outra pessoa. Não saberia dizer o quê, mas sentia-se diferente. Luciana continuou:

— Você é uma moça muito bonita. Veja que olhos lindos possui. Sua tez é delicada, seu rubor torna-a mais bela. Sua boca é bem-feita. Seus cabelos são como os de seu irmão. Por que os prende severamente?

— Ninguém me acha bonita — balbuciou ela.

— Os outros acham aquilo que você acredita. É você que precisa gostar de si mesma, realçar sua beleza.

— Posso ficar horas em uma sala que ninguém repara em mim.

— Você se fecha e não permite que ninguém se aproxime. Sente-se apavorada quando alguém chega perto.

— A última vez que esteve aqui, os moços olharam para você com admiração. Porque você é bonita. Quando você saiu e mamãe também, falaram coisas impróprias, esqueceram que eu estava ali.

— Você ficou com raiva.

— Eu saí. Tive vergonha.

— O que fez depois?

— Fui ao jardim. Senti o perfume das flores e sentei-me naquele banco.

— Só?

— Chorei de raiva. Depois, olhei o céu. Estava tão lindo, todo cor-de-rosa. Foi aí que Ulisses apareceu. Levei um susto.

— E depois?

— Ele queria saber de você. Seu endereço. Eu não sabia e disse-lhe que você viria hoje…

Ela parou um pouco ruborizada e passou as costas da mão pela face.

— Conte o resto — disse Luciana.

Maria Lúcia sacudiu a cabeça negativamente.

— Vamos, o que foi?

— Ele disse "Obrigado" e beijou minha mão.

— Você desejou ser bonita, amada, cortejada!

Maria Lúcia baixou a cabeça sem coragem para confirmar.

— Acredito em você — tornou Luciana. — Você é bonita, mas falta-lhe colocar para fora a chama interior. Você não permite que ela se expresse. Impede-a de todas as formas de manifestar-se. A beleza física só é completa quando vivificada pela força da alma. É esse algo que atrai, que prende, que alimenta. Você quer mudar. Eu quero ajudá-la.

— Eu não sei como! É difícil!

— Não se faça de fraca, coisa que você não é; nem de burra, o que também não é. Nem de vítima, o que não é verdade. É ótimo ficar na posição de vítima, pobre menina, mal-amada pela mãe, ignorada pelos demais e incapaz de aprender as coisas. Porque assim você envergonha sua mãe, arrasa todo mundo que precisa aguentar sua presença infeliz. Sabe o que eu acho? Que você age assim por vingança.

Maria Lúcia olhava-a atônita, olhos muito abertos, sustendo a respiração.

— Confesse que você atormentava dona Eudóxia errando as lições; e sua mãe, aparecendo mal-arrumada e deselegante. Olhe para você. Vinga-se deles, mas a que preço? E sua felicidade? E o amor? Posso ver através de você como um livro aberto. E sei que, se você não lutar para ser feliz, ninguém poderá ajudá-la! Nem eu, nem Deus!

A surpresa emudeceu Maria Lúcia. Não encontrava nada para dizer. Luciana calmamente conduziu-a até o sofá, fazendo-a sentar-se.

— Para que eu possa continuar vindo aqui, precisamos ir ao piano, estudar um pouco. Sua mãe não vai me aceitar se não fizermos isso. Quer correr o risco?

— Não, vamos ao piano.

— Sem errar de propósito.

— Está bem.

— Prometo que escolherei peças bonitas e que estudaremos com prazer.

— Concordo.

Maria Helena, ao passar pela porta da sala de música, ficou agradavelmente surpreendida. O som do piano fazia-se ouvir limpo e sem erros. Teria acontecido um milagre? Teve vontade de abrir a porta para verificar se realmente quem estava tocando era Maria Lúcia. Conteve-se. Era melhor não intervir. Aquela professora era mesmo inteligente. Usara métodos diferentes, mas tinha de reconhecer que deram bons resultados.

Ao terminarem os exercícios, Luciana tornou satisfeita:

— Ótimo. Você tocou tão bem que podemos passar adiante. Não pensei que estivesse tão adiantada.

Maria Lúcia corou de prazer. Fora fácil executar aqueles exercícios. Ao despedir-se, Luciana sentia-se feliz. Fora muito proveitosa a aula, e ela sentia que a cada dia Maria Lúcia despertava para a realidade. Havia nela alguma coisa que tocava Luciana profundamente. Sentia que lhe queria bem de verdade. Gostaria de poder levá-la para sua casa e estar o tempo todo a seu lado para transformá-la, ensinando-a a ser feliz. Isso ainda não era possível. Precisava ser paciente. Contava obter sucesso.

Saiu sobraçando sua pasta de couro e havia andado alguns passos quando alguém se aproximou.

— Senhorita Luciana!

Ela se voltou.

— Senhor Ulisses!

— Como vai? — perguntou ele, curvando-se com delicadeza.

— Bem. Vai à casa de dona Maria Helena?

— Não. Ia passando quando a vi. Posso acompanhá-la?

Luciana sorriu:

— Vou tomar o bonde perto daqui. Não se incomode.

— Absolutamente. Uma dama sozinha pelas ruas, não é prudente. Ainda mais como a senhorita.

— Está bem — disse. — Vamos andando.

Ulisses olhou-a com admiração.

— Quando a vi no outro dia, tive vontade de conhecê-la melhor. No entanto, não tive oportunidade. A senhorita retirou-se cedo!

— Não costumo abusar da hospitalidade. Dona Maria Helena tem sido muito gentil comigo.

— Ela é muito exigente com suas relações. Seu convite é sempre um cumprimento. Mas não me lembro de tê-la visto antes. Não gosta da vida social?

— Depende do que chama de vida social. Sempre me relaciono com pessoas que aprecio, e procuro conviver com elas. Quanto a obrigações, ao relacionamento meramente ocasional e de contato no dia a dia, procuro ser cordial, sem intimidade.

— Não frequenta teatros ou reuniões sociais?

— Moro com minha avó e é com ela que tenho saído. Gostamos de concertos, visitamos museus e confeitarias. Ao teatro, temos ido algumas vezes. Não somos do Rio, e aqui temos nos relacionado pouco.

— Não se sente só?

Luciana, fixando nele os olhos brilhantes, respondeu:

— Nunca. Sinto-me muito bem, sou muito feliz.

— Não fala sério. Em sua idade, os bailes, os jogos de salão... Estará comprometida com alguém?

Havia nos olhos dela uma ponta de malícia quando disse:

— Não. Não tenho nenhum compromisso.

O moço sorriu com alegria, acentuando as covinhas da face.

Quando o bonde chegou, ele a ajudou a subir e depois subiu, sentando-se a seu lado. Tentando desviar a atenção de si mesma, perguntou atenciosa:

— O senhor é estudante?

— Sou. Estou na mesma turma de João Henrique. Iremos nos graduar no fim deste ano.

Foram conversando, mas Luciana, apesar das maneiras corteses e delicadas de Ulisses, não pretendia estreitar a amizade com ele. Aliás, desgostava-a que ele a houvesse acompanhado. Receava que ele desejasse frequentar sua casa, o que poderia vir a tolher a liberdade de seu pai estar com ela. Não queria, de forma alguma, que alguém descobrisse seu parentesco com José Luís e com isso pudesse criar uma situação embaraçosa que viesse a dificultar suas visitas a Maria Lúcia.

Por mais agradável que ele fosse e por mais interesse que demonstrasse por ela, não poderia aceitar sua amizade. Por isso, assim que desceram do bonde, ela estendeu a mão com um sorriso amável, dizendo com voz firme:

— Obrigada, senhor Ulisses, por acompanhar-me.

Ele insistiu:

— Por favor. Ficaria mais tranquilo se a deixasse em casa.

— Não se incomode. Estou perto. Depois, não precisa preocupar-se comigo. Sou órfã desde muito cedo e habituada a andar sozinha por toda parte.

Ele não se deu por achado:

— Parece que não apreciou minha companhia.

Luciana não gostava de pessoas insistentes. Costumava respeitar a liberdade alheia e apreciava sua privacidade. Apesar disso, respondeu delicadamente:

— Não se deprecie, senhor Ulisses. E não insista. Agradeço-lhe a companhia. Passe muito bem.

Com um sorriso, Luciana estendeu a mão, que ele apertou com galanteria.

— Está bem — disse. — Não vou contrariá-la. Adeus.

Curvou-se e ficou olhando a moça afastar-se até desaparecer na curva da esquina. Não se deu por vencido. Ela era arisca, mas isso a tornava mais tentadora.

Estava habituado a ser requestado pelas mulheres que lhe disputavam a companhia. Haveria de dobrá-la, por certo. Era apenas questão de tempo. Colocando o chapéu na cabeça, atravessou a rua para tomar o bonde de volta.

Luciana chegou em casa um pouco preocupada. Egle percebeu assim que a viu.

— O que foi? Aconteceu alguma coisa na casa de dona Maria Helena?

Luciana sacudiu a cabeça negativamente.

— Não, vovó. Lá as coisas estão cada dia melhores. Descobri que Maria Lúcia é uma moça como todas as outras, que pode vir a ser feliz e amada. Isso me alegra.

— Ótimo. Mas você chegou preocupada... O que foi?

A moça contou-lhe o encontro com Ulisses, e Egle concluiu:

— Ele está interessado. Fez muito bem em não aceitar. Já pensou o que poderia acontecer se ele frequentasse nossa casa e viesse a encontrar-se com seu pai? O que pensaria?

— Poderia pôr tudo a perder. Isso eu não vou admitir.

Egle suspirou, depois disse:

— É um moço bom? Bonito?

— É, vovó. Bonito, agradável, bem-educado e de boa família.

Egle ficou alguns momentos pensativa, depois disse:

— Por causa disso você pode estar jogando fora sua felicidade. Preocupa-me seu futuro. Gostaria que se casasse e que fosse feliz.

Luciana abraçou-a com carinho.

— O que é meu está guardado e, quando aparecer, saberei. Não deve temer o futuro. Onde está sua fé? Deus cuida de tudo e protege-nos fazendo sempre o melhor em nosso favor. Precisamos sempre abrir a porta do coração para estar com ele e permitir que ele se expresse para escolhermos adequadamente nosso caminho. Sou muito feliz, vovó, e sempre o serei, porque Deus nos criou para a harmonia e o amor. Para que temer? Por que acredita que minha felicidade esteja só no casamento? O casamento não tem sido para muitas pessoas uma infelicidade?

— Você é contra o casamento, Luciana?

— De forma alguma. Mas desejo que, se um dia eu me casar, faça-o conscientemente e por amor. No entanto, sei que nossa felicidade independe disso, vovó. É estado de alma, é ter alegria, amar a vida, que é tão bela e tão rica, usufruir os bons momentos sentindo a beleza, a bondade, a luz. Não se sente feliz agora?

Egle abraçou-a comovida:

— Sinto-me. Tenho você. Todos os dias agradeço a Deus tê-la comigo!

A moça beijou delicadamente a face da avó.

— É isso, vovó. Eu também estou feliz. Vamos viver o agora, sem medo ou apreensão do futuro. Deus não tem cuidado de nós até agora?

— Tem razão, minha filha. Sou uma ingrata — fez uma pausa, depois sorriu dizendo: — Mas eu desejo ter alguns bisnetos. Estarei errada?

— Claro que não, vovó. Quando isso acontecer, quero ver se aguenta o barulho das crianças e um homem aqui, querendo dar ordens e mudar tudo.

— Que horror! — fez ela, assustada.

Luciana riu gostosamente. Sua avó era metódica, e todas as coisas da casa deviam estar sempre nos devidos lugares. Amava o silêncio e a tranquilidade.

— Tenho pensado em Maria Lúcia — tornou Luciana. — Apesar de dona Maria Helena não interferir, lá eu não me sinto inteiramente à vontade para trabalhar com ela. O ambiente é frio, solene, formal.

— Por que não a convida para vir aqui algumas vezes?

— Isso seria maravilhoso. Mas não sei se dona Maria Helena permitiria. Ela é muito exigente com as amizades. Aceitou-me como professora, mas não sei se concordaria em deixar a filha vir aqui.

— Por que não? — fez Egle, entusiasmada. — Afinal, somos pessoas bem-educadas. Agora temos uma bela casa, onde poderemos receber à altura.

Luciana abanou a cabeça indecisa.

— Não sei, não.

— Ela a convidou para um chá. Vindo dela, demonstra que a aprecia. Faremos o seguinte: escreverei um pequeno convite para dona Maria Helena vir com a filha tomar um chá conosco no próximo sábado.

— Ela também? Nesse caso, estará presente.

— Sua curiosidade vai trazê-la aqui a primeira vez. Se gostar, permitirá que a filha venha nos visitar de vez em quando.

Luciana beijou o rosto da avó com entusiasmo.

— Fará isso por mim? — indagou feliz.

— Farei por mim. Afinal, quero mostrar a essa dama tão requintada como se recebe em minha terra e dar-lhe um banho de civilização. Depois, estou morrendo de curiosidade para conhecer Maria Lúcia. Pobre menina.

Luciana riu divertida.

— Ela não é pobre menina, vovó. É uma moça infeliz, porque ainda não descobriu os tesouros que guarda no coração. Acha que ela aceitará o convite?

— Você verá. Eu o farei num daqueles meus papéis especiais, como manda a mais nobre lady inglesa: lacre e tudo o mais.

— Pelo que conheço de dona Maria Helena, sei que virá. Não resistirá à curiosidade.

— Uma vez aqui, não a pouparei. Verá nosso álbum de família, conhecerá nosso lado da nobreza e tudo quanto temos direito. Sem falar de nossa erudição, de nossos diplomas e graduações.

— Vai falar-lhe de nosso trabalho fazendo doces para viver?

— Esse lado ficará esquecido. Afinal, quando seu pai morreu, deixou-nos bom dinheiro.

Luciana ficou séria.

— Não estamos exagerando, vovó?

— Não, minha filha. Se quisermos que ela nos respeite e permita que a filha nos visite, precisamos falar de sua linguagem.

— Tem razão, vovó, como sempre. Vamos planejar tudo.

As duas sentaram-se com alegria e entusiasmo para organizarem-se.

Maria Helena, admirada, recebeu de Luciana o pequeno e elegante envelope.

— Vovó pediu para entregar-lhe.

Ela abriu e leu com atenção. Pensou alguns instantes, depois disse:

— Obrigada pelo convite. Terei prazer em conhecer a senhora sua avó.

— Direi a ela. Será uma honra recebê-la em nossa casa com Maria Lúcia.

Maria Helena hesitou alguns instantes, depois disse:

— Às vezes penso que você aprecia Maria Lúcia.

— É verdade, eu a aprecio — respondeu ela com voz firme.

— Não consigo entender. Vocês são tão diferentes! Custa-me acreditar.

— Posso saber por quê?

— Sou sua mãe, mas reconheço que ela não é uma companhia agradável, sempre tão... calada... sem expressão.

Luciana sorriu levemente.

— Isso é aparência. Na verdade, ela é uma pessoa inteligente, sensível, boa e apaixonada.

Maria Helena olhou para ela, tendo no rosto uma expressão indefinível.

— Às vezes eu penso, Luciana, que você é uma moça muito boa, porém muito sonhadora. Não pretendo iludir-me. Já aceitei a incapacidade de Maria Lúcia. Não é coisa fácil para uma mãe, mas não há nada para fazer. Tive de resignar-me.

— Não há nada neste mundo que não possa mudar com a ajuda de Deus — disse com voz suave. — Confio nele. Maria Lúcia

113

é uma pessoa normal, está apenas bloqueada. A senhora ainda perceberá isso.

— Embora não creia, desejo realmente que consiga.

Luciana assentiu satisfeita. Foi para a sala em busca de Maria Lúcia para a aula. Maria Helena olhou o delicado convite revirando-o entre os dedos finos. Havia algo em Luciana que a intrigava. Uma moça tão fina, tão bela e de família tão boa, por que se sujeitaria a dar aulas?

É verdade que ela lhe dissera que não precisava do dinheiro para viver. Talvez fosse para mostrar erudição. Há pessoas que satisfazem sua vaidade dessa forma. Mas com Maria Lúcia? Ela não saberia apreciar nada. Não. Não podia ser por esse motivo.

Aceitara o convite porque estava curiosa. Não se lembrava de alguma vez ter recebido um cartão tão elegante, com brasão dourado, finíssimo. Estava claro que a avó de Luciana tinha linhagem. Iria conhecê-la.

João Henrique interrompeu o fluxo de seus pensamentos.

— Mamãe — disse —, vim mais cedo porque pretendo trabalhar em um projeto muito importante.

— Claro — respondeu ela, satisfeita.

— Vou para o gabinete. Estou com sede. Pode mandar-me uma limonada?

— Por certo...

Enquanto João Henrique se instalava no gabinete, Maria Helena, diligente, mandou servi-lo. Ela ficava feliz quando ele se fechava no gabinete para trabalhar. Ele ainda faria grandes coisas, estava certa disso.

Fazia meia hora que ele começara a trabalhar quando Ulisses chegou para vê-lo. Apesar de um pouco contrariada, Maria Helena conduziu-o ao gabinete do filho.

Vendo-o, João Henrique foi logo dizendo:

— Vem em boa hora. Quero mostrar-lhe uma ideia que tive.

Maria Helena saiu, deixando-os a sós. Afinal, Ulisses estudava com ele na mesma classe. Poderiam trabalhar juntos, embora ela pensasse que João Henrique ajudava os colegas e sempre sabia mais do que eles.

Quando ela saiu, Ulisses tornou:

114

— Não pensei encontrá-lo às voltas com projetos agora. Há tempo de sobra.

João Henrique abanou a cabeça.

— Não para mim. Quero ficar com a noite livre.

Ulisses sorriu malicioso.

— Já sei. Vai ao teatro. Pelo que sei, tem estado lá todas as noites.

João Henrique suspirou, os olhos perdidos em um ponto indefinido.

— Ela é maravilhosa! Nunca conheci mulher igual.

— Cuidado! Sei de alguns almofadinhas que estão apaixonados por ela.

— Estão à sua volta como moscas no mel. Ela não lhes dá atenção.

— Quanto a você?

— Por enquanto, só sorrisos e troca de olhares.

— Mande-lhe flores — sugeriu Ulisses.

— Já as tenho mandado. Hoje pretendo convidá-la a cear. Talvez aceite.

— Estou certo que sim. Você tem sorte com as damas. Não resistem a seus encantos. Sei de algumas que desmaiam quando você chega.

João Henrique considerou:

— Não brinque. Sabe que não sou de namoricos.

— Sei. Nunca se interessou por alguma mulher em especial. Estou admirado. Afinal, sempre chega o dia!

— É só entusiasmo. Ela me atrai como nenhuma outra.

— Então, meu caro, aproveite.

— Por certo o farei. Mas você aqui esta hora? O que acontece?

— Sabia que estava em casa — piscando o olho, malicioso, continuou: — Quero rever Luciana.

João Henrique fez um gesto de surpresa.

— A professora de música?

— Sim.

— Aqui não é o melhor lugar, já lhe disse.

— Eu sei. Procurei encontrá-la fora.

Ulisses contou-lhe seu encontro com Luciana e finalizou:

115

— Ela é delicada, mas firme. Nem sequer me deixou conhecer-lhe a casa.

— Talvez seja pobre e tenha vergonha. Já aconteceu isso a Jarbas.

Ulisses abanou a cabeça.

— Não creio. O lugar onde mora é de bom padrão.

— Tem certeza de que ela mora mesmo lá? Não teria tomado o bonde errado para ludibriá-lo?

— Será? Bobagem dela. Com aquele rostinho, não precisa de mais nada. Ela está aqui hoje? É dia de aula.

João Henrique deu de ombros.

— Não sei.

— Você não se interessa por sua irmã! — disse ele, queixoso. — Deveria assistir a alguma aula. Deve ser muito interessante.

João Henrique riu francamente.

— Não sou lobo como você. Não estou interessado.

— Como faço para vê-la, falar-lhe?

— Problema seu. Mamãe não gostaria que me intrometesse. Iria desconfiar.

— Você não é meu amigo. Podia facilitar um pouco as coisas.

— Você não é o preferido das donzelas do Ouvidor? Onde está sua classe?

— Sua mãe não nos vai chamar hoje para o chá com ela?

— Não sei. Aliás, mamãe nunca convida os professores para tomar chá. Fiquei admirado aquele dia.

— Isso prova que ela é especial. Até dona Maria Helena notou. Você podia fazer algo, que diabo!

João Henrique sorriu:

— Para que você não diga que não coopero, vamos conversar na sala. É o máximo que posso fazer.

Os dois foram sentar-se na sala, e João Henrique pediu à mãe que mandasse servir-lhes mais refrescos.

Ficaram conversando animadamente, porém os olhos de Ulisses não pararam de fixar disfarçadamente a porta fechada através da qual supunha estarem as duas moças.

Finalmente ela se abriu e as duas apareceram. Vendo-os, Luciana cumprimentou-os levemente com a cabeça. Os dois levantaram-se. A empregada servia os copos de refresco.

— Sirva um copo à senhorita — disse João Henrique com delicadeza. — Está muito calor.

— Obrigada, aceito.

A moça tomou o refresco e apanhou a pasta que colocara sobre a mesa.

— Já vai? — indagou Ulisses, interessado.

— Já — respondeu ela, séria.

Maria Helena aproximava-se. Estendeu a mão a Luciana, dizendo:

— Agradeça à senhora sua avó pelo convite. Iremos com todo o prazer.

— Ela ficará feliz — voltando-se para Maria Lúcia, continuou: — Espero-a ansiosamente. Desejo mostrar-lhe algumas coisas. Passaremos uma tarde deliciosa.

O rosto da moça corou de prazer. Retribuiu o beijo que Luciana deu-lhe na face.

João Henrique observava admirado. Aquela cena era inusitada. Sua mãe aceitando um convite da professorinha e, o mais estranho, sua irmã mostrando-se afetiva com alguém. Olhou Luciana com curiosidade. Teve de reconhecer que o rosto da moça era expressivo. Talvez por causa dos olhos, cujo brilho era vivo, alegre.

Olhou para Ulisses e a custo dominou o riso. O moço estava fascinado. Luciana despediu-se, e ele saiu em seguida.

Maria Helena comentou:

— Ulisses está interessado em Luciana. Não gosto disso, pois nos custou muito arranjar alguém que suportasse a esquisitice de sua irmã. Não gostaria de perdê-la.

João Henrique deu um tom despreocupado à voz:

— Não se preocupe. Ulisses é assim com todas. A senhorita Luciana por certo não lhe dará trelas.

— Em todo caso, fale com ele. Proíba-o de fazer-lhe a corte.

Apesar de perceber a petulância da mãe, ele habilmente concordou e tentou desviar o assunto.

— A senhora vai à casa dela?

— Sim. Sua avó fez um convite a mim e a Maria Lúcia para um chá no sábado.

— Por que aceitou? Não a conhece.

— Tive vontade. São pessoas de fino trato. Luciana dá aulas porque gosta. Não o faz para ganhar a vida. Foi educada na Inglaterra e sua avó é inglesa. Veja o convite, que finura. Gente de linhagem. Depois, ela gosta de Maria Lúcia. Coisa rara. Estou curiosa de ir à sua casa.

— Interessante. Não fazia ideia de que fosse assim. Por essa razão a convidou para o chá. Ela não frequenta a sociedade. Nunca a vimos nos salões.

— É uma moça diferente. Muito culta. Berço, meu filho. Ela tem berço. Vê-se logo isso. Gosta de arte, de música.

— Vejo que a aprecia.

Maria Helena sacudiu a cabeça, pensativa.

— Por enquanto, seu procedimento tem sido irrepreensível. Garante que Maria Lúcia é uma pessoa inteligente e normal. Quanto a isso, não tenho ilusões. Mas sua influência é boa para sua irmã, e ela aceita a professora, chega a esperá-la com certo interesse.

— Mamãe, isso é ótimo. Foi a primeira vez que vi Maria Lúcia beijar alguém.

— Ela fez isso?

— Não viu? Ao despedir-se, ela beijou a face da senhorita Luciana.

— É, realmente isso surpreende. Vamos ver. Sábado vou conhecê-la melhor.

— Agora volto ao gabinete. Preciso trabalhar.

Maria Helena sorriu alegre.

Maria Lúcia fechou-se no quarto e dirigiu-se ao espelho. Olhou seu rosto, depois passou a mão lentamente pelas faces. Sua pele era macia e limpa. Era verdade.

Alisou os cabelos e, num gesto decidido, tirou os grampos que os prendiam. Eles caíram sobre os ombros, e ela continuou alisando-os pensativa. Luciana elogiara seus cabelos. Aproximou-se do espelho. Seriam mesmo iguais aos de João Henrique? Todos elogiavam os cabelos dele.

Gostaria de mudar o penteado, mas temia o olhar crítico da mãe. Sábado iria à casa de Luciana. Seu coração bateu mais forte. Que vestido usaria?

Abriu o armário e olhou seus vestidos. Pareceram-lhe feios e sem graça. Que fazer? Luciana falara-lhe de cores alegres, do cor-de-rosa. Tinha um nesse tom. Iria com ele. Corou de excitação, olhou-se novamente no espelho. Tinha vergonha de seu rubor. Luciana dissera-lhe que ele a tornava mais bonita. Seus olhos brilharam, e ela passou novamente os dedos pelas faces.

"Talvez Luciana tenha razão", pensou. "Talvez eu possa ser menos feia."

Estendeu-se na cama e fechou os olhos. O rosto de Ulisses apareceu-lhe na memória. Lembrou-se do beijo, e seu coração bateu descompassado. Ele estava interessado em Luciana, mas ela podia fingir que era por ela que ele suspirava. Imaginou-o beijando suas faces com amor. Se isso acontecesse, morreria de ventura. Se ela pudesse!

Luciana sabia como ser graciosa, bela, notada. Todos os rapazes cortejavam-na. Gostaria muito de ser como ela. Sábado, teriam muito que conversar.

VIII
Oitavo
Capítulo

João Henrique chegou ao teatro um pouco ansioso. Estava elegantemente vestido e discretamente perfumado. Parou alguns instantes no *hall*, onde os cartazes da peça se encontravam em exposição.

Aproximou-se e fitou-os. Maria Antonieta Rangel era a estrela da companhia. Vinha de vitoriosa excursão pela Europa, onde brilhara encantando todos com sua voz e seu desempenho.

Os olhos de João Henrique brilhavam. Ela era maravilhosa! A peça, uma revista musical de alto luxo, estava fazendo muito sucesso. Mandara-lhe flores e delicado cartão convidando-a a cear depois do espetáculo. Aceitaria?

Entrou na sala de espetáculos. Estava repleta. Quando ela apareceu em cena, os aplausos explodiram entusiásticos.

João Henrique vibrava de satisfação. Já havia visto a peça mais de dez vezes e sempre se emocionava. Conhecia as canções e até algumas falas.

Ao cair o pano, a artista teve de voltar à cena repetidas vezes. João Henrique saiu apressado, dirigindo-se aos camarins.

A custo conseguiu aproximar-se. Abrindo alas entre as pessoas, alguns funcionários cercavam a estrela, que, sorrindo, dirigiu-se ao camarim. João Henrique continuava fascinado. Um homem saiu do camarim e disse sorrindo:

— Antonieta agradece a todos pelos cumprimentos, as flores, a bondade dos senhores. Mas está exausta. Pretende descansar. Ela tem representado todas as noites. Tem conversado com os admiradores, contudo, hoje, deseja recolher-se. Obrigado por tudo.

Ele entrou novamente, fechando a porta do camarim. Contrariadas, as pessoas foram aos poucos deixando o teatro.

João Henrique afastou-se um pouco e ficou esperando. Quarenta minutos depois, quando ela saiu, não havia ninguém mais além de João Henrique. Ela vinha acompanhada pelo homem que falara e por duas mulheres.

Vendo-a, ele se aproximou.

— Perdoe-me se fiquei esperando. Fiz-lhe um convite. Desejo resposta.

Longe de enfadar-se, ela sorriu:

— Convite? Não me lembro.

— Meu nome é João Henrique. Convidei-a para cear comigo esta noite.

O homem interveio:

— Já disse que ela deseja recolher-se. Está cansada.

— Garanto que apreciaria. Conheço um lugar maravilhoso, onde se come muito bem!

Ela olhou para ele, sorriu e depois disse:

— Obrigada, mas pretendo repousar. Vamos.

Fez ligeiro aceno com a cabeça e saiu. Os demais seguiram-na. Apesar de decepcionado, o moço não desistiu. Aspirava o delicioso perfume que ela espalhara no ar e intimamente formulou projetos para conseguir seu objetivo.

Seguiu-os de longe até o hotel onde se hospedavam. Por certo voltaria à carga no dia seguinte.

Eram quatro em ponto quando o carro de Maria Helena parou em frente à bela casa de Luciana no sábado.

Parada em frente ao portão de entrada, Maria Helena, admirada, tocou a sineta e, imediatamente, uma criada vestida elegantemente abriu a porta, fazendo-as entrar e conduzindo-as à sala de estar.

Luciana abraçou-as com prazer, dando-lhes as boas-vindas e apresentando Egle.

Maria Helena cumprimentou-a com prazer.

— Tem uma linda casa, muito acolhedora — disse amável.

— Obrigada — respondeu Egle com simplicidade.

Acomodaram-se e começaram a conversar com animação.

Vendo-as entrosadas, Luciana levou Maria Lúcia para conhecer as dependências da casa e seu quarto. A moça olhava tudo com entusiasmo.

— Você tem bom gosto. Gostaria de ser assim. Posso ver seus vestidos?

— Claro. Venha.

Luciana abriu o armário e Maria Lúcia olhou, admirando tudo.

— Eu quis usar um vestido mais bonito, mas todos os meus são horríveis. Soltei os cabelos, mas não sei como penteá-los.

Luciana passou a mão delicadamente nos cabelos dela.

— Você aprenderá — disse. — O importante é querer.

— Será? Tudo em mim fica feio. Perde a graça. Em você, não. Você é tão bonita!

— Bobinha, você também é muito bonita. Acontece que nunca se interessou por essas coisas antes. Vamos fazer uma experiência. Vista este vestido branco.

— Agora?

— Sim. Vou fechar a porta. Vamos, experimente.

Era um vestido lindíssimo, justo e de corte elegante. Maria Lúcia vestiu-o.

— Maria Lúcia! Ficou perfeito em você! Agora os cabelos. Deixe-me ver... Precisa cortar um pouco as pontas. Posso?

A moça concordou e Luciana apanhou uma tesoura, um pente e, com delicadeza, compôs um penteado gracioso, cortando algumas pontas, deixando-o fofo na frente e prendendo-o em coque no alto da cabeça. Passou ligeiramente um pouco de pó de arroz, colocou delicado par de brincos em suas orelhas. Em seguida, levou-a ao espelho, dizendo:

— Você está linda! Veja como lhe fica bem.

Maria Lúcia corou de prazer vendo-se no espelho. Aquela parecia outra pessoa.

— Qualquer cavalheiro se sentiria feliz em dançar com você. Duvido que não lhe façam a corte!

De repente, o rosto de Maria Lúcia sombreou-se e ela desmanchou o penteado dizendo com voz fria:

— Eu não saberia o que dizer, o que conversar com eles. Eu não tenho inteligência, e eles logo veriam que eu não consigo agradar a ninguém.

Foi tirando o vestido e colocando novamente as roupas de sempre.

Luciana olhava calada. Depois disse:

— Perceba que ser feia é uma opção sua. Você prefere ocultar-se para não se expor ao erro. Não sabia que era tão orgulhosa assim. Lembre-se de que essa escolha está custando-lhe a felicidade. Está renunciando voluntariamente ao amor, ao sucesso, à admiração e à alegria de seus pais. Jamais saberá o prazer da vitória, de um beijo de amor. É um alto preço pelo orgulho e pela covardia.

Maria Lúcia a olhava calada.

— Você é orgulhosa e covarde — repetiu Luciana.

— Você me despreza! — disse Maria Lúcia por fim.

Luciana abraçou-a.

— Engana-se. Eu a quero muito bem. Desejo vê-la feliz! Você não é como se coloca. É uma moça bonita, gentil, inteligente, virtuosa, amorosa, só que não acredita nisso. Você está muito enganada. Deixe-me ajudá-la a perceber a verdade. A conhecer-se como realmente é.

Os olhos de Maria Lúcia encheram-se de lágrimas.

— Nunca ninguém falou assim comigo — disse.

— Somos amigas. Desejo vê-la feliz. Sei que pode conseguir tudo que quiser. Não há nada que a impeça. A não ser sua maneira errada de olhar para as coisas.

— Sou covarde mesmo. Tenho receio de tudo. Se um moço quisesse me namorar, eu morreria de vergonha.

Luciana segurou as mãos frias de Maria Lúcia, forçando-a a sentar-se a seu lado na cama.

— Diga-me. Do que tem medo? De que sente vergonha?

Os lábios da moça começaram a tremer, e ela não respondeu. Luciana prosseguiu:

— Procure descobrir isso. Pense bastante. Você acredita em mim?

Maria Lúcia assentiu com a cabeça.

— Pois eu lhe digo que não há nada do que deva se envergonhar. Já viu hoje que é uma moça bonita, elegante. Pertence a excelente família. É rica, educada, inteligente. Qualquer moço da corte poderia apaixonar-se e chegar ao casamento. Poderia escolher, tenho certeza.

Maria Lúcia ficou pensativa por alguns instantes, depois disse baixinho:

— Acha que um moço como Ulisses se interessaria por mim?
— Por que não?
— Ele nem me olha.
— Como poderia vê-la se esconde dentro de uma condição de inferioridade? Você gosta dele!

Ela corou ainda mais, retirando as mãos que Luciana retinha entre as suas.

— Não gosto de ninguém.
— É natural que se sinta atraída por ele. É um bonito moço.
— Ele gosta de você!
— Não acredite nisso. Os moços interessam-se em cortejar todas as moças que veem na frente.
— Ele tem procurado você.
— Foi ocasional. Mas posso lhe assegurar que não pretendo namorá-lo.

Ela arregalou os olhos admirada.

— Não gosta dele?
— É um moço agradável, bonito, mas não sinto nada por ele. Para namorar, é preciso algo mais. É preciso entusiasmo, amor, emoção. Quando vejo Ulisses, não acontece nada.

Maria Lúcia suspirou.

— Puxa — disse —, se eu fosse você, aceitaria. Sei que ele lhe faz a corte.

— Você o aprecia! O que sente quando o vê?

Novo rubor coloriu as faces de Maria Lúcia.

125

— Fale o que sente! O amor é um belo sentimento. Não devemos nos envergonhar do que sentimos. Conte-me: o que sente por ele?

— Não sei o que é — disse ela baixinho. — Meu coração bate forte, parece querer sair pela boca. Sinto um tremor nas pernas e tenho vontade de fugir, mas ao mesmo tempo quero ficar perto dele. Quando ele está na sala, sinto sua presença o tempo todo. Esqueço-me das outras pessoas.

Luciana abraçou-a com carinho.

— Você nunca sentiu isso antes por outra pessoa?

— Não. Acha que estou doente?

Luciana sorriu:

— Não, Maria Lúcia. Acho que está muito bem. Melhor do que eu esperava.

— Fico angustiada. Não sei o que fazer. Tenho vergonha.

— O amor jamais será uma vergonha. Você se sente atraída por Ulisses. Gostaria que ele a abraçasse e beijasse. Talvez até tenha sonhado com isso.

— Como sabe? Já sentiu isso? É amor?

— Já senti, sim. Se é amor, só o tempo dirá. É uma atração, mas para se transformar em amor precisa de muito mais. Precisa conhecê-lo melhor e conviver mais com ele para perceber seus verdadeiros sentimentos, descobrir se gosta realmente dele, de sua forma de ser, ou se está vendo nele apenas o ser que você gostaria que ele fosse.

— Como assim?

— Todas nós sonhamos com o amor, o homem a quem dedicaremos nossa vida, criamos uma imagem ideal e a guardamos no coração. Pode acontecer que sintamos atração por alguém e, sem conhecê-lo como realmente é, vemos nele esse ideal que imaginamos. Se chegarmos ao casamento, logo veremos que ele era uma pessoa muito diferente daquela que imaginamos. Haverá desilusão, amargura. Às vezes, há uma adaptação, pelas conveniências, pela família, mas o amor e a felicidade ficam distanciados.

— Terá acontecido isso com mamãe?

— Por que diz isso?

— Porque entre eles não há amor. Não os vejo abraçados. Não se beijam.

— São discretos. Não gostam de demonstrações diante dos outros.

— Nunca vi meu pai olhar para minha mãe com olhos apaixonados.

— Como pode saber? Você sempre fica fechada em seu quarto. Saiba que o amor, o casamento, são coisas muito sérias. É preciso conhecer bem um ao outro. Se você não deixar que os rapazes se aproximem, como vai encontrar o verdadeiro amor?

Maria Lúcia pensou um pouco, depois segurou o braço de Luciana com força.

— Tenho medo!

— De quê?

— De Ulisses não gostar de mim.

— Se quer que alguém a ame, não se rejeite. Esse é o primeiro passo.

— Ninguém se interessa por mim.

— Você não se interessa por você! Com pensamentos tão negativos a seu respeito, qualquer pessoa que se aproximar sentirá vontade de afastar-se.

— Por quê?

— Porque o pensamento é o hálito da alma. As pessoas não trocam só palavras, trocam impressões. E essas impressões refletem nosso pensamento. Se você não se aprecia, se acha que não é interessante, quem chegar a seu lado vai sentir essa impressão. Sua onda mental vai afastá-la, sem que saiba por quê.

— Será? O que nós pensamos pode influenciar os outros?

— Claro. O pensamento sai de nós como ondas de força. Nunca sentiu vontade de ficar perto de uma pessoa ou de afastar-se dela, sem motivo justo?

— Já. Eu sinto muito isso. Gosto muito de ficar perto de você. Gostei desde o primeiro dia.

Luciana sorriu alegre.

— Você sentiu que gosto muito de você e desejo ficar a seu lado. Mas sentiu também que eu gosto de mim mesma, sinto-me feliz de viver, agradeço a Deus todos os dias o dom da vida. Sinto-me em harmonia. Por essa razão, você gosta de ficar perto de mim.

— Não sabia que o pensamento podia causar tudo isso.

127

— Pode muito mais.

Leves batidas na porta, e a empregada apareceu.

— Dona Egle manda avisar que o chá será servido.

— Obrigada. Vamos, Maria Lúcia, não podemos deixá-las esperando. Voltaremos ao assunto. Pense em tudo quanto conversamos.

As duas moças voltaram à sala, onde foi logo servido o chá.

Maria Helena estava encantada. Egle mantivera a conversa de forma interessante e agradável.

Sabendo que ela também estudara naquele famoso conservatório inglês, disse curiosa:

— A senhora certamente será exímia intérprete. Seria abusar de sua hospitalidade pedir-lhe para tocar alguma coisa?

Egle sorriu:

— Estudei durante muitos anos, fui concertista, mas agora gosto de tocar só peças que falam a meu coração.

— Vovó toca velhas canções de sua terra.

— Por favor, gostaria muito de ouvi-la.

Maria Helena estava sendo sincera. A velha senhora não se fez de rogada. Sentou-se ao piano e começou a tocar com graça e maestria. Maria Helena emocionou-se. Fosse pelo ambiente agradável daquela sala, pela simpatia daquela senhora ou pela beleza de sua execução, ela se comoveu.

Aplaudiu com entusiasmo. Egle foi tocando, tocando. Quando, por fim, parou, Maria Helena suspirou encantada:

— Obrigada, dona Egle, por esses momentos. Meu Deus! Está escuro, estamos abusando. Desculpe ter ficado tanto tempo. Está na hora de irmos embora.

Egle sorriu com gentileza.

— Foi uma alegria recebê-la em nossa casa, bem como a Maria Lúcia. Gostaria que viessem outras vezes.

— É muita gentileza sua. Por certo, espero recebê-la também em minha casa. Agora vamos, Maria Lúcia. Mais uma vez, obrigada. Passamos uma tarde maravilhosa. Nem vi o tempo passar.

Despediram-se, e Egle com Luciana acompanharam-nas até a porta.

Quando elas se foram, Luciana abraçou a avó alegremente.

— A senhora esteve maravilhosa! Ninguém poderia resistir a seus encantos. Dona Maria Helena ficou encantada. Obrigada, vovó.

— É uma mulher de classe. Talvez ela seja um pouco formal, mas posso afirmar com segurança que sob o verniz da educação vibra uma alma apaixonada.

— Papai descreve-a como uma pessoa fria e indiferente.

Egle abanou a cabeça, dizendo convicta:

— Ele se engana. Ela vibra como as cordas de um violino nas mãos de um bom executante. Ninguém pode sentir tanto a música, ter tal sensibilidade que ela demonstrou, e ser fria nos sentimentos.

— Foi o que pensei. Talvez ela seja reprimida pelo meio.

— Toda mulher se fecha quando se sente mal-amada. É claro que José Luís não a amava, ela sentiu isso.

— Será essa a causa de sua aparente indiferença?

— Talvez. Contudo, os padrões da educação de uma moça nos dias de hoje deixam muito a desejar, principalmente no Brasil. A mulher deve obedecer ao marido sem questionar. Fazer tudo para agradar seu senhor, que é o dono absoluto até de seus pensamentos. Depois, é feio a mulher mostrar seus sentimentos. A iniciativa sempre deve partir do homem. Ele deve insistir na conquista, e a mulher mostrar-se indiferente. Esse é o jogo.

— Isso é triste, vovó.

As duas haviam entrado e se acomodado gostosamente nas poltronas da sala.

— Posso imaginar o que aconteceu — continuou Luciana. — Dona Maria Helena, educada nesse sistema, casou-se por amor. Quando descobriu que não era amada como pensava, engoliu seus sentimentos, dissimulou o que sentia, vestiu a capa da indiferença com a qual tenta conservar intacto seu orgulho, acreditando que isso seja dignidade.

— Eu teria agido diferente — Egle sorriu maliciosa.

— Eu sei, vovó. Teria mostrado seus encantos, tentado conquistar o amor de seu marido, não ocultaria seus sentimentos.

— Isso mesmo. Estaria errada?

— Não. Teria feito bem.

— Ele amava outra mulher; ela ignorava isso. Mas talvez tenha deduzido com o tempo. Mesmo assim, a outra estava distante, e ela, perto. As esposas têm sempre mais chances de manter o interesse e o amor do marido. Pena que as emoções descontroladas e o orgulho as tornem tão cegas a ponto de não aproveitá-las.

129

— A senhora o teria conquistado.

— Apesar de ele amar sua mãe. Ela era maravilhosa, seria difícil para qualquer mulher vencê-la.

Seus olhos brilharam saudosos e seu rosto cobrira-se de um misto de orgulho e alegria.

— Papai jamais a esqueceu. No entanto, vovó, eu, que a tenho visto, estado com ela, sentido seus pensamentos, percebo que ela o ama muito, mas quer uni-lo a dona Maria Helena. Não posso entender isso.

— Talvez ela mesma algum dia possa explicar. Era muito bondosa. Pode apiedar-se de sua solidão. José Luís parece-me muito solitário, embora viva com a família. Adora ficar aqui conversando com você, e suponho que ele não tenha com eles condições de diálogo.

— Não tem mesmo. João Henrique esquiva-se e é apegado à mãe. Maria Lúcia ainda não tem condições. Dona Maria Helena colocou uma barreira entre ambos.

As duas continuaram conversando animadamente, mesmo depois que a noite já havia descido de todo.

Maria Helena chegou em casa e encontrou o marido na sala de estar. Depois de cumprimentá-lo, disse educadamente:

— Desculpe o atraso. Gosto de estar em casa quando você chega.

Maria Lúcia foi para o quarto. José Luís, folheando uma revista, levantou os olhos dizendo:

— Cheguei há alguns minutos. Maria Lúcia saiu de casa, felizmente, e junto com você, o que me surpreendeu.

Maria Helena sorriu levemente.

— Foi de boa vontade. Devo reconhecer que ela está um pouco mais sociável.

— Estava com boa aparência. Não parecia amuada, como das outras vezes que a forçamos a sair.

Maria Helena colocou a pequena bolsa e as luvas sobre o console e sentou-se em uma cadeira ao lado do marido.

— Ela foi de boa vontade. Tomou chá, comeu, pareceu-me interessada.

— Como conseguiu isso?

Maria Helena deu de ombros.

— Ela gosta muito de Luciana. Aceita de bom grado tudo quanto ela diz ou faz.

José Luís interessou-se. Fechou a revista.

— É mesmo?

— Já percebi isso. Espera com impaciência a chegada da professora. Quando Luciana nos convidou para o chá, Maria Lúcia aceitou prontamente.

— Você foi tomar chá na casa da senhorita Luciana?

— Fui. Recebi um elegante convite de sua avó, uma senhora inglesa, muito fina.

José Luís esforçou-se para dissimular sua curiosidade.

— Você nunca aceita convites de pessoas fora de nossas relações — disse.

— Tive vontade de aceitar este. Luciana tem se mostrado culta, fina, amiga de Maria Lúcia. Fiquei curiosa. Uma moça que trabalha porque gosta... é curioso!

— É, realmente — considerou ele. — E que tal?

— Melhor do que esperava. Uma linda casa, graciosa, aconchegante. Dona Egle, uma senhora de linhagem, vê-se logo o berço. Tudo foi agradável e impecável. Conversamos muito e nem vi o tempo passar. Ela toca piano. Você precisava ouvi-la. Foi concertista, assim, executou velhas canções inglesas que me transportaram para outro mundo. Essa foi a causa do atraso.

Ela terminou procurando conter as emoções e dando às palavras a mesma frieza de sempre. José Luís perguntou:

— E Maria Lúcia?

— As duas foram para o quarto de Luciana, onde ficaram por longo tempo. Só apareceram na hora do chá. Mas ela não derrubou nada, não tremeu, nem se ruborizou nenhuma vez. Para ser sincera, cheguei a esquecer-me dela.

— Não resta dúvida de que ela está melhor. A influência dessa professora está sendo benéfica.

— Talvez. Que bom seria se fosse verdade!

A empregada avisou que o jantar estava servido. A família reuniu-se ao redor da mesa. João Henrique conservou-se calado, como sempre, respondendo apenas às perguntas que ora a mãe, ora o pai lhe faziam sobre seus estudos.

José Luís observou Maria Lúcia e achou que estava um pouco mudada. Em que seria? Não pôde precisar, mas seu rosto parecia-lhe distendido, calmo.

Notou que seus cabelos estavam menos esticados e penteados de forma diferente. Não disse nada. Bastava-lhe perceber algumas mudanças.

Seu coração exultava de alegria. Luciana era a luz de sua vida. Iluminava tudo quanto tocava. Até Maria Helena, exigente e fria, apreciava-a.

Assim que terminou o jantar, João Henrique foi para o quarto, vestiu-se com apuro e saiu. Foi ao teatro. Antes passou numa floricultura e mandou para a estrela o mais lindo ramalhete que encontrou, juntamente com um cartão, convidando-a novamente a cear.

Era cedo. Dera uma gorjeta ao porteiro, que o deixara entrar pela porta dos artistas, e postara-se no corredor, em frente ao camarim principal.

Maria Antonieta chegou acompanhada apenas por uma de suas damas.

João Henrique interceptou-lhe os passos.

— Maria Antonieta!

— Você, de novo? — disse ela, fingindo-se zangada, mas fixando nele os olhos brilhantes.

— Tenho vindo todas as noites. Hoje não me afastarei enquanto não prometer aceitar meu convite para a ceia.

Ela sorriu, fazendo um gesto vago.

— Poucas vezes ceio sozinha com um homem. Costumo cear com amigos.

— Vai cear comigo esta noite — disse ele convicto.

— O que o faz pensar isso? — retrucou ela, provocante.

— Meu amor por você — respondeu ele. — Tenho certeza de que desejará estar comigo.

Ela riu divertida.

— Não nego que tem espírito.

João Henrique aproximou seu rosto do dela e, olhando-a nos olhos, disse baixinho com emoção:
— Eu quero você! Muito! Hei de amá-la com tanta força que marcarei sua vida para sempre.
Ela estremeceu levemente e, sem desviar os olhos, respondeu:
— Vamos ver isso. Realmente começo a ficar curiosa.
Entrou no camarim, e João Henrique, coração batendo forte, foi para o salão esperar a apresentação começar.
Sentou-se na primeira fila e, quando o pano desceu, saiu apressado. Em meio às pessoas que aguardavam na porta do camarim, João Henrique espiava com ansiedade. Jamais uma mulher despertara nele sentimentos tão fortes.
Quando ela saiu, protegida pelo homem que sempre a acompanhava e por duas mulheres, sorriu para todos, recebeu cumprimentos e flores, entregando-as para as outras duas. Sorriu para João Henrique, mas nada disse.
Ele a seguiu até a calçada, quando uma das duas mulheres que a acompanhavam aproximou-se, colocando-lhe na mão um papel dobrado.
Coração batendo forte, João Henrique abriu-o e leu:

Ceio com amigos no Delfins.

Isso bastou. Imediatamente foi para lá. No finíssimo restaurante, em uma mesa ricamente adornada, ela estava rodeada de pessoas. João Henrique aproximou-se, tocando levemente em seu braço.
— Obrigado — disse.
Ela sorriu e, indicando a mesa num gesto largo, respondeu:
— Acomode-se. Quero apresentá-lo a meus amigos. Atenção, todos. Este é João Henrique. Convidei-o a cear conosco.
Ele desejava sentar-se ao lado dela, mas os lugares estavam tomados. Dirigiu-se ao outro lado da mesa e sentou-se. Não era o que ele desejava, mas era um começo.
Ensinaria aquela mulher a amá-lo e, então, iria tê-la só para si. Iria afastá-la de todos aqueles amigos boêmios e levianos, cujo maior interesse consistia em gozar a vida, comer, beber, sem responsabilidade ou preocupações.

A ceia decorreu alegre e o champanhe borbulhava nas taças. Maria Antonieta comeu pouco e não tomou nada. João Henrique observava-a com olhos brilhantes. Ela conversava discretamente e, às vezes, quando seus olhos se encontravam, ela lhe sorria levemente.

Ele apanhou um pequeno pedaço de papel e rabiscou algumas palavras. Levantou-se e entregou-o disfarçadamente. Voltou a seu lugar e percebeu quando ela o abriu e leu, guardando-o na bolsa.

João Henrique esperava uma resposta. Ela continuou conversando com os amigos sem demonstrar interesse. Ele lhe pedira um encontro a sós. Ardia de desejo de falar-lhe sobre as emoções que estava sentindo.

Mas dela apenas recebeu a mão em despedida, que ele segurou e beijou acaloradamente.

A partir daquela noite, ceava com seus novos conhecidos na esperança de conseguir o que pretendia. Foi uma semana depois que finalmente o conseguiu.

Maria Antonieta pediu que a fosse buscar na tarde do dia seguinte, em sua casa. Ela deixara o hotel.

João Henrique exultou. Não se preocupou com nada que não fosse aquele encontro tão esperado. Na hora aprazada, tocou a sineta da casa onde Maria Antonieta vivia. Foi introduzido na sala de estar pela empregada. Sentou-se e, enquanto esperava, passou um olhar curioso pela sala.

Mobiliário sóbrio, mas de bom gosto. Algumas obras de arte, objetos de prata, um piano. Nada naquele aposento parecia combinar com a moradora.

Ouvindo ruído, levantou-se. Maria Antonieta aproximava-se. Estava linda, cabelos curtos, vestido justo mostrando as formas perfeitas de seu corpo jovem, pernas de fora, protegidas por finíssimas meias de seda.

— Foi pontual — disse, estendendo a mão, que João Henrique beijou deliciado, envolvido em uma onda de delicado perfume.

— Estava ansioso para conhecê-la melhor — disse ele com um brilho de admiração nos olhos.

Ela sorriu:

— Você foi persistente. Não faço amizades com facilidade, nem costumo receber admiradores.

— Não sou como os outros — respondeu ele. — Tenho por você uma admiração sincera.

Ela sorriu de novo, mostrando uma fileira de dentes alvos e bem distribuídos.

— Arriscou-se. Não sabe se sou comprometida.

— Tenho certeza de que é tão livre quanto eu.

— Não tenha tanta certeza assim. Nós, artistas, nem sempre revelamos nossa vida íntima. Costumamos guardar segredo.

Ele lhe tomou a mão, levando-a aos lábios com calor.

— O homem que a tiver não sairá de seu lado nem por alguns instantes.

— É muito possessivo. Desde já afirmo que não existe ninguém que possa tolher-me a liberdade. É bom saber também que sou eu quem dá as cartas, em qualquer jogo que me interesse.

João Henrique não respondeu. Não estava interessado em palavras. Abraçou-a emocionado, beijando seus lábios apaixonadamente. Não sendo repelido, sentiu aumentar sua paixão, entregando-se a ela ardentemente.

Duas horas depois, quando saiu de lá, sua alma cantava de alegria. Ela era maravilhosa. Jamais conhecera mulher igual, que tocasse todas as suas fibras mais íntimas.

Sentiu-se loucamente apaixonado. E, enquanto voltava para casa, deu livre curso à sua fantasia.

Amava e era amado! Sabia que sua família não aceitaria seu relacionamento com uma mulher de teatro. Mas teriam de ceder quando percebessem que ele estava mesmo disposto a ir até o casamento.

Ao pensar nisso, estremeceu. Era a primeira vez que pensava em casar-se. Ninguém poderia impedi-lo.

Seu pai não ousaria. Ele não amava sua mãe, sentia que ele havia se casado por interesse. Não teria moral para fazer nada.

Sua mãe ficaria chocada. Mesmo porque usar cabelos curtos e mostrar as pernas não era moda no Rio de Janeiro, pelo menos em casa de família. Ser artista de teatro era ainda pior. Contudo, sua mãe amava-o muito. Contava convencê-la. Ela desejava sua felicidade.

Maria Antonieta deixaria o teatro. Ele era suficientemente rico para dar-lhe o luxo a que se acostumara. Cantaria e dançaria só para ele. Seriam felizes para sempre.

Quando chegou em casa, o sol já se havia escondido nas brumas do entardecer. Sentia-se alegre.

Encontrou Maria Lúcia no jardim e saudou-a bem-disposto, beijando-a na face.

— Boa tarde — disse.

— Boa tarde — respondeu ela, admirada. Não se lembrava de o irmão havê-la beijado antes.

— Você está linda! — tornou ele, querendo ser gentil.

— Obrigada.

Ele se sentou ao seu lado no banco. Aquele dia, queria que todos fossem felizes.

— Você nunca me beijou antes — disse ela de repente. — Por que fez isso?

Foi a vez de João Henrique admirar-se. Sua irmã não tinha o hábito de questionar.

— Estou contente, Maria Lúcia. Desejo que todos saibam de minha alegria.

— Que bom. Aqui em casa ninguém é alegre. Por isso venho ao jardim. Os pássaros cantam e sentem muita alegria.

— Tem razão. Sempre achei você triste. Nunca me disse por quê.

Ela deu de ombros.

— Não tinha coragem. Todos aqui são tristes. Na casa de Luciana há alegria no ar. Ninguém precisa falar que está alegre, é estar lá e ficar contente.

João Henrique fitou a irmã como se a estivesse vendo pela primeira vez.

— Eu nunca fui triste — contestou. — Ao contrário. Sinto-me feliz. Por que acha isso?

— Não saberia dizer. Mas você também não conversa muito. Só com mamãe, às vezes. Papai também não parece feliz.

— Pensei que não se importasse com essas coisas. Fica sempre no quarto, não diz o que pensa. Isso, para você, é tristeza?

Sentiu pena da irmã naquele instante. Estava feliz, desejava que todos o estivessem.

— Um pouco.

— Por que se fecha no quarto e não gosta das pessoas?

136

— Gosto de ficar sozinha para pensar. As pessoas não gostam de mim. Tanto faz eu estar como não. É a mesma coisa.

Ele se sentiu um pouco culpado. Não se importava com ela. Mal a olhava.

— Se você recusa a amizade e evita as pessoas, todos vão pensar que você não as aprecia. É o contrário do que pensa. Se você se retrai, as pessoas pensam que você as evita porque não gosta delas.

— Luciana também acha isso.

— Ela está certa. Você precisa mudar. Aproximar-se dos outros, sem receio de nada. Estou surpreso. Nunca conversou comigo.

Ela baixou a cabeça e não respondeu. Ele percebeu que ela estava envergonhada.

— Se quer saber, prefiro você conversando. Fica bem melhor. O que você fez? Está mais bonita também.

Maria Lúcia corou de prazer. Levantou o rosto e em seus olhos havia mais brilho.

— Vou entrar — disse João Henrique. — Estou atrasado. Continue assim. Está muito bem.

Levantou-se, beijou novamente a face da irmã e foi para dentro. Maria Lúcia passou as costas da mão lentamente pela face que o irmão beijara. Olhou o céu já com o brilho das primeiras estrelas e sentiu uma onda de alegria no coração.

IX
Nono
Capítulo

A partir daquele chá na casa de Luciana, Maria Helena permitiu que a filha fosse visitar a professora pelo menos uma vez por semana. E foi na casa de Egle, rodeada pela aprovação e pelo carinho das duas, que Maria Lúcia começou a encontrar a alegria de viver.

Ria, brincava, tocava piano, vestia os vestidos de Luciana, participava de jogos, entretendo-se agradavelmente. Todavia, ao retornar para casa, invariavelmente, a moça voltava às suas roupas e assumia a antiga postura.

— É uma questão de tempo, papai — afirmou Luciana a José Luís, em uma de suas visitas.

— Por que aqui ela se mostra tão diferente?

— Não sei. Acredito que um dia ela entenderá que não precisa mais se esconder atrás de uma simulada indiferença. Maria Lúcia é muito diferente do que quer parecer. É uma moça inteligente, apaixonada, emotiva e sensível. Eu diria que sua sensibilidade é tanta que percebe e sente muito mais do que diz.

— Isso me surpreende. Até João Henrique percebeu que ela está diferente. Falou qualquer coisa com Maria Helena.

— Comigo também. Uma tarde, quando eu saía, encontrei-o no jardim. Cumprimentou-me e disse-me atencioso:

— Pode conceder-me alguns minutos?

— Certamente.

— Gostaria de falar um pouco sobre Maria Lúcia. Seu método deve ser muito bom. Está dando resultado.

— Por que diz isso?

— Porque ela conversou comigo, questionou, expôs ideias, considerações. Nunca aconteceu antes. Surpreendeu-me muito. Confesso que duvidava de seu êxito. Não por sua culpa, é claro, mas porque não acreditava que ela mudasse. Poderia explicar-me como procedeu?"

— Não foi nada especial. Ela era insegura, sentia-se incapaz, rejeitada, preterida.

— Em casa sempre teve toda a atenção, conforto, os melhores professores, nada lhe faltou, da mesma forma que eu tive.

— Longe de mim a ideia de negar esse fato. O problema estava nela, na maneira como ela olhava para o mundo, de como se posicionava em relação aos outros. Fechou-se ainda mais e estabeleceu um círculo vicioso em que seu comportamento provocava mais insegurança e aumentava seu sentimento de rejeição.

— É estranho como as pessoas são diferentes. Eu nasci dos mesmos pais, fui criado igual a ela e não sou assim.

— É verdade. Deus é muito fértil e criativo.

Ele sorriu interessado.

— Mas você, permita que a chame assim, está conseguindo romper o círculo vicioso em que ela se envolveu.

— A receita é simples. Ela não enxergava as belezas da vida. A perfeição da natureza, a utilidade abençoada do próprio corpo. Procurei mostrar-lhe isso. Dei-lhe afeto. O amor está muito ligado ao sentimento de segurança. Agora estou tentando fazê-la perceber que tem tanta capacidade de inteligência quanto qualquer pessoa.

— Acredita mesmo nisso?

— Certamente Maria Lúcia é arguta e observadora. Pode crer que ainda vai se surpreender com ela.

— Como vê, papai, eu já sabia disso.

— Você consegue milagres. João Henrique não é dado a conversas em casa. Fala mais com a mãe.

— Pois comigo ele tem se mostrado atencioso. Tem me procurado para conversar, e sinto que ainda seremos amigos.

— Sobre o que ele conversa? É sempre tão evasivo comigo.
— Geralmente sobre Maria Lúcia. Problemas psicológicos e de educação. É muito inteligente. Ainda ontem me disse que tem procurado conversar com Maria Lúcia, dar-lhe mais atenção e carinho. Senti que ele acredita mais no que eu disse e deseja cooperar.
— Você é mesmo uma feiticeira! Maria Lúcia estima-a de verdade. Maria Helena também. Conhecendo-a como conheço, não esperava por isso.
— Está sendo injusto com ela. Dona Maria Helena é uma pessoa boa e não é difícil agradá-la.
Ele sorriu satisfeito.
— Você é bondosa. Sei como Maria Helena é exigente. Não se dobra com facilidade.
— Teve rígida educação. Acha que mostrar seus sentimentos é sinal de fraqueza. Para ela, a dignidade está em manter-se impassível, aconteça o que acontecer.
— Isso realmente acontece. Ela possui uma firmeza invejável.
— Atrás da qual se protege, ocultando seus verdadeiros sentimentos. Ela está longe de ser a mulher fria e dominadora que pretende ser.
— Como pode saber disso? Nunca notei.
— Ela se controla muito bem. Mas eu sinto com a alma. Percebo que se trata de uma mulher ardente e apaixonada.
José Luís fitou-a com curiosidade.
— Já me disse isso. Custa-me crer.
Os olhos de Luciana brilhavam um pouco mais quando disse a ele:
— Se pressionar um pouco, perceberá logo. Toda aquela barreira cairá por terra.
Ele ficou pensativo por alguns instantes. Depois disse com um pouco de malícia:
— Por que está me dizendo isso? O que está tramando?
Luciana sorriu:
— Gostaria de vê-lo mais feliz.
José Luís sacudiu a cabeça.
— A felicidade acabou para mim no dia em que deixei sua mãe. Agora é muito tarde, só me resta viver para o arrependimento. Infelizmente não posso remediar o erro.

141

— Papai, está optando pela infelicidade a cada minuto, espalhando-a a sua volta. Gostaria que percebesse isso.

Ele franziu o cenho, e seu rosto sombreou-se de tristeza.

— Acha que sou infeliz porque quero?

— Acho — respondeu ela com voz firme.

— Como pode dizer isso? Sou culpado, errei e reconheço esse erro. Mas ele agora não tem remédio. Ninguém poderá devolver-me Suzanne e tudo o que passou.

— Concordo. O passado é irrecuperável. Mamãe vive em outro mundo. Se ainda estivesse aqui, as coisas não mudariam em nada. Ela nunca aceitaria seu amor em prejuízo de sua família. Era uma mulher digna, que respeitava o direito dos outros.

— Quando a perdi, foi-se minha felicidade. Nunca mais voltará.

— Engano seu. O senhor escolheu mal e essa escolha não lhe deu a felicidade de que gostaria. Optou por dinheiro, posição, poder, e realmente os obteve. Mas agora a verdade arrancou o véu de suas ilusões e o senhor percebeu que esses valores, embora desejáveis, não satisfazem a sua ânsia de afeto. Contudo, ao que parece, o passado não lhe tem servido de lição para o presente, e ainda continua cometendo outros enganos tão graves quanto o primeiro.

— Você me acusa? — disse ele com amargura. — Estou arrependido. Se fosse hoje, não teria deixado Suzanne. A que enganos se refere?

Luciana aproximou-se, segurando sua mão com carinho. Havia muita ternura em sua voz ao dizer:

— Perdoe-me, papai, se estou sendo dura. Mas é preciso que acorde para a vida. Não pode viver alimentando um erro passado e tornando-se cego a todas as alegrias que deveria estar usufruindo hoje.

— Engana-se. Minha vida é triste. Você tem sido a luz que me trouxe um pouco de alegria.

— Por que teima em jogar fora a felicidade que tem nas mãos? Por que se coloca nessa posição egoística e ilusória?

— Não compreendo por que diz essas coisas.

— Para que observe a verdade. Escolheu seu destino baseado em valores errados, casou-se sem amor, ama mamãe, sente

142

saudade dela, mas está casado com uma culta e bela mulher, cheia de virtudes, que o ama com todas as forças de seu coração.

José Luís assustou-se. Quis interrompê-la, porém não o fez. Havia algo em sua voz que o fazia lembrar-se de Suzanne. Não sabia o porquê, mas sentia como se ela estivesse ali, a dizer-lhe aquelas palavras. Luciana prosseguiu:

— Tem um filho maravilhoso, bonito de corpo e de alma, de inteligência brilhante. Amoroso, digno. Uma filha doce, bonita e inteligente, que precisa apenas de amor para desabrochar, que o ama e respeita. O que lhe falta? Obteve na vida muito mais do que podia esperar das circunstâncias em que voluntariamente se envolveu. E o que faz? Fecha-se no passado. Perde os momentos de vida familiar que poderiam ser de alegria e de amor.

José Luís estava emocionado.

Luciana calou-se, e ele tornou:

— Você está enganada. Minha mulher não me ama, João Henrique não se afina comigo e Maria Lúcia afasta-se. Jamais foi carinhosa comigo.

— A situação seria essa se o senhor procedesse de forma diferente, se tivesse procurado conhecer sua esposa como ela realmente é e se esforçado para chegar-se ao coração de seus filhos?

Inquieto, José Luís passou a mão pelos cabelos.

— Confesso que nunca soube fazer isso.

— É preciso aprender. O senhor não pode permitir que um erro de mocidade se transforme em infelicidade para o resto da vida. Não pode permitir que essa culpa o castigue e o impeça de ver a verdade. O senhor é um homem bom, amoroso, inteligente, instruído, bonito, moço. É tempo de lutar pela conquista da felicidade. Ela é um estado de alma que precisamos aprender a cultivar dentro de nosso coração em todos os momentos de nossa vida. Não está fora de nós, na presença das pessoas, por mais que as amemos. Está dentro de nós, na plenitude da vida, quando colocamos nosso amor para fora e enxergamos as coisas boas que possuímos. É bênção a ser conquistada. Ela flui de dentro para fora e independe até das outras pessoas. Se quer ser feliz, esqueça o erro passado, esqueça sua culpa, cultive as bênçãos do presente, e perceberá que a felicidade sempre esteve ao seu lado sem que o senhor a deixasse entrar.

— Não posso esquecer Suzanne.

— Nem é preciso. Pode amá-la, como sempre fez. Ela tem um lugar em seu coração, mas ela seria infeliz onde se encontra se soubesse que esse amor tem sido empecilho a que possa amar sua família como ela merece.

José Luís sentiu uma grande emoção. As palavras de Luciana tocavam fundo seus sentimentos, e ele não conseguiu argumentar. Quando se acalmou um pouco, ponderou:

— Preciso pensar em tudo quanto me disse.

— Está certo, papai. Pense. Medite. Analise. Perceba o que lhe vai no coração. Seu amor por mamãe, o que sente por dona Maria Helena. Não posso crer que todos esses anos de vida em comum não tenham estabelecido laços de amizade e respeito entre ambos.

Ele a olhou admirado.

— Você acredita que nós possamos ainda viver bem juntos?

— Por que não? Vocês formam uma família maravilhosa. Cada um tem nobres qualidades. Precisam só aprender a viver juntos, percebendo o que valem.

José Luís não se conteve. Levantou-se e beijou o rosto da filha.

— Quando vi você, compreendi que uma luz entrava em minha vida. Obrigado, minha filha. Sinto que algumas coisas mudaram dentro de mim. Estou mais animado, com desejo de melhorar.

Luciana sorriu, acariciando o rosto dele, ainda umedecido pelas lágrimas.

— O senhor merece ser feliz — disse com doçura. — Tenho certeza de que encontrará seu caminho.

Conversaram mais um pouco e, quando José Luís saiu, muitos pensamentos novos fervilhavam em sua mente. Seria mesmo verdade? Maria Helena, atrás daquela frieza, encobriria uma paixão não correspondida? Lembrou-se da lua de mel. Apesar da educação rígida que recebera, tolhendo sua espontaneidade, ele muitas vezes a sentira vibrar correspondendo a seus beijos, entregando-se ardorosamente.

Talvez Luciana estivesse certa. Talvez, se ele houvesse mantido o entusiasmo dos primeiros tempos, ela tivesse se tornado uma boa companhia. E ele agora não estaria se sentindo tão só. Afinal, Suzanne não voltaria nunca mais. Por que ele deveria privar-se do carinho e do amor de uma mulher?

Suas aventuras passageiras eram fúteis e serviam apenas para acentuar o vazio ao seu redor.

Por que estivera tão cego? Se era verdade que Maria Helena o amava, como deveria ter se sentido durante aqueles anos todos? Haveria tempo para recomeçar?

Não se sentia encorajado a cortejá-la. E se ela o repelisse? Tinha esse direito. Ele se afastara de sua intimidade sem que houvesse um motivo plausível. Ela tivera motivos para sentir-se desprezada, diminuída. Apesar disso, mantivera postura digna e fiel. Realmente, também nisso Luciana estava certa. Maria Helena era uma extraordinária mulher. Mãe exemplar, esposa dedicada, cuidara sempre do lar com zelo e capricho.

Afinal, o que havia feito? Casara-se com ela por sua posição, por interesse, enganara-a, fingira amá-la. Ela percebera isso, ele tinha certeza. Às vezes, Maria Helena deixava transparecer pontas de ressentimento. Era natural. Ele merecia muito mais. Ela poderia ter se vingado, não ser para ele a esposa prestativa e eficiente que sempre fora. Entretanto, cuidava de tudo com dignidade. Tratava-o com gentileza, principalmente na frente dos outros, como se ele fosse o melhor dos maridos.

Sentiu-se arrasado. Como proceder? Precisava pensar mais, perceber melhor tudo quanto até aquela noite não havia conseguido enxergar.

E João Henrique? Teria compreendido que ele se casara por interesse? Seria essa a causa de seu ressentimento?

Chegou em casa imerso nesses pensamentos. Maria Helena já se havia recolhido. A casa estava às escuras. Foi para seu quarto. Preparou-se para dormir, contudo não conseguia conciliar o sono.

As palavras de Luciana voltavam-lhe à mente. O que havia feito de sua vida? O que estava fazendo em seu favor? Aceitara o irremediável como o criminoso que recebe o castigo. Vinte e cinco anos passaram e ele continuava punindo-se por um engano da mocidade. Por quê? Porque merecia. Trocara o amor pelo interesse. Sua consciência reprovava-o, acusando-o continuamente. Tinha-se em conta de um fraco que não merecia ser feliz. Aceitara o *nunca mais* como indispensável e durante todos aqueles anos carregara o peso do remorso e do mal sem remédio.

Se Suzanne estivesse viva, se ela o houvesse aceitado, teria abandonado a família? Como teria ficado sua consciência?

Remexia-se no leito, inquieto. Durante esse tempo, havia pensado que encontrar Suzanne, viver com ela, teria sido sua felicidade suprema. Seria mesmo? Criar problemas para pessoas inocentes teria lhe trazido a felicidade?

Nunca como naquela hora José Luís sentiu o amargor da derrota. Seu erro fora deixar Suzanne e optar por outros interesses, mas, uma vez que o cometera, percebia que sua dignidade lhe apontava o caminho adequado: tentar encontrar a felicidade com as pessoas que escolhera livremente, envolvendo-as em sua vida. Torná-las felizes, amá-las, poderia devolver-lhe um pouco da dignidade que perdera. Para respeitar-se, acalmar sua consciência, a única forma seria dedicar-se à sua esposa, que se casara com ele ignorando a verdade, e aos filhos, a quem amava, era verdade, mas aos quais não dispensara atenção e carinho suficientes, perdido ainda no passado que voluntariamente truncara, mergulhado na fantasia.

Como fora cego! Era verdade que amava Suzanne, que sentia dolorosamente sua falta, mas era também verdade que ele poderia viver uma vida mais amena dando afeto e compreensão aos seus.

Pensou em Luciana. Tão moça! De onde lhe vinham ideias tão amadurecidas? Como ela conseguia enxergar coisas que ele nunca percebera? Iria procurá-la para conversarem novamente sobre esses assuntos. O que mais ela teria notado? Maria Helena ainda o amaria? Duvidava disso. Em todo caso, naquele momento, seria muito bom se ele tivesse a seu lado alguém para abraçar, sentir-se amado e poder dar amor.

E se fosse ao quarto dela? Não se lembrava quando a procurara pela última vez. Teve ímpetos de levantar-se e ir. O orgulho deteve-o. E se ela o repelisse? Tinha esse direito. Depois, o que lhe diria? Não. Não iria.

Sentiu-se ainda mais só. Mas, em seu coração, estabeleceu o propósito de mudar. No futuro, quem sabe? Se Maria Helena o amasse mesmo, ainda que fosse um pouco, com o tempo ele a poderia reconquistar. Afinal, talvez já houvesse se castigado o bastante. Dali para frente as coisas poderiam melhorar. Essa decisão fez-lhe bem. Sentiu-se mais calmo. Já era madrugada quando finalmente conseguiu adormecer.

Depois que José Luís saiu, Luciana ficou pensativa. Dissera-lhe coisas que tocaram profundamente seus sentimentos. Teria feito bem? Estaria preparado para conhecer a verdade? Doía-lhe vê-lo tão infeliz, tão distante da realidade, imerso no passado, indiferente ao presente. Amava-o muito. Apreciava sua inteligência, sua generosidade, seu sorriso largo, sua sensibilidade, sua capacidade de amar. Desejava que ele percebesse que quando damos amor às pessoas, às coisas, à vida, expandimos nossa alma, alimentamos nosso espírito. Ela sentia essa necessidade dentro de si, e quanto mais colocava esse sentimento em tudo quanto fazia, em tudo que estava à sua volta, mais felicidade sentia dentro do coração.

Amava o pai, desejava que ele desfrutasse da mesma felicidade, desse estado de alegria interior.

Na penumbra silenciosa da sala, Luciana, encolhida na poltrona, olhos fechados, sentiu-se bem. Sim. Fizera bem. Fora bom para ele ouvir o que lhe dissera.

Nesse momento, uma alegria imensa invadiu-a. Acabara de ver o espírito de Suzanne aproximar-se. Trazia os olhos brilhantes e iluminados e um sorriso nos lábios. Aproximou-se de Luciana, tocando-a levemente. A cabeça da moça, apoiada nas costas da poltrona, pendeu para o lado. O espírito de Luciana deixou o corpo e abraçou Suzanne maravilhada.

— Mãe! Que bom vê-la!

Suzanne, abraçada a ela, passou uma das mãos por seus cabelos com carinho.

— Filha, Deus a abençoe. Vim buscá-la. Precisamos conversar.

— Estava com saudade. Faz tempo que não vem buscar-me.

— Você precisa viver sua vida, Luciana. Não tenho o direito de perturbá-la.

— Cada visita sua é uma bênção que me dá forças e alegria.

147

— Da última vez, eu disse que sua vida iria mudar. Que a ajudaria e, também, que esperava que me auxiliasse. Hoje você sabe a que eu me referia.

— A meu pai. Tudo mudou quando nos encontramos. Ele tem sido muito bom para mim.

— Eu sei. Você também tem sido boa para ele e para sua família. Tenho procurado cooperar para que obtenha êxito nas tarefas a que se propôs.

— Várias vezes senti sua presença. Ainda nesta noite, foi você quem me inspirou todas aquelas palavras.

— Tem razão. Obrigada por ter-me ajudado. Quero que saiba que estamos unidos por fortes laços, todos nós, e que, ao torná-los felizes melhorando suas vidas, harmonizando-os, estaremos cuidando de nossa própria felicidade.

— Sinto que há uma força muito grande unindo-nos. Por quê?

— Porque o passado fala muito forte dentro de nós. Quando for oportuno, voltarei para contar-lhe tudo. Por agora posso esclarecer que Maria Lúcia está muito melhor, e isso me alegra o coração.

— Por que ela é tão diferente do irmão? Qual a causa de sua insegurança?

— Em vida passada ela esteve prisioneira dentro de um quarto durante muitos anos, humilhada, doente e com o corpo coberto de feridas. As pessoas olhavam-na com repulsa.

— Pobre menina... Por isso se esconde até hoje.

— Tudo já passou. Agora ela pode ser feliz, contudo a lembrança do que foi ainda a perturba, mesmo sepultada em um novo corpo, esquecida.

— O que posso fazer por ela?

— Dar-lhe amor, carinho, como até aqui. Devolver-lhe o gosto de viver, a alegria, a confiança e principalmente o amor por si mesma. Quando conseguir isso, ela estará curada. Agora preciso ir.

— Fale mais, conte-me o que aconteceu no passado. Por que estamos juntos agora?

— Meu tempo acabou. Só posso dizer que, quanto mais nos amarmos e nos ajudarmos mutuamente, melhor será.

— Não vá ainda...

— É preciso. Sossegue seu coração. Um dia voltarei para contar-lhe a verdade, por que eu e José Luís não ficamos juntos e quais os compromissos que nos separam ainda. Deus a abençoe. Mesmo que você não possa estar comigo como agora, não se esqueça de que estarei sempre ao seu lado, quando houver necessidade. Diga a mamãe que a amo muito.

Suzanne abraçou Luciana com amor, beijando-lhe a testa, e, com muito cuidado, conduziu-a ao corpo adormecido.

Luciana abriu os olhos sentindo ainda na testa o beijo suave de sua mãe. Em seu peito, uma sensação intraduzível de alegria e amor. Suspirou feliz, e com gratidão dirigiu seu pensamento a Deus em comovida prece.

X
Décimo
Capítulo

João Henrique saiu apressado. Havia dois meses que estivera na casa de Maria Antonieta pela primeira vez, e a cada dia sentia aumentar seu interesse por ela.

Comparecia ao teatro todas as noites e depois a acompanhava à casa, onde permanecia durante horas, saindo sempre a contragosto. Falara-lhe de seu amor, de seus sonhos, e ela não o levava a sério, procurando conduzir o assunto para outros interesses.

Entretanto, João Henrique, cada dia mais apaixonado, alimentava planos para o futuro. Finalmente acabara seu curso. Dentro de duas semanas, haveria a cerimônia da formatura e o baile de gala. Pretendia comparecer com Maria Antonieta e apresentá-la aos pais e à sociedade. Dias depois, fariam o jantar de noivado e marcariam a data do casamento para o começo do ano seguinte.

Contava com a tolerância dos pais. Não a apresentaria logo como artista. Depois de conhecê-la, ficariam encantados, o que facilitaria as coisas quando descobrissem a verdade.

Não os enganaria durante muito tempo. Ela era muito conhecida. No baile mesmo, depois que a tivessem apreciado, diria tudo.

Olhou as horas e refletiu que não chegaria a tempo de assistir ao espetáculo. Resolveu ir mais devagar. Esperaria por ela no final. Chegou ao teatro com a peça no meio e, enquanto esperava, fazia planos para o futuro.

Estava interessado em um projeto para melhorar a cidade. Não podia aceitar que a capital do país fosse tão descuidada com a higiene das ruas e a beleza de suas praças. Contava obter o auxílio do prefeito e da população abastada. Organizaria um escritório, trabalharia muito e contava com o dinheiro dos pais e a influência de seu nome para conseguir seu próprio dinheiro e fazer carreira.

Tinha certeza de poder oferecer a Maria Antonieta uma vida de rainha e todo o seu amor.

Naquela noite, quando ela saiu do teatro, rodeada de muitos amigos, quis ir ao restaurante cear. Apesar de sua ansiedade em conversar com ela sobre o futuro, ele não teve outro remédio senão segui-la. Faziam parte de sua fama, de sua carreira, esses jantares que mantinham sua popularidade e onde quase sempre se programavam novos contratos. Passava da meia-noite quando finalmente João Henrique se despediu dela, na porta de sua casa, para retornar meia hora depois, discretamente.

Quando entrou, ele a abraçou com paixão, beijando-lhe os lábios repetidas vezes. Vestindo longo traje de cetim cor de vinho, justo no corpo e aberto dos lados à moda chinesa, ela se deixava beijar. Quando se sentiu mais calmo, João Henrique tomou-a pela mão, conduzindo-a ao sofá, e fê-la sentar-se, sentando-se a seu lado.

— Precisamos ter uma conversa séria — disse, olhando-a nos olhos.

Ela desviou o olhar.

— Por favor! Hoje não. Estou cansada. Não quero pensar em nada.

— É preciso. A cada dia que passa sinto que a amo mais. Não posso mais viver sem você. Diga que também me quer.

Ela se aproximou e beijou-o levemente nos lábios.

— Eu gosto de você. Senão, não estaria aqui. Mas eu preferiria que não se precipitasse. Afinal, conhecemo-nos há pouco tempo. Falaremos sobre isso outro dia.

— Não. Tem de ser hoje. Eu a amo. Quero casar-me com você.

Ela levantou a cabeça assustada.

— Está louco!

— Você me ama, eu a quero para sempre. Juntos seremos felizes.

Ela o olhou com preocupação.

— É cedo demais para pensar nisso. Por favor, não estrague nossa amizade.

João Henrique tomou-a nos braços, apertando-a contra o peito, beijando-a longamente.

— Você me pertence — disse com voz que a paixão enrouquecia. — Não quero perdê-la!

— Deixemos os assuntos sérios para depois — respondeu ela, baixinho. — Venha, vamos viver o momento presente.

Puxou-o pela mão até o quarto, e João Henrique mergulhou novamente em seus braços, sem pensar em mais nada.

Quando Luciana chegou à casa de Maria Helena, encontrou Maria Lúcia um tanto inquieta. A moça melhorava a olhos vistos, contudo teimava ainda em manter a aparência apagada de sempre.

Depois de cumprimentá-la carinhosamente, Maria Lúcia puxou-a pelo braço e pediu:

— Sente-se aqui. Preciso de sua ajuda.

Seu rosto estava ansioso e corado.

— O que é? — indagou Luciana, interessada.

— O baile de João Henrique. Ele acha que eu preciso ir.

— Claro. Isso é ótimo.

— Você não entendeu. Eu não quero ir sozinha. Você vai comigo.

— Não sei. Trata-se da formatura dele. Só vão os convidados.

— Mas ele a está convidando. Olhe. Pediu-me que lhe entregasse o convite, com suas desculpas por não tê-lo feito pessoalmente. É que ele tem aula na hora em que você vem.

— Obrigada. Agradeça o convite.

— Você vai comigo?

— Acha que será necessário? Você pode ir a esse baile com sua família.

Os olhos dela brilhavam quando disse:

— É que eu preciso de sua ajuda. Você prometeu.

153

— O quê?

— Não vai rir de mim? Posso pedir uma coisa?

Ela estava corada e sem jeito.

— Pode. Fale sem medo. O que quer fazer?

— Quero ir bem bonita. Desejo mudar tudo. Fazer como em sua casa, ficar diferente.

Luciana sorriu:

— Que bom! Será maravilhoso. Sua mãe vai adorar.

— Será? Tem certeza de que não ficarei ridícula?

Luciana beijou-a levemente na face.

— Ficará linda. Verá. Depois, há espelhos nesta casa, poderá ver por si mesma. Já escolheu o vestido?

— Não.

— Tenho uma excelente modista que o fará para você. Sua mãe aceitaria?

— Não quero que ela saiba. Farei surpresa.

— Está bem. Faremos tudo em segredo. Sábado, quando for à minha casa, ela a esperará lá. Tem tudo de que vai precisar.

Maria Lúcia estava alegre e excitada.

— Gostaria que fosse hoje. Estou ansiosa para escolher o vestido. Terei de esperar até sábado!

— Pode ir amanhã, se sua mãe deixar.

— Será melhor. Direi que preciso vê-la. Ela não vai se opor.

— Como queira. Amanhã então escolheremos tudo.

Maria Lúcia permaneceu pensativa durante alguns segundos, depois disse:

— Acha que algum moço vai me notar?

Luciana sorriu alegre.

— Garanto que muitos vão notá-la e, com certeza, querer dançar com você.

Maria Lúcia levou a mão ao rosto, assustada.

— Dançar?

— Sim.

— Mas eu danço mal. Não terei coragem. Melhor não ir.

Luciana segurou-a pelos ombros e olhou-a firme nos olhos.

— Não seja covarde. Você sabe que pode fazer isso.

Ela baixou os olhos.

— Olhe para mim — continuou Luciana com firmeza. — O passado está morto. Acabou. Você agora é outra. Não tem mais um corpo doente e humilhante. Sua pele é limpa e sedosa. Você é linda. Merece a felicidade. Daqui para frente, a vida vai lhe dar só alegria, amor, felicidade.

Maria Lúcia olhava-a admirada e havia um brilho profundo em seus olhos.

— Quem lhe contou?

— O quê?

— Meus pesadelos. Como sabe?

Luciana acariciou o rosto de Maria Lúcia com suavidade.

— Sente-se aqui, conte-me sobre seus pesadelos.

— Você falou sobre eles. Nunca contei a ninguém. Como você descobriu?

— Existem pessoas que podem descobrir coisas a nosso respeito. Digamos que converso com meu anjo da guarda, e ele me disse.

— Como se faz isso? Nunca conversei com o meu.

— Foi em sonho. A alma de minha mãe vem buscar-me algumas vezes, encontramo-nos durante o sono.

— É possível?

— É. As pessoas que morrem vão para outro mundo e vêm nos ver quando podem. Minha mãe veio ver-me. Sonhei com ela, conversamos, e ela me contou algumas coisas sobre sua vida passada.

— Vida passada? Como assim?

— Eu sei que nós vivemos outras vidas antes desta, aqui na Terra mesmo, de onde trazemos impressões e aprendizagem, necessidades e esperanças para novas experiências e progresso de nosso espírito. Em cada nova experiência, em um novo corpo na Terra, esquecemos o passado para ter liberdade de ação, mas impressões fortes acompanham-nos e podem intervir em nosso comportamento de agora.

— E os pesadelos? De onde vêm?

— Várias causas. Lembranças desagradáveis do passado, desequilíbrio emocional, preocupação, medo, influências dos pensamentos dos outros etc. Como eram seus pesadelos?

155

— Horríveis. Meu corpo coberto de chagas. Mau cheiro. As pessoas afastavam-se de mim correndo. Às vezes, eu estava prensada entre quatro paredes, sem poder encontrar saída. Acordava apavorada, sufocada. Ainda agora, ao recordar-me, sinto meu corpo todo queimar como se minha pele estivesse em carne viva.

— Mas não está. Nada disso está acontecendo agora. São impressões de uma vida que já acabou. Aquele corpo doente já não existe mais. Agora você tem outro corpo, bonito, sadio, forte. Não precisa envergonhar-se dele. Ao contrário, deve orgulhar-se de possuí-lo, tem de cuidar bem dele.

— O que me diz é extraordinário. Quando disse isso, tudo desapareceu. Estou admirada. Por que ninguém nunca me contou?

— As pessoas não sabem muito sobre essas coisas. Minha mãe tem me ensinado. Há livros sobre isso também. Se quiser, poderemos estudar o assunto.

— Quero. Tenho vivido assustada, sentindo emoções desencontradas, sofrendo, e você tem me ajudado. Deus a abençoe. Gostaria muito de ter uma irmã.

Luciana comoveu-se. Abraçou-a com ternura.

— Você é minha irmã. Eu a quero muito.

— Eu também.

Permaneceram abraçadas, sentindo alegria e paz no coração.

No dia seguinte, Maria Lúcia foi à casa de Luciana, onde a modista já a esperava com o necessário para que ela escolhesse o vestido.

Vendo-a entretida, rosto corado, olhos brilhantes, Egle não se conteve e comentou:

— Luciana, como ela mudou! Nunca a vi tão bonita!

Luciana sorriu satisfeita. Procurou interferir o menos possível na escolha, deixando-a decidir por si mesma.

— Confio em seu bom gosto — dissera.

Observou que ela soube decidir e, depois, apenas pediu opinião a Luciana, que aprovou com entusiasmo. Maria Lúcia estava indo muito bem.

Quando a modista se foi, Maria Lúcia considerou:

— Mamãe quer escolher a roupa para mim. O que farei?

— Diga-lhe que já escolheu uma de seu gosto.

— Ela não confia em mim. Teme que eu não me apresente bem.

156

Luciana sorriu:
— Ela não sabe do que você é capaz. O que faremos, então?
— Vou deixá-la escolher uma. Mas vou pedir-lhe para deixar que eu venha aprontar-me aqui. Vou ao baile com você e dona Egle.
— Vovó não vai. Você poderá ir com seus pais. Fica melhor.
— Nesse caso, você vai conosco, caso contrário não vou. Não terei coragem. Diga que fará isso por mim. Falarei com papai.
— Sua mãe pode não gostar.
— Gostará, sim. Só que eu não vou dançar.
— Por quê?
— Eu já disse: danço mal.
— Vamos ver isso.
Luciana escolheu um disco e colocou-o no gramofone. Era uma valsa.
— Venha — disse. — Vamos ver que tal está.
Maria Lúcia olhou-a assustada.
— Vamos, a música não é muito longa.
Ela se aproximou e Luciana enlaçou-lhe a cintura, começando a dançar. Quando a música acabou, Luciana comentou:
— Vamos novamente. Você está muito presa. Precisa soltar mais o corpo. Vamos ver.
Rosto corado, Maria Lúcia recomeçou.
A tarde ia morrendo e o sol já se tinha escondido quando Maria Lúcia voltou para casa. Ao jantar, Maria Helena olhou-a admirada:
— Você demorou na casa de Luciana. O que foi fazer lá?
A moça corou.
— Ela estava me ensinando um jogo e eu fiquei até aprender.
— Seja como for, você parece muito bem. Pelo jeito, gosta de estar lá — disse José Luís com naturalidade.
Após o jantar, Maria Helena pediu:
— Antes que se recolha, sente-se aqui. Precisamos conversar.
Maria Lúcia obedeceu.
— É sobre o baile de seu irmão. Amanhã a modista virá para provar seu vestido. Já o escolhi. Ficará lindo!
Maria Helena admirou-se, porque a filha disse simplesmente:
— Sim, senhora.
Ela não aceitava as coisas com facilidade.

157

— Fico contente com sua atitude. É melhor assim. Agora pode recolher-se.

Vendo que Maria Lúcia não se mexia, indagou:

— O que é mais?

— Desejo pedir-lhe um favor.

Maria Helena esperou e, após ligeira hesitação, Maria Lúcia continuou:

— João Henrique convidou Luciana. Dona Egle não vai. Eu gostaria muito de convidá-la para ir em nosso carro.

Foi José Luís quem respondeu:

— Certamente, filha. Sua mãe e eu ficaremos encantados. Ela vai conosco.

— Amanhã, quando ela vier, eu mesma farei o convite — esclareceu Maria Helena.

— Obrigada — respondeu Maria Lúcia, satisfeita.

Quando ela se retirou, Maria Helena comentou:

— Maria Lúcia realmente está mudada. Pelo menos conversa.

— É verdade. Em boa hora essa professora apareceu.

— Maria Lúcia está muito dependente dela. Aposto que foi ela quem pediu a Luciana para vir conosco.

— Pode ser. Sente-se segura a seu lado. Está começando a perceber a vida. Um dia aprenderá a voar.

José Luís falara como para si mesmo, olhos perdidos em um ponto vago.

— Espero que ela não quebre a asa.

Ele fixou Maria Helena, procurando perceber o que se passava em seu íntimo.

— Por que diz isso? Nossa filha é jovem, tem todo o direito de ser feliz.

Maria Helena deu de ombros.

— A felicidade é uma ilusão de poucos. Tenho pena dos jovens, que sempre são os mais iludidos.

— Você está muito amarga.

Ela sorriu, procurando desviar o assunto.

— Falava por falar. São conceitos sociais que repetimos sem pensar.

José Luís levantou-se e aproximou-se dela, tocando-lhe levemente o queixo, fazendo-a levantar o rosto para ele.

— Talvez alguém, sem pensar, tenha destruído suas ilusões. Você era tão cheia de vida!

Maria Helena cerrou os lábios com força. Levantou-se rápido.

— Eu era uma ingênua, como todas as adolescentes. Felizmente cresci.

José Luís olhou-a pensativo, depois considerou:

— Às vezes sinto saudade da juventude!

— Pois eu não. Prefiro conservar os pés no chão, saber com o que se pode contar.

— As aparências enganam. Em alguns casos, pode-se obter muito mais do que se espera. Depende da forma como nos posicionamos.

— O que quer dizer? — admirou-se ela.

— Que formulamos conceitos com facilidade e fechamo-nos neles certos de que são verdadeiros. Aí, um dia, de repente, percebemos que eles nos limitaram e que além deles há outras coisas, outros valores não considerados que poderiam modificar tudo, criando novas e melhores opções.

— Não compreendo aonde pretende chegar.

— São constatações que tenho feito nesta fase de nossa vida.

Maria Helena estava tensa e um pouco pálida. Sempre quando conversavam, eles tacitamente não se referiam ao próprio relacionamento. Ela temia tocar nesse assunto e não poder mais controlar seus próprios sentimentos represados. Baixou a cabeça e conservou-se silenciosa.

José Luís notara seu nervosismo. Luciana teria razão? De repente, sentiu-se mais culpado. Se ela realmente o amasse ainda, depois de tudo e de tantos anos, o que pensaria de seu procedimento?

Uma onda depressiva acometeu-o, e ele disse simplesmente:

— São pensamentos vagos, sem nenhum sentido. Vou recolher-me. Boa noite.

— Boa noite — respondeu ela com voz baixa.

Vendo-o retirar-se, sentiu-se curiosa. José Luís estava mudado. Mais humano. Aquela noite chegara a pensar que ele estivesse procurando uma aproximação. Seu coração bateu descompassado. Estaria arrependido de suas atitudes passadas? Talvez se sentisse só e desejasse achegar-se.

Cerrou os lábios com orgulho. Não queria ser para ele apenas uma companhia para ajudá-lo a suportar a própria solidão. Amava-o profundamente, ardentemente, e não aceitaria as migalhas que ele se dispusesse a oferecer-lhe.

A lembrança dos primeiros tempos do casamento, dos momentos de intimidade, fez com que ela vibrasse de emoção.

— Preciso controlar-me — pensou assustada.

Devia preservar sua dignidade a todo custo. Recolheu-se, mas não conseguiu dormir. Por que José Luís não a queria? Por quê? As lágrimas brotaram e ela as deixou rolar livremente. Só muito tarde conseguiu adormecer.

José Luís procurou Luciana para conversar. Sentia-se triste e desalentado. Antes, pensava ter na morte de Suzanne seu maior problema. Agora, observando melhor os fatos, compreendia ter outros mais, além daquele. O sofrimento de Maria Helena e a distância afetiva dos filhos somavam-se à sua frustração amorosa. Julgara-se um vencedor e percebia ser apenas um vencido. Destruíra suas possibilidades de uma vida feliz e infelicitara a própria família.

Luciana recebeu-o com o carinho de sempre, e notou logo seu estado de espírito. A um ligeiro sinal, Egle afastou-se discretamente e ela, tendo-o acomodado em confortável poltrona, sentou-se em um banquinho a seus pés, segurando suas mãos com afeto.

José Luís, observando-lhe a solicitude, disse triste:

— Ainda bem que tenho você. Apesar do mal que lhe fiz, é boa o bastante para amar-me e ajudar minha família.

— Papai, o senhor não deve se deixar envolver por pensamentos tão depressivos.

— É verdade, filha. Tenho feito tudo errado. Sou incapaz de fazer a felicidade dos meus. Sinto-me desanimado. Gostaria que tudo houvesse sido diferente.

Luciana olhou para ele com seriedade, dizendo com voz firme:

— Mas não foi. Tudo é como é. Nada que faça agora poderá mudar o que passou. Por que perde tempo com coisas inúteis?

160

Ele protestou:

— Acha inútil reconhecer minha culpa? Saber que errei e que sou responsável pela infelicidade de várias pessoas?

— Papai, quando começará a enxergar? Quando verá os fatos como realmente são, sem fantasias ou deturpações?

Ele apertou as mãos dela fortemente.

— Agora estou vendo a realidade. O fato de pensar que Maria Helena possa me amar torna-me ainda mais culpado.

— Por quê?

— Porque eu a iludi. Fingi que a amava, quando era mentira. Porque ela é uma mulher digna, honesta e, apesar de perceber a verdade, não me acusa. Suporta minha presença, atende minhas vontades. Cuida de meu bem-estar. Sinto remorsos, Luciana, pelo que fiz a ela.

— O senhor sentiu que se enganou. Arrependeu-se. Isso é bom. Mas não exagere sua culpa. Dona Maria Helena escolheu seu caminho livremente. Podia ter-se separado, reconstruído a vida de outra forma. A sociedade pune, mas logo esquece. No entanto, ela preferiu viver a seu lado. Ama-o e respeita-o. Engana-se ao julgar-se responsável pela felicidade dos outros. Essa conquista é interior e independe das outras pessoas, ainda que estejam ligadas conosco.

— Se ela me amava, deve ter se sentido infeliz ao perceber por que eu me casara com ela.

— A desilusão dói, mas é a visita da verdade. As pessoas constroem suas fantasias, mas a vida as destrói fatalmente. Assim, vamos amadurecendo, aprendendo os valores verdadeiros, compreendendo que o amor não condiciona nada, simplesmente é e inunda nossa vida de felicidade. Dona Maria Helena preferiu viver a seu lado, mesmo não sendo amada como sonhara, a afastar-se, deixar de vê-lo, de estar junto, de cuidar de seu bem-estar. Ela escolheu essa forma de felicidade e tem desfrutado dela. Talvez houvesse sonhado com outra, mas soube aceitar o que a vida lhe deu. Sentiu, sem sombra de dúvida, que o senhor não tinha condições de oferecer-lhe mais, e optou pelo possível.

— Acha que foi isso? Tão simples assim?

— Claro, papai. As pessoas sentem o que lhes convém mais e escolhem seu caminho.

José Luís passou a mão pelos cabelos e permaneceu calado durante alguns instantes.

— Da forma que você fala, não me sinto tão culpado.

— Seria bom que esquecesse a culpa. Nosso julgamento é muito relativo. Ninguém é vítima nem algoz. Cada pessoa, no jogo da vida, opta, decide, participa. Agora, por exemplo, o senhor escolheu a posição de réu. Quer punir-se para satisfazer seu orgulho ferido pela noção de ter errado.

— Está sendo severa comigo.

— Estou apenas percebendo fatos. Quando quiser, poderá escolher outro caminho, o do bom senso e de sua própria felicidade.

— Não depende de mim.

— Só depende. Se prefere ficar deprimido, recriminando-se por coisas que não pode remediar ou mudar, vai se sentir infeliz pelo resto da vida. Será uma pessoa desagradável, triste, incapaz, que a família terá dificuldade de suportar. Se, ao contrário, optar pelo esquecimento do passado e desejar a felicidade a cada instante, percebendo as coisas boas que o cercam, valorizando as pessoas, dando-lhes amor, observando-lhes as qualidades e respeitando-lhes os limites, colocando entusiasmo nas coisas boas do dia a dia, agradecendo a Deus a dádiva da vida, da felicidade, do amor, da saúde e da prosperidade, sentirá por fim felicidade e vai espalhá-la ao seu redor.

— É o que você faz, filha. Você leva a felicidade aonde entra. Esse é seu segredo.

— Sim, papai. Sinto no coração a alegria de viver. Cultivo o bem a cada instante e não permito que os pensamentos negativos me escravizem. Mamãe sempre me diz para agir assim, sinto grande bem-estar.

José Luís acariciou a cabeça da filha delicadamente. Ela falava de Suzanne como se ela não tivesse morrido. Essa fantasia de Luciana preocupava-o um pouco. Mas tinha de admitir que ela era muito sensata e equilibrada e que demonstrava sabedoria muito além de sua idade.

— Acha que, se eu escolher a felicidade, ela virá para mim?

— Claro. Se acreditar nela, se a procurar adequadamente, verá.

— E como sepultar meus fantasmas?

— Lutando. Procurando esquecê-los. Dizendo a si mesmo que quer superá-los, que prefere o presente, quando pode fazer em cada instante alguma coisa boa.

— Tentarei. Amanhã será o baile de João Henrique. Maria Helena convidou-a a ir conosco.

Luciana sorriu:

— Irei. Prepare-se para uma grande surpresa.

— O que está tramando?

— Já disse que é surpresa. Estou tão entusiasmada! Mal posso esperar.

— Não sabia que gostava de baile.

— Há muita coisa sobre mim que ainda não sabe.

— Viremos buscá-la.

— Obrigada, mas eu irei à sua casa mais cedo. Maria Lúcia pediu.

— Como queira.

José Luís sentia-se tranquilo e alegre. A crise havia passado.

Eram cinco da tarde do dia seguinte quando Luciana desceu do carro, tocando a sineta da casa de Maria Helena. À empregada que atendeu, pediu que a auxiliasse a carregar as caixas e os pacotes que trouxera, levando-os ao quarto de Maria Lúcia.

Enquanto subiam a escadaria para o andar superior, Luciana perguntou:

— Dona Maria Helena está?

— No momento, descansa em seu quarto.

Maria Lúcia apareceu apressada, fisionomia alegre, auxiliando-as a colocar tudo sobre a cama. Quando a empregada saiu, fechou a porta eufórica.

— E então? — indagou.

— Não me esqueci de nada.

— Estou tão nervosa!

— É natural. Quando se vai a um baile, tudo pode acontecer, até encontrar o homem de sua vida.

Maria Lúcia suspirou ruborizada.

— Um baile é como um conto de fadas. Belos vestidos, flores, música, rapazes atraentes, momentos de poesia, encantamento.

Os olhos de Maria Lúcia brilhavam fascinados. Havia comparecido a muitas festas, a um ou outro baile, sempre com sacrifício, terror, obrigação, sentindo-se horrível, rejeitada, insignificante, desprezada. Agora tudo lhe parecia diferente. Sentia-se bonita, não se cansava de passar os dedos em sua pele sentindo a maciez, de contemplar seu talhe elegante, prejudicado sempre pela postura inadequada.

Luciana ensinara-a a andar, a manter a postura, a dançar, e ela agora, percebendo que era capaz de fazer tudo isso bem, não se cansava de treinar diante do espelho. Sentia-se tão alegre que dançar era como se pudesse voar, sentindo o gosto de viver e a alegria da liberdade.

Luciana compreendia e sabia colocar encantamento nas coisas, de tal sorte que ela esperava esse baile como se fosse o primeiro.

— Sinto haver dado trabalho a dona Maria Helena ocultando a verdade.

— Veja o vestido que ela escolheu.

Estava pendurado no armário. Era um vestido fino, sóbrio, discreto, sem muitos enfeites. Próprio para não chamar muito a atenção.

— Ela não sabe que você mudou. Verá quando estivermos prontas.

Conversaram alegremente até a hora do jantar.

Era a primeira vez que Luciana jantava com a família, e não pôde deixar de sentir-se emocionada. Discreta, educada, tratada com delicadeza por todos, enquanto comia ela não podia deixar de observar a classe de Maria Helena, a finura e elegância do pai, a postura costumeira de Maria Lúcia, metida em seu vestido sem graça e conservando a aparência de sempre.

Em seus olhos, porém, havia um brilho novo e arguto, uma vivacidade que ela, mantendo os olhos baixos, escondia, e ninguém notou.

Havia a beleza viril de João Henrique, deixando transparecer no rosto o entusiasmo e a alegria.

Naquela noite, João Henrique esqueceu-se da discrição que sempre adotara diante do pai. Estava loquaz e bem-disposto. Falou de seus projetos para o futuro, de seu desejo de casar-se e constituir família.

José Luís sentia-se esperançoso. O ambiente de sua casa estava acolhedor e podia perceber o contentamento em cada semblante. Depois, Luciana estava ali. Não se cansava de observar-lhe a finura, a elegância e a delicadeza.

Maria Helena estava radiante. Seu querido filho estava feliz e ela se orgulhava dele, de sua formatura com louvor e admiração dos mestres.

Quando o jantar terminou e as duas moças pediram licença para preparar-se, Luciana aproximou-se de Maria Helena e disse com sinceridade:

— Obrigada pelo jantar, dona Maria Helena, e pela honra de ir ao baile com os senhores. Estou muito feliz.

Maria Helena sorriu. Apreciava a delicadeza de Luciana.

— É um prazer, Luciana, tê-la conosco. Gostaria de pedir-lhe um pequeno favor.

— Certamente, dona Maria Helena.

Havia certa hesitação em sua voz quando ela pediu:

— Você sabe, Maria Lúcia não tem muito gosto. Eu apreciaria muito se pudesse influenciá-la quanto à sua aparência. Nesta noite, tudo deverá ser alegria.

— Farei o possível. Pode deixar — respondeu Luciana com um sorriso.

José Luís, Maria Helena e João Henrique estavam prontos esperando no *hall*. Percebendo a impaciência de Maria Helena, José Luís sugeriu:

— Nós podemos ir. Os carros estão prontos. João Henrique acompanhará as moças.

— Com prazer — concordou ele de boa vontade.

— Está bem. Está na hora e não gosto de esperar. Gostaria de ver se Maria Lúcia está decentemente vestida.

— Pediu a Luciana, pode ficar tranquila — lembrou José Luís. Ele sabia que podia confiar nela.

— Vamos — resolveu Maria Helena.

Os dois saíram, deixando João Henrique no *hall*. Ele se sentia eufórico. Convencera Antonieta a comparecer ao baile após o teatro. Era a última apresentação da peça. A companhia partiria para a Europa dentro de alguns dias. Ela concordara em ficar e casar-se com ele. Ele estava exultante. Finalmente vencera. Há três dias fazia projetos para o futuro. Comprara um belíssimo anel de brilhantes. De vez em quando, colocava a mão no bolso e apalpava a caixinha de veludo, antegozando a alegria de entregá-lo à sua eleita, oficializando o compromisso.

Finalmente, um farfalhar de saias, e ele não acreditou no que estava vendo. Luciana estava linda, mas seu espanto era para Maria Lúcia. Abriu a boca, mas não articulou nenhum som. Parecia-lhe outra mulher. O que havia acontecido? Um milagre?

Ela lhe parecia mais alta, mais esbelta, elegante, em um maravilhoso vestido rosa seco, lindos cabelos penteados com extremo bom gosto, tendo harmonioso enfeite de flores, a pele aveludada, olhos brilhantes, brincos delicados, tudo estava perfeito.

Ele não escondia sua admiração. Sua irmã transformara-se em uma linda e elegante mulher.

Luciana sorriu feliz.

— E então? — perguntou. — Gostou?

— Eu não acredito! Maria Lúcia, você está linda! Que transformação!

Ela sorria alegre, emocionada, sem saber o que dizer. João Henrique prosseguiu:

— Tem um sorriso encantador! Como não percebi isso antes?

— Ela se escondia — tornou Luciana. — Agora tudo será diferente.

— Eu imagino. Esta é nossa grande noite. Grandes coisas acontecerão — disse ele, entusiasmado. — Faço questão de entrar no salão de braço com essas duas beldades. Só quero ver a cara de meus amigos! Vão chegar como abelhas no mel. Maria Lúcia, prepare-se. Todos vão querer dançar com você!

Seu rosto coloriu-se de rubor e suas mãos tremiam um pouco, mas ela disse com voz firme:

— Quero dançar a noite inteira. Aprendi. Luciana ensinou-me.

João Henrique tomou delicadamente a mão de Luciana e beijou-a com deferência.

— Obrigado. Sei que foi você quem trabalhou para isso. Não imagina o bem que nos fez. Serei grato pelo resto da vida. Tem em mim um amigo sincero, um verdadeiro irmão.

Ela sorriu, e havia uma lágrima em seus olhos quando disse:

— Vocês são meus irmãos e quero-os muito.

— Agora vamos — propôs ele, alegre. — Quero ver a cara de mamãe quando vir a beldade de filha que tem.

Ofereceu os braços com galanteria, e juntos foram para o carro.

O Palácio das Rosas, como era chamado por causa da grande quantidade dessas flores que havia em seus magníficos jardins, estava fartamente iluminado. Suas enormes janelas, de lindas e luxuosas cortinas de renda, guarnecidas de veludo dourado, abertas, deixavam aparecer a enorme varanda que conduzia ao *hall* da chapelaria e à entrada do enorme salão.

Os carros entravam pelos grandes portões de ferro artisticamente trabalhados e seguiam por graciosa alameda, em semicírculo, e paravam em frente à escadaria de mármore branco, coberta por larga passadeira vermelha que se estendia desde o local onde parava o carro até a porta de entrada da varanda, indo juntar-se ao grosso tapete vermelho que cobria toda a sala da chapelaria e os toaletes.

Por toda parte, luxo, bom gosto, arte e alegria. Muitas flores, requinte e elegância, desde o traje discreto e polido dos funcionários à distinção e gentileza com que recebiam os convidados. O carro parava, as damas desciam apoiadas pelos cavalheiros, e os grupos entravam alegres entre o farfalhar discreto dos vestidos, o perfume delicioso das mulheres e a postura dos homens galantes e bem-educados.

O salão, caprichosamente adornado, era cercado por frisas, onde as mesas estavam parcialmente ocupadas. A orquestra já tocava quando João Henrique, conduzindo as duas moças pelo braço, entrou. Pararam alguns instantes, vendo a frisa onde seus pais já estavam acomodados, e dirigiram-se para lá.

Maria Lúcia, vendo tanta gente, sentia-se um pouco temerosa. Luciana segurou-a pelo braço, dizendo baixinho:

— Você sabe que está linda! Esta é a sua noite! Tudo é magia e beleza. Seu sonho se realiza! Você venceu!

A moça, que, copiando atitudes às quais se habituara anteriormente, tentara esconder-se atrás de Luciana, levantou a cabeça e olhou de frente para as pessoas que passavam. Percebeu a admiração nos olhares masculinos e sorriu contente. Luciana tinha razão. O passado estava morto. Aquele seria seu primeiro baile.

Quando entraram na frisa, Maria Helena levantou-se admirada. Aquela moça bonita, cabeça erguida, elegante, segura de si, não poderia ser Maria Lúcia! Estava linda! Ficou sem palavras para expressar seu estupor. Foi José Luís quem tomou a mão da filha com galanteria e disse emocionado:

— Como você está linda! Que bom gosto!

Olhou para Luciana, como a dizer que ela transformara Maria Lúcia. Luciana sorriu dizendo:

— O bom gosto é dela. Escolheu tudo. Desculpe, dona Maria Helena, não termos contado a verdade. A senhora teve trabalho, escolheu outro vestido, mas queríamos fazer surpresa. Espero que compreenda.

Maria Helena refez-se um pouco. Estava sem palavras. Finalmente disse:

— Esta noite é maravilhosa. Tenho a alegria de ver minha filha interessar-se pela vida.

— Quero desde já que reserve uma valsa para mim — pediu José Luís com galanteria. — Não quero correr o risco de não poder dançar com você.

— Uma para mim também — acrescentou João Henrique. — Já vi uma porção de amigos cumprimentando-me com muito empenho, e posso até perceber por quê.

Maria Lúcia sorria, e Maria Helena reconheceu que ela possuía um sorriso encantador. Como não percebera antes? É que ela nunca sorria.

Sentaram-se ao redor da mesa e logo Ulisses e Jarbas apareceram para cumprimentá-los. Seus olhares iam surpreendidos de Maria Lúcia a Luciana, galantes e prestativos. João Henrique sorriu divertido. Orgulhava-se da elegância dos pais, sua classe, sua finura, da beleza da irmã e dos encantos de Luciana.

Era muito bom estar ali na noite de sua festa, em meio a seus amigos, com a família. E logo mais, quando Antonieta chegasse, sua felicidade estaria completa.

A orquestra tocava uma valsa de Strauss, e Jarbas pediu:

— Gostaria de dançar com sua filha, senhor José Luís. Posso?

José Luís concordou com a cabeça, e Ulisses pediu para dançar com Luciana. Obtendo a permissão, os quatro dirigiram-se para o salão e logo estavam valsando por entre os pares com graça e alegria.

— Estou vendo, mas ainda não estou acreditando! — comentou Maria Helena. — É bom demais para ser verdade!

— É verdade, mamãe. Maria Lúcia despertou. Está começando a sentir o gosto de viver. Daqui para frente, tudo mudará para ela. Graças a Luciana. Abençoada hora em que ela apareceu.

— É verdade. Nunca pensei que ela conseguisse.

— Trata-se de uma moça bondosa e inteligente — ajuntou José Luís, comovido.

— É verdade, papai. Seu método foi muito eficiente. Tenho conversado com ela a respeito. Hoje, os conceitos estão mudando. A educação deve ser encarada de forma diferente. A psicologia moderna está descobrindo a causa de muitos problemas humanos.

— Você é engenheiro, não pensei que se interessasse pelas ciências humanas — considerou José Luís, disposto a aproveitar a oportunidade para aproximar-se do filho.

— O engenheiro aprende como construir uma casa, uma ponte. Usa cálculos matemáticos, mas sabe que precisa obedecer às leis da natureza para obter êxito. O comportamento humano, o porquê de fazermos isto ou aquilo, certamente também obedecerá a certos fatores, certas leis naturais que ainda não conhecemos suficientemente, mas que a psicologia estuda. Ela vai ajudar o homem a aprender a viver melhor e encontrar soluções adequadas a seus problemas.

— Alguém já me disse que tudo é natureza, tudo é divino, tudo é Deus!

João Henrique surpreendeu-se. Não julgava o pai capaz de filosofar e muito menos de pensar em Deus. Para ele, o pai interessava-se apenas pela vida social, pelo dinheiro, pelo poder. Naquela noite, tudo lhe parecia mágico. Todos estavam diferentes.

— A natureza é interessante. Tem leis próprias. Não pensei que se interessasse por ela.

— Engana-se. Gosto de observar como tudo se transforma. As estações, os seres, as coisas, as pessoas... Tenho me perguntado o porquê de muitos problemas que preocupam a humanidade. A dor, o sofrimento, a morte, o nascimento, enfim, a vida.

José Luís falava como para si mesmo, olhos perdidos em um ponto indefinível.

— Encontrou alguma resposta? — João Henrique perguntou interessado.

— Ainda não. Tenho várias hipóteses trabalhando em minha cabeça, mas ainda não concluí nada.

— Eu também tenho pensado nesses assuntos, principalmente quando observo a desigualdade social. Parece que Deus não ofereceu a mesma chance a todas as pessoas.

José Luís fitou-o um pouco assustado.

— Não devemos questionar Deus. Ele sabe mais do que nós.

— Concordo, Ele sabe mais. Por isso mesmo, certos fatos devem ter uma explicação mais justa. Quanto a questionar, não penso assim. Temos inteligência, devemos usá-la. É questionando que chegaremos ao esclarecimento desejado. Questionar não é ir contra. É apenas olhar a questão por vários ângulos.

— Tem razão. As questões sempre têm vários aspectos.

— João Henrique, as moças olham para cá, e você discutindo filosofia em pleno baile! — atalhou Maria Helena.

— É verdade — aduziu José Luís. — É melhor fazer as honras, afinal a festa é sua!

João Henrique sorriu. Não estava interessado em nenhuma moça. Antonieta preenchia todas as suas aspirações. Logo mais, ela estaria em seus braços e ficariam juntos para sempre!

— Gosto de pensar sobre esses assuntos — disse. — Essas mocinhas dengosas e delicadas não me interessam.

Maria Helena olhou-o preocupada. Notava nele alguma coisa nova, uma alegria, uma loquacidade que não lhe eram habituais, principalmente suas saídas noturnas, caprichando na roupa, no asseio, até o discreto perfume. Pressentia a presença de uma mulher no coração do filho.

Sentia ciúme, mas ao mesmo tempo compreendia que um dia ele se casaria e ela teria de aceitar. Ele, por certo, escolheria alguém à altura.

Maria Lúcia sentia o braço de Jarbas em volta de sua cintura e o rosto alegre do moço, à sua frente, olhando-a como se a estivesse vendo pela primeira vez.

— Você está linda! — disse. — Não sabia que dançava tão bem. Onde aprendeu a valsar?

— Eu sempre soube.

— Mas você, nos bailes, nunca dançava...

— Eu não queria. Agora resolvi dançar.

Jarbas apertou levemente a mão que com delicadeza sustinha na sua.

— Que outros encantos você escondeu esse tempo todo?

Ela sorriu:

— Descubra você mesmo — tornou, misteriosa.

— Adoro seu sorriso! — considerou ele galante.

Maria Lúcia sentia-se feliz percebendo que podia agradar, que a admiravam e que os rapazes gostavam de olhá-la. Seu pensamento voou para Ulisses. Ele também a apreciaria? Mostrava-se interessado em Luciana, mas ela lhe garantira que não o queria para um namoro. Talvez pudesse despertar-lhe o interesse, quando percebesse que Luciana não lhe correspondia. Dançaria com ela? Estremecia só em pensar nisso.

O baile prosseguia animado. As homenagens aos formandos, a valsa especial que João Henrique dançou com a mãe. As duas moças, muito solicitadas, não paravam de dançar, e quando Ulisses convidou Maria Lúcia, ela sentiu as pernas tremerem e o coração disparar. Finalmente ele a enlaçou e começou para ela um novo encantamento.

Ulisses olhava-a com admiração:

— Ainda não acredito que seja você! Qual foi o milagre que a transformou?

— Sinto vontade de viver — respondeu ela com alegria. — Agora quero da vida tudo a que tenho direito!

— É impressionante. Você é linda! Como conseguiu esconder-se tanto tempo?

— Eu sempre estive presente. Você é que não notou.

— Devia estar cego!

Ela sorriu feliz. Sentia brotar dentro de si uma imensa força e muita alegria de viver!

Passava da meia-noite quando se ouviu um zum-zum-zum pelo salão. Parada na porta, acompanhada por sua dama, estava Antonieta. Vestia um maravilhoso vestido dourado, ajustado ao corpo, abrindo-se um pouco embaixo, deixando aparecer a ponta de seus sapatos. Mangas curtas, decote discreto na frente, abria-se nas costas descendo quase à sua cintura, deixando à mostra sua pele maravilhosa e delicada. Dois panos presos nos ombros desciam soltos pelas costas até os pés. Nos cabelos curtos, delicado arranjo de pedraria, com pequenas plumas presas na testa.

João Henrique sentiu seu coração disparar. Imediatamente dirigiu-se a ela, beijando-lhe a mão com galanteria.

Todos os olhares dirigiram-se para eles. Com elegância, João Henrique conduziu-as para a frisa.

José Luís levantara-se surpreendido. A famosa atriz de teatro em um baile de formatura! Era inusitado.

Maria Helena estava perplexa. João Henrique conhecia a tal mulher e recepcionava-a em pleno baile! Ela estava escandalosamente vestida e, ainda mais, tinha os cabelos curtos.

Depois que a guerra acabara, o modernismo da Europa ameaçava destruir as melhores tradições da família. Maria Helena tinha ouvido falar a respeito e não aceitava de forma alguma esses modismos.

João Henrique aproximou-se, e, conduzindo Antonieta pelo braço, entraram na frisa.

José Luís, apesar da ideia extravagante do filho, conservava a fisionomia distendida e amável. Maria Helena a custo dominava a irritação. Não gostava de chamar a atenção pública e sentia o olhar das pessoas voltado para eles.

— Mamãe, quero apresentar-lhe a grande atriz Maria Antonieta Rangel. Naturalmente, já a conhece.

Antonieta fitou-a com olhos penetrantes e entreabriu os lábios em ligeiro sorriso.

— Por certo — balbuciou Maria Helena, tentando readquirir o sangue-frio. — Como vai, minha senhora?

— Senhorita, mamãe — apressou-se a corrigir João Henrique.

— Senhorita? Bem. Como vai?

— Muito bem — respondeu a atriz, curvando ligeiramente a cabeça.

— Este é meu pai.

José Luís curvou-se com galanteria, tomando a mão delicada que Antonieta lhe oferecia, beijando-a levemente.

— Encantado, senhorita. Tem em mim um admirador.

— Esta é minha amiga Norma Engel.

Após os cumprimentos, José Luís, vendo que ela não pretendia retirar-se, convidou-as a que se sentassem.

— Está gostando do baile? — indagou ele, cortesmente.

Antonieta passeou o olhar expressivo pelo salão, depois disse:

— Está belo. O Rio de Janeiro tem lindas mulheres.

— A senhorita é do Rio? — continuou José Luís.

— Não. Nasci na Europa.

— Não parece. Fala sem nenhum sotaque.

— Sou portuguesa. Meus pais vieram para o Brasil quando eu era bebê. Só voltei à Europa na adolescência, para estudar.

"Era realmente uma mulher encantadora", pensou José Luís. Maria Helena readquirira a presença de espírito. Afinal, naquela noite, o filho tinha direito a alguma extravagância. O melhor que tinha a fazer era ser gentil com a moça. Tentou interessar-se pela conversa.

— Minha mãe é excelente pianista — comentou João Henrique com orgulho.

— Não diga! Que tipo de música prefere tocar?

— Clássica. Para mim é a verdadeira música.

— Ah! — fez Antonieta.

João Henrique ia dizer alguma coisa, mas calou-se. Maria Lúcia e Luciana acabavam de chegar acompanhadas por dois elegantes rapazes. Estavam coradas e alegres.

— Maria Lúcia, quero que conheça Antonieta. Esta é minha irmã.

173

A moça olhou aquela bela mulher, tão diferente das que estava habituada a ver, e a admiração transpareceu em seu rosto ingênuo.

— Como vai? — indagou gentil.

— Bem. E a outra moça?

— É Luciana, amiga e professora de Maria Lúcia.

Luciana olhou-a nos olhos com curiosidade.

— Já vi seu retrato e sei quem é. É uma honra conhecê-la.

Os rapazes haviam se afastado e as duas sentaram-se.

— Vocês dançaram sem parar. Devem estar cansadas — disse Maria Helena.

— Eu estou um pouco, mas Maria Lúcia parece que tem asas nos pés — respondeu Luciana.

— Estou vendo e ainda não acredito — disse Maria Helena.

Maria Lúcia olhou o rosto da mãe e não disse nada. Sentia vontade de irritá-la, mas aquela era uma noite mágica, estava resolvida a ser feliz.

José Luís sentia-se contente. Seu relacionamento com os filhos havia melhorado e imaginava que com o tempo poderia melhorar ainda mais. Luciana era como uma luz: o que tocava, iluminava. Havia tomado vinho e sentia-se alegre.

— Vamos dançar — convidou ele.

Maria Helena estremeceu.

— Estou um pouco cansada — disse.

Ele não aceitou a desculpa. Tomou-a pela mão, conduzindo-a para o salão.

— Precisamos comemorar esta noite. Afinal, nosso filho está graduado.

O salão em penumbra, o perfume, o encanto da noite, o rosto distendido de José Luís, tudo isso envolveu Maria Helena, que se emocionou quando ele a enlaçou. A orquestra tocava um xote e o salão estava repleto de casais alegres. Jarbas com Maria Lúcia, Ulisses com Luciana também dançavam. Só João Henrique permanecia na frisa, ao lado das duas mulheres.

Ulisses sentia-se empolgado.

— Luciana — disse —, não suporto mais suas evasivas. Desde que a vi não consigo pensar em outra coisa. Peço licença para visitá-la em sua casa.

A moça abanou a cabeça com graça.

— Não recebo visitas de rapazes em casa — disse. — Minha avó não permite.

— Afirmo-lhe que tenho as melhores intenções. Se me autorizar, vou conversar com ela, pedir-lhe permissão.

— Não acho necessário, senhor Ulisses.

— Por que me recusa? Não crê em minha sinceridade?

Luciana olhou-o séria.

— Não se trata disso.

— Então por quê? Não consegue sequer esquecer o tratamento cerimonioso!

— Desejo ser sincera. O senhor é amigo de Maria Lúcia, de sua família. Tenho-lhe apreço. Sei que é um moço de bem. Seu interesse muito me honra.

— E então?

— Então, sou uma moça com ideias próprias. Só me comprometerei com alguém por quem eu sinta amor.

— Quer dizer que não gosta de mim? — havia uma ponta de agastamento em sua voz.

— Nutro pelo senhor um sentimento de amizade. Não o bastante para um namoro.

— Você é dura, não se importa em fazer-me sofrer.

— Não creio que seu desapontamento impeça-o amanhã de esquecer-me completamente. É preferível saber logo a verdade a alimentar ilusões inúteis.

— Você diz isso com muita certeza. O que a faz pensar assim? Não acha que com o tempo poderia vir a amar-me?

— Apesar de apreciá-lo, sei que nunca o amarei. Para mim é o bastante.

Ele apertou a mão dela com força.

— Já sei. Com certeza ama outro homem. Claro, como não pensei nisso antes? Quem é ele?

Ela abanou a cabeça negativamente. Ulisses estava sendo insistente e desagradável. Fez o possível para contornar a situação. Não desejava criar um caso com ele, principalmente por causa de Maria Lúcia. Não queria que ela se decepcionasse. Um golpe agora poderia desencorajá-la a prosseguir em seu desenvolvimento.

— O senhor não tem o direito de fazer-me perguntas — respondeu. — Não tenho namorado, nem estou interessada em ninguém.

— Está tentando enganar-me. Saiba que nunca recebi uma recusa. Há muitas moças ansiosas por um olhar, uma palavra minha. Se me recusa, é porque deve ter outra pessoa.

Apesar de contrariada, Luciana procurou sorrir ao responder:

— Sei que é verdade. O senhor é um moço atraente e sabe disso. Só que as pessoas não são iguais. Pode crer. Peço-lhe que esqueça este desagradável assunto. Prefiro conservar uma boa amizade. Podemos ser bons amigos.

— Não vou insistir. Também não vou desistir. Saberei esperar. Hei de conquistá-la.

Luciana suspirou aborrecida. Maria Lúcia estava iludida. Não conhecia Ulisses, tão pretensioso e arrogante. Seria bom se ela se interessasse por outro. Ele jamais a faria feliz.

Sentiu-se aliviada quando a música terminou. Pretextando cansaço, quis voltar à frisa.

A orquestra começou uma valsa de Strauss muito em voga, e José Luís quis continuar a dançar. Entregando-se ao encantamento daqueles momentos, Maria Helena sentiu o coração bater mais rápido. Tudo poderia ter sido tão diferente!

Olhou o rosto corado do marido, tendo o corpo dele tão próximo ao seu. De repente, aquele amor havia tanto tempo represado, oculto, abafado, veio à tona aumentando sua emoção. Voltando em seus braços ao som da música, todo o passado desapareceu. Só havia o momento, o amor, a proximidade dele.

Suspirou fundo, e José Luís olhou-a encantado. Parecia-lhe outra mulher, linda, rosto corado, olhos brilhantes, lábios entreabertos, ardente, suspirando em seus braços. Foi acometido de emoção e um desejo forte. Apertou-a de encontro ao peito, beijando-lhe a face e murmurando-lhe ao ouvido:

— Você está linda! Nesta hora eu gostaria de estar em casa para amá-la como merece.

Maria Helena fechou os olhos para sentir melhor o encantamento. Estaria sonhando? Teve coragem para dizer:

— Sou feliz.

Ele continuava murmurando em seus ouvidos:

— Tenho sido cego. Sinto vontade de beijá-la! Não consigo suportar e esperar.

Maria Helena sentiu-se como nos tempos de namoro. Sorriu provocante:

— Você não se atreveria diante de todos.

— Você é minha mulher. Não tem nada de mais.

— Por isso mesmo.

Quando a música parou, voltaram à frisa, corados e alegres. Luciana e Maria Lúcia conversavam animadamente, e João Henrique só tinha olhos para sua deusa. Conversavam educadamente, e, quando Antonieta quis retirar-se, João Henrique dispôs-se a acompanhá-la.

Luciana e Maria Lúcia voltariam com os pais. Luciana percebeu o brilho do novo anel na linda mão da atriz e compreendeu a intenção de João Henrique. Sentiu-se inquieta. Sabia que a família não iria aceitar com facilidade um casamento entre os dois. Mas não era esse o ponto que a preocupava. Não tinha preconceitos. Pensava mesmo que o amor era suficiente justificativa para uma união. No entanto, havia algo em Antonieta que a inquietava. Não sabia ainda o quê. Não gostava dessa sensação. Geralmente, ela precedia alguma coisa desagradável.

Por outro lado, ficou alegre observando a aproximação do pai com a esposa. Maria Lúcia, por sua vez, estava encantada com tudo.

— Vamos para casa — resolveu José Luís. — É tarde.

Chegando em casa, as duas moças recolheram-se e, uma vez no quarto, deram vazão à alegria.

— Você fez muito sucesso! De agora em diante, será sempre assim. Verá. Receberá muitos convites. Foi muito cortejada esta noite — considerou Luciana.

— Sim. Vários rapazes sussurraram coisas em meus ouvidos. Fiquei arrepiada.

Luciana riu gostosamente:

— Não se declararam?

— Certamente. Não os levei a sério. Até Jarbas! Disse que iria sonhar comigo esta noite e que amanhã passará em casa para ver-me.

— É um belo rapaz.

177

— Prefiro Ulisses. Tão lindo! Acha que um dia ele me amará? Parecia tão interessado em você!

— Você não o conhece bem.

— É amigo de meu irmão há muito tempo.

— Jarbas também. Você nunca conviveu muito com eles. Procure aproximar-se mais, conversar, sentir como eles pensam. Desta forma poderá perceber de qual dos dois você gosta.

— Farei isso. Tem certeza de que não gosta mesmo dele?

— Tenho. Jamais o amarei. Quanto a isso, posso afirmar.

Depois que as moças subiram, Maria Helena trancou a porta de entrada. José Luís esperava no *hall*. Não podia apagar da lembrança o rosto ardente de Maria Helena, o calor que vinha dele. Vendo-a aproximar-se, impaciente tomou-a nos braços, beijando seus lábios com ardor.

— Eu quero você — disse. — Esta noite é nossa.

Abraçados, foram para o quarto e atiraram-se nos braços um do outro, como se fosse a primeira vez.

XI
Décimo Primeiro
Capítulo

José Luís abriu os olhos e olhou ao redor admirado. Estava no quarto de sua mulher. Subitamente recordou-se de tudo. Sentiu-se um pouco desconfortável.

O vinho, o champanhe, o baile, tudo contribuíra para quebrar o gelo entre ele e Maria Helena.

Ela já levantara. Ele se remexeu no leito, inquieto. Aquela noite havia sido mágica. Tantas coisas boas acontecendo! Maria Helena estivera diferente. Havia vida em seu rosto e uma chama ardente em seus lábios, que ele não se lembrava de ter visto antes. Sentira-se atraído por ela, e a lembrança dos momentos vividos juntos era-lhe muito agradável.

Reconhecia que bebera um pouco além do habitual e ela também. A bebida, às vezes, podia ser reveladora. Luciana teria razão? Maria Helena, sob a frieza, esconderia uma alma ardente e apaixonada? Brando calor invadiu-lhe o peito. Haveria esperança para eles? Mesmo sem amá-la, poderiam relacionar-se melhor? Como estaria ela? O que pensaria da noite anterior?

José Luís sentia-se grato. Reconhecia que sempre recebera dela muito mais do que lhe dera. Levantou-se apressado. Olhou o relógio sobre a mesa de cabeceira. Passava do meio-dia, e logo seria servido o almoço. Tomou um banho, vestiu-se e desceu para a sala. Encontrou Maria Helena folheando uma revista.

— Bom dia — disse.

— Bom dia.

Ela lhe pareceu como sempre. Serena e educada. Queria dizer alguma coisa, mas conteve-se.

— Desculpe-me pelo atraso — disse por fim. — Os outros já se levantaram?

— As moças estão no jardim com João Henrique. Comentam o baile, com certeza. As duas fizeram muito sucesso.

— É verdade. Não foram só elas que fizeram sucesso. Você também estava muito bonita.

Maria Helena estremeceu. Ficou calada durante alguns segundos, depois disse:

— Estava muito feliz. A festa estava linda. Até Maria Lúcia parecia haver saído de um conto de fadas.

— É verdade. Como está ela hoje?

— Muito bem. Nem parece a mesma. Luciana sabe mesmo lidar com ela.

— Essa moça é uma bênção. O que ela toca, transforma para melhor.

— Vejo que a admira.

— Por certo. Gosta de Maria Lúcia, dedica-se a ela com carinho, é educada, atenciosa, discreta. Sou-lhe muito grato por tudo de bom que tem feito por nós.

— Eu também a aprecio.

José Luís aproximou-se, tomando-lhe a mão, levando-a aos lábios com galanteria.

— Obrigado — disse.

Ela o olhou assustada. Ele prosseguiu:

— A noite de ontem foi muito agradável. Desejo que tenha apreciado.

Maria Helena não soube o que responder. Ficou quieta, olhando-o. Percebendo seu embaraço, ele tornou com naturalidade:

— Estamos na hora do almoço. A que horas vai mandar servir?

— Agora, se desejar.

O almoço decorreu agradável; o ambiente, alegre. João Henrique, mais loquaz do que o habitual, e Maria Lúcia, feliz e bem-humorada, contribuíam muito para isso.

180

Só Maria Helena estava mais calada e pensativa. José Luís observava-a disfarçadamente. Teria ela se arrependido pelo arroubo da noite anterior?

A conversa decorria com animação. A certa altura, João Henrique mencionou Maria Antonieta. Maria Helena evitara tocar nesse assunto. Condescendia em aceitar aquela extravagância do filho. Ele sempre fora moço correto e de bons costumes. Seria uma vaidade exibir-se publicamente com aquela atriz. Capricho, nada mais. Levantou a cabeça ao ouvi-lo perguntar:

— O que acharam de Antonieta? Ela é maravilhosa!

Maria Helena franziu a testa, e José Luís apressou-se a dizer:

— De fato. É uma bela mulher. Excelente atriz. Canta e dança divinamente.

— O senhor já a viu no palco?

— Já. Ela faz jus à fama que tem. É conhecida em toda a Europa. Representa em francês com perfeição.

— Ela está pensando em deixar o palco — continuou João Henrique. — Sua companhia parte daqui a alguns dias, mas ela ficará.

— Por que faria isso no auge da fama? — indagou José Luís.

— Ela é mulher. Para as mulheres, o amor, o lar, os filhos estão em primeiro lugar. Pretende dedicar-se à vida em família.

— Não sabia que ela era casada — considerou José Luís.

Maria Helena ouvia em silêncio. João Henrique sorriu:

— Ela não é. Vai trocar a fama, o dinheiro, tudo pelo amor. Vai casar-se brevemente.

— Sabe com quem?

João Henrique ficou sério e calado por alguns instantes, depois disse pausadamente:

— Comigo. Pedi sua mão, e ela aceitou.

Houve um silêncio constrangedor. Luciana baixou os olhos para o prato, Maria Lúcia e José Luís olharam o rosto de Maria Helena, que, pálida, não escondia seu estupor. Levantou-se, aproximou-se do filho, olhos brilhantes de emoção.

— Você está brincando conosco! Não acredito que esteja dizendo a verdade!

Ao que João Henrique respondeu calmamente:

181

— Não estou brincando. Amo Antonieta. Ela é a mulher da minha vida. Vamos nos casar.

Vendo a palidez que se apossara de Maria Helena, José Luís interveio conciliador.

— Deixem esse assunto para depois. O momento não é apropriado. Terminemos a refeição e conversaremos.

— Obrigado, papai. Apreciaria muito que vocês me ouvissem e compreendessem.

Maria Helena fez um esforço enorme para conter-se. Reconhecia que o marido tinha razão. Não podiam tratar de um assunto tão preocupante diante das duas moças e dos empregados. Sentou-se de novo, continuando a refeição. Mas a harmonia fora quebrada. Terminaram em silêncio. Luciana pediu licença para retirar-se, agradecendo a hospitalidade. José Luís fez questão de mandar o chofer levá-la em casa. Maria Lúcia foi para o quarto, e os três reuniram-se no gabinete de José Luís para conversar.

José Luís estava contrariado e apreensivo. Seu filho apaixonara-se pela mulher errada. Não era só pelo fato de Maria Antonieta ser mais velha do que ele. Ela havia experimentado o gosto da fama, o prazer de ser aplaudida, admirada. Era de educação europeia. Aceitaria a vida burguesa que João Henrique podia oferecer? Renunciaria às viagens, ao luxo, ao ambiente artístico, liberal e excitante, pela vida familiar monótona do Rio de Janeiro? Custava-lhe crer.

Por outro lado, reconhecia que não tinha direito de impedir que o filho se casasse com a mulher amada. Fora por causa dos preconceitos sociais que ele se casara sem amor, e não desejava que o mesmo acontecesse com o filho. Não sabia como agir. Maria Helena jamais concordaria.

Com gestos lentos, fechou a porta, enquanto Maria Helena e o filho sentavam-se tensos nas poltronas diante da mesa atrás da qual ele se sentou por sua vez. Olhando os dois calados, disse:

— Agora você pode nos esclarecer quanto ao assunto de dona Maria Antonieta.

João Henrique tornou com voz firme:

— Eu a amo. Pedi-lhe que se casasse comigo.

— Não pode estar falando sério — considerou Maria Helena.

— Estou, mamãe. Ela é o grande amor da minha vida. Sofri muito pensando que ela pudesse não aceitar.

— O que diz não tem cabimento. Uma mulher de teatro! Da vida noturna. Não pode pensar em dar-lhe nosso nome!

— Sinto que a senhora pense assim. Ela é uma moça honesta e digna de usar qualquer nome.

— Ela não pode amá-lo! Com certeza está interessada em dinheiro, conhece nossa posição social!

João Henrique indignou-se:

— Mamãe! Como pode dizer uma coisa dessas? Ela é rica, famosa, amada, não precisa de nossos haveres para nada! É uma honra que ela renuncie a tudo para casar-se comigo! Eu é que não a mereço!

Maria Helena olhou-o furiosa.

— Você está cego! Não pode acreditar nisso. Não vê que ela não pertence à nossa classe? Esse casamento nunca daria certo! Faria a sua infelicidade! Não posso consentir que faça essa loucura, que jogue sua vida fora, amarrando-se a uma mulher de má vida!

João Henrique trincou os dentes com raiva.

— Não admito que fale de Antonieta dessa forma. É imprudência de sua parte julgar tão severamente alguém que nem sequer conhece.

Maria Helena voltou-se para o marido, nervosa:

— José Luís, faça alguma coisa. Ele está enfeitiçado por essa mulher!

— Deixe-nos a sós — pediu ele. — Acalme-se. Tome um chá, descanse. Você está muito nervosa, não é bom conversar sobre isso agora. Vá descansar um pouco.

Maria Helena levantou-se.

— Faça-o compreender que está errado — pediu com voz súplice. — Por favor!

— Não se preocupe. Depois falaremos.

Conduziu-a até a porta, fechando-a, e voltou a sentar-se em frente ao filho. João Henrique abanou a cabeça, nervoso.

— Ela não entende, papai.

— Não culpe sua mãe. Devemos convir que o que pretende não é muito comum.

183

— Várias vezes conversamos sobre o amor. Ela sempre pedia para que eu só me casasse quando amasse de verdade. Agora que aconteceu, não quer aceitar.

— Ela teme por sua felicidade futura. Acredita que uma moça de teatro não seja feita para o casamento.

— Ela acha que uma artista não pode ser digna e honesta.

— Não se trata disso. A vida familiar exige certo grau de sacrifício, de dedicação e até de renúncia. Ela tem um preço. Essa moça estará em condições de querer pagar? Após haver vivido livre, coberta de glórias, de aplausos, aceitará a vida burguesa que pode oferecer-lhe?

João Henrique não se deu por achado:

— Ela também me ama. Estará feliz onde eu estiver, com o que eu lhe oferecer. Talvez o senhor não possa compreender. Sei que não se casou com mamãe por amor.

José Luís sentiu a velha mágoa voltando. Olhou nos olhos do filho, dizendo com sinceridade:

— Amei muito uma mulher, infelizmente ela morreu. Entretanto, gosto de sua mãe e temos vivido bem.

João Henrique surpreendeu-se. O pai não era insensível como sempre pensara. Sua frieza escondia um amor impossível.

— Sinto muito, meu pai. Não sabia. Nesse caso, pode compreender o que sinto por Antonieta. Se a perder, nunca mais amarei outra mulher. Serei infeliz pelo resto da vida.

— Não seja tão radical. Na mocidade, apaixonamo-nos várias vezes e confundimos os sentimentos. Como sabe que seus sentimentos para com essa moça são profundos e verdadeiros? Reconheço que ela é belíssima, tem talento, atrai, cativa. Você pode ter se entusiasmado com tudo isso. Pode ser até que, se ela renunciar a tudo por você, saindo desse ambiente mágico do teatro para o cotidiano da vida familiar, venha a desiludi-lo e seu entusiasmo desapareça. E o que era sonho transforme-se em pesadelo.

— Isso nunca acontecerá, eu juro!

— Se acontecer, ela vai odiá-lo. Como devolver-lhe tudo quanto ela deixou por sua causa?

João Henrique passou a mão pelos cabelos num gesto inquieto.

184

— Por que me confunde dizendo essas coisas? Claro, pensa como mamãe. Quer "salvar" o nome da família. É o preconceito de nossa sociedade podre e de fachada. Luto por minha felicidade. Não estou interessado no que os outros possam dizer.

— Calma, meu filho. Não estou contra você, nem contra seu casamento. Contudo, minha experiência de vida faz brotar esses pensamentos. Tenho dúvidas quanto ao futuro. Desejo sua felicidade. Gostaria que não se precipitasse.

— O senhor duvida de meu amor por ela.

— Sei que é sincero. Mas acaba de graduar-se. Precisa consolidar sua situação financeira para que possa casar-se. Claro que lhe darei uma casa, alguns haveres, mas quem quer família precisa mantê-la. Principalmente casando-se com uma moça habituada ao luxo e ao conforto. Para que se sinta digno, precisa sustentá-la com o mesmo nível.

— Tenho pensado nisso — revelou o moço, preocupado.

José Luís continuou com voz calma:

— Certamente. Precisa fazer carreira, e isso requer tempo.

João Henrique estava surpreso. Não esperava encontrar justamente no pai tanta compreensão. Sentiu-se confortado. Ele se referia a Antonieta com respeito. Talvez o ajudasse a convencer a mãe.

— O senhor consente que eu me case com ela?

José Luís silenciou-se durante alguns instantes, depois disse:

— Se você realmente a amar e proceder com bom senso, darei o consentimento.

O rosto do moço distendeu-se:

— Obrigado, papai. Não esperava que me apoiasse.

— Desejo sua felicidade. Contudo, precisa cuidar de seu futuro. Nesse casamento, para sentir-se bem, precisa ter o que oferecer à sua mulher. Não pode começar uma vida em comum sentindo-se inferiorizado, diminuído, achando que ela perdeu quando o aceitou para marido.

João Henrique levantou-se e apertou a mão de José Luís com entusiasmo.

— Obrigado, meu pai. Nunca se arrependerá de haver confiado em mim.

— Muito bem. Amanhã mesmo, trataremos de seu futuro, de sua carreira.

— Trabalharei ativamente. Sabe como desejo modificar a face desta cidade. Antonieta será minha musa e meu troféu. Conto com o senhor para abrandar mamãe.

— Farei o possível. Precisa ter paciência com ela.

O filho saiu entusiasmado, e José Luís permaneceu pensativo. Tentara contornar a situação. No fundo, não acreditava que aquela mulher experiente e livre concordasse em casar-se com um jovem um tanto provinciano e até certo ponto ingênuo. Queria dar tempo, pensando que o assunto se resolveria por si mesmo. Em todo caso, se eles se amassem de verdade, ele de fato iria ajudá-los. Seria a forma de redimir-se de seus enganos passados.

Procurou Maria Helena e encontrou-a no quarto. Rosto pálido, estava longe de ser aquela mulher fria e senhora de si. Vendo-o, indagou ansiosa:

— E então? Conseguiu esclarecê-lo?

— Calma. Vamos nos sentar.

Lado a lado, ele continuou:

— Conversei com ele, ponderei todos os pontos.

Narrou à esposa minuciosamente tudo quanto conversaram. Quando terminou, ela considerou:

— Você deu o consentimento! Não podia fazer isso de forma alguma!

— Tentei contornar a situação — explicou José Luís. — Ele está determinado. Não ouvirá nada contra o que pretende. Se eu houvesse sido radical, ele teria chegado a extremos que não desejamos. Um jovem apaixonado não atende ponderações. Conseguindo adiar esse casamento, conto com o tempo para que ele perceba o quanto está enganado.

— E se ele não desistir? E se ela o envolver cada vez mais?

— Quanto tempo ela aguentará a ausência do palco, das festas e noitadas para ficar como uma donzela namorando seu jovem apaixonado?

— Pensa mesmo isso? Não acha que ela quer casar-se com ele por causa de nosso nome e de nossa posição?

— Uma mulher como ela tem muitos apaixonados, tão ricos ou de posição quanto João Henrique.

— Não tão ingênuos a ponto de casar-se.
— Aí é que eu tenho dúvidas. Será que ela realmente deseja casar-se? Prender-se à monotonia da vida familiar? Uma mulher como ela, habituada a brilhar, a viver grandes emoções...

Maria Helena abanou a cabeça.

— Não sei, não.
— Você é mãe. Olha João Henrique com amor. Para ela, ele é apenas um jovem provinciano apaixonado.
— Acha que não chegarão ao casamento?
— Acho. Penso que não será de bom alvitre contrariá-los, mostrar que não queremos. Isso pode fazer com que ele persista. As mulheres são orgulhosas. Se ela perceber que não a aceitamos, pode ofender-se e desejar nos contrariar, dominando João Henrique e manejando-o à vontade.
— Meu Deus — suspirou ela —, como nos aconteceu uma coisa destas? Logo ele, tão bom e tão ajuizado!
— Ele é jovem, cheio de ilusões. Está fascinado.
— Não vou tolerar a presença dessa mulher!
— Faça um esforço. Não é prudente mostrar desagrado. Um amor contrariado exacerba a fantasia.

Maria Helena engoliu a revolta e esforçou-se por aceitar. Não podia perder o amor do filho. Ele deixara claro o que pretendia. Depois, José Luís estava certo. Ela teria mais possibilidades de êxito se não o contrariasse. Suspirou, tentando resignar-se.

— Farei o possível — tornou —, por amor a ele.

José Luís sentiu-se aliviado. Não gostava de discussões ou queixas. Era avesso a situações conflitantes.

— Melhor assim — disse. — Com calma haveremos de encontrar uma saída. Pode ser que o tempo se encarregue de colocar tudo nos devidos lugares.

Nos dias que se seguiram, João Henrique mostrou-se radiante. Informado de que Maria Helena não se oporia à realização de seu casamento, deu largas ao júbilo que sentia, mostrando-se afetivo, bem-disposto, feliz, cercando todos de gentilezas e agrados.

Interessado em trabalhar e criar condições para sustentar Antonieta no luxo a que se habituara, procurou o pai, disposto a ouvir-lhe os conselhos para seu progresso profissional. Graças à sua situação financeira e seu nome, poderia estabelecer-se com um escritório, trabalhando por conta própria. No entanto, ainda não tinha experiência profissional que inspirasse confiança a clientes para os grandes projetos. Costumeiramente, eles davam preferência a engenheiros experientes e com anos de trabalho reconhecido e comprovado. Nunca contratariam um recém-formado.

Sabendo disso, José Luís aconselhava-o a iniciar-se engajando-se em um grupo respeitado no qual pudesse participar, aprender, até que aos poucos fosse revelando-se com projetos próprios.

João Henrique reconhecia que o pai estava certo. Entretanto, sujeitar-se a um emprego dessa ordem iria fazê-lo esperar muito tempo para conquistar o que pretendia. Ele preferia o caminho mais rápido.

José Luís considerava:

— Precisa dar ao fruto tempo de amadurecer. Para conquistar o que pretende, terá de trabalhar muito, mostrar seu talento. Sei que você é capaz e vai vencer.

João Henrique fez um gesto de contrariedade:

— Quantos anos levarei para conseguir?

— Tem medo de que dona Maria Antonieta mude de ideia?

— Não. Claro que não. Antonieta me ama. Eu é que não quero esperar muito. Vivo sonhando com nosso casamento. Não, papai. Terá de ser de outra forma.

— O que sugere, então?

— Um cargo público bem remunerado. O senhor tem amigos influentes. Arranje-me algo e não vai se arrepender. Não pretendo encostar-me na função. Tenho capacidade, sei que posso corresponder ao posto.

— Não posso passar por cima de pessoas qualificadas que estão exercendo seus cargos. Não será tão fácil como pensa.

— Sei que tem prestígio. Se se empenhar, conseguirá. Prometo que, depois do casamento, continuarei a esforçar-me. Um dia, conseguirei o que almejo.

José Luís não quis prolongar o assunto. Seria fácil conseguir o que o filho pretendia. No entanto, não desejava contribuir para apressar um casamento que pressentia inadequado.

Intimamente estava disposto a simular e retardar o mais possível o que ele lhe pedia.

— Vou pensar no assunto — respondeu por fim.

— Obrigado, papai. Sei que conseguirá.

Foi com Luciana que José Luís conversou expondo seu ponto de vista. A filha ouviu-o com atenção, depois considerou:

— Acredita mesmo que essa união será infeliz?

— Não posso afirmar. Entretanto, tenho experiência suficiente para perceber que João Henrique não é o tipo de homem que a inspire a largar tudo que conquistou e de que gosta, pela vida pacata do lar.

— É um belo rapaz, ama-a arrebatadamente.

— Nem sempre é o bastante. Ele é muito inexperiente; ela é vivida. É livre, conhece o mundo inteiro, tem outras opções de vida. João Henrique é provinciano, até certo ponto ingênuo e, o que acho pior, pretende afastá-la do palco, definitivamente. Quando me recordo dela no palco, magnífica, recebendo aplausos, cheia de vida, sinto medo. Quanto tempo ela suportará sem pisar o palco? Quanto tempo suportará a mediocridade de nossos salões, sem ser o foco das atenções, tornando-se uma mulher comum?

— O senhor pode ter razão. Contudo, e se for verdade? Se o sentimento que ela nutre por ele for verdadeiro e tão forte que ela o coloque em primeiro plano e supra todas as suas necessidades?

— Se for assim, serei o primeiro a aceitar. Por tudo isso, quero dar um tempo. Preciso certificar-me da verdade.

Luciana permaneceu alguns instantes pensativa, depois disse:

— Tem razão, papai. Se eles se amam de verdade, o tempo vai aproximá-los ainda mais.

— Caso contrário, teremos evitado muitos aborrecimentos. Quanto a Maria Lúcia, obteve sucesso total. Ainda não me recuperei da surpresa.

Luciana sorriu contente.

— Eu lhe disse que ela poderia desabrochar.

— Jamais pensei que ela fosse tão bonita. Como não percebi isso antes?

Luciana fitou-o carinhosamente.

— Geralmente nós não procuramos ver o que há atrás das palavras e atitudes das pessoas. Contentamo-nos com as aparências.

José Luís pensou em Maria Helena. Começava a suspeitar de que, também com relação a ela, havia se enganado. Respondeu devagar:

— Começo a acreditar que você tem razão. As pessoas nos surpreendem.

— Por que diz isso?

— De repente tudo se modificou ao meu redor. Maria Lúcia ficou linda, inteligente, normal; João Henrique, sempre sério, ponderado, sóbrio, cheio de ideias convencionais, está apaixonado por uma cantora, disposto a colocar esse amor acima de tudo. Maria Helena...

Ele hesitou, e ela o encorajou:

— Dona Maria Helena?

— Bem, ela, de repente, perdeu aquela frieza, aquela pose de dona do mundo, revelou-se mulher.

Luciana fixou-o com os olhos brilhantes.

— O senhor agora começa a perceber que todos nós somos apenas pessoas: amamos, sentimos, desejamos ser felizes.

— Ainda não estou certo. Aquela noite foi mágica. Tudo parecia diferente. Nós bebemos um pouco.

— O suficiente para fazer cair as barreiras do orgulho.

— Pode ser.

Luciana, num gesto afetuoso, segurou a mão do pai.

— Foi uma noite feliz!

— Sim. Muito feliz.

— O senhor pode fazer de sua vida uma felicidade constante. É só querer.

José Luís comoveu-se e apertou a mão dela fortemente.

— Eu gostaria! Mas temo que esse encanto se desfaça.

Ela sacudiu a cabeça negativamente.

— Não creio. O senhor tem uma família maravilhosa. Basta abrir o coração e perceber isso.

— Você foi a luz que Deus colocou em minha vida. Com seu carinho, tudo se modificou.

— Gosto muito de Maria Lúcia e sinto-me feliz por havê-la apoiado.

— Você é muito querida por todos nós. Até João Henrique e Maria Helena capitularam. Sinto-me muito bem por tudo isso.

Quando José Luís se retirou, meia hora depois, sentia-se sereno e muito satisfeito, com a impressão de que, dali em diante, tudo em sua vida iria melhorar.

XII
Décimo Segundo
Capítulo

A partir da noite do baile, a vida na casa de Maria Helena começou a modificar-se. Nos saraus das terças-feiras, Maria Lúcia interessou-se pelos jogos de salão e pelas danças. Contudo, insistia na presença de Luciana para dar-lhe coragem. Maria Helena, a pedido da filha, convidara-a, e Luciana aceitara, desejosa de consolidar a mudança de Maria Lúcia. Queria que ela se sentisse mais segura, e, depois, poderia afastar-se sem problemas.

A moça entusiasmara-se com o sucesso e desejava aceitar todos os convites para festas. Maria Helena aprovava feliz, percebendo o olhar surpreendido dos amigos e conhecidos diante das mudanças de Maria Lúcia. Se antes desejava esconder a filha, agora a exibia satisfeita. Percebendo que a filha só saía com Luciana, convidava a moça para acompanhá-la.

Assim, Luciana tornou-se assídua e até de certa forma indispensável. E, onde elas estavam, Jarbas e Ulisses apareciam infalivelmente. Maria Helena estava contente. Casar a filha parecera-lhe um sonho quase impossível; agora tudo estava diferente.

Por outro lado, preocupava-a João Henrique, que insistia em manter o noivado.

Uma noite, ele trouxera Antonieta ao sarau e pedira à mãe para tocar. Fora preciso muito controle para fazê-lo. Notara o olhar de admiração dos homens e alguma contrariedade nas mulheres.

João Henrique apresentou-a como sua noiva, e Maria Helena sabia que os comentários seriam inevitáveis.

José Luís, adivinhando a contrariedade da esposa, desdobrou-se em gentilezas com todos, temeroso de que Maria Helena não conseguisse conter-se. Fingiu não perceber o interesse dos homens e o ciúme das mulheres.

João Henrique estava feliz. Cercava Antonieta de atenções, fitava-a com adoração. Maria Helena concentrou-se na execução, empenhando-se para dominar a irritação. Algumas senhoras fitavam-na com ar de reprovação.

"Querem ver como eu reajo", pensou ela com raiva. "Perdem seu tempo. Não vou lhes dar o gosto de fazer um escândalo."

Para alívio de José Luís, Maria Helena tocou com o brilhantismo de sempre. Quando terminou, ele se aproximou dela oferecendo-lhe o braço.

— Foi uma bela execução — disse com um sorriso. — Posso oferecer-lhe uma taça de champanhe?

— Obrigada — respondeu ela, passando o braço no dele.

Dirigiram-se à mesa, onde José Luís apanhou duas taças, encheu-as e, tomando uma, ofereceu-a à esposa.

— Beba, vai lhe fazer bem — disse baixinho.

Ela obedeceu, enquanto ele, por sua vez, levava a outra taça aos lábios.

João Henrique aproximou-se trazendo Antonieta.

— Mamãe, Antonieta deseja cumprimentá-la pela brilhante execução.

— É verdade — disse ela. — A senhora é uma virtuose.

Maria Helena conseguiu sorrir.

— Obrigada — disse.

Havia um brilho malicioso nos olhos de Antonieta ou teria sido impressão? José Luís interveio com delicadeza, tentando entabular uma conversação, falando de assuntos amenos.

Antonieta respondeu educadamente, e João Henrique, satisfeito com a atitude do pai, procurou participar. Só Maria Helena se mantinha silenciosa. Não lhe agradava a postura desabrida daquela mulher, que parecia olhá-los com a condescendência de uma rainha a seus vassalos. E o mais submisso deles era João Henrique. Tão orgulhoso, tão sério. Como se deixara apanhar assim?

Quando os dois se afastaram, José Luís disse baixinho:

— Controle-se. Não dê a perceber o quanto está contrariada com esse noivado.

— Estou fazendo o possível. Não posso entender como João Henrique se envolveu dessa forma.

José Luís sorriu:

— Eu até que posso. Devemos reconhecer que ela é uma bela mulher.

— Ele está cego! Viu como a fitava?

— Está apaixonado. Seja paciente e procure dissimular. Ele vai odiá-la se demonstrar qualquer animosidade contra Maria Antonieta.

— Meu Deus! Logo João Henrique, que sempre foi tão meu amigo!

— Ele está fascinado. Precisamos manter a calma.

Maria Helena fez o possível para conter-se, mas, enquanto atendia a seus convidados, procurando demonstrar uma alegria que não sentia, desejava ardentemente que a reunião acabasse.

A partir daquela noite, João Henrique insistia com Antonieta para que frequentasse sua casa. Depois de acompanhá-lo a um jantar e de comparecer a dois saraus, Antonieta recusou os novos convites.

— Por quê? — indagou ele.

— Porque não gosto das pessoas e não tenho vontade de ir.

Ele ficou magoado.

— Refere-se a meus amigos?

— Essa gente puritana e recalcada que me olha como se eu fosse uma messalina. Quem eles pensam que são? Um bando de ignorantes, não enxergam um palmo diante do nariz.

— Não pode falar assim. Todos a trataram muito bem.

— Sei o que estou dizendo. Não irei mais e está decidido.

— Minha família recebeu-a muito bem.

— Deixe sua família fora disso. Não vamos brigar. Não tenho vontade de ir e não irei.

— Está bem. Também não quero brigar. Seja como quiser.

— Faremos novos amigos. Deve haver gente mais interessante neste Rio de Janeiro.

195

Ele não disse nada. Conhecia-lhe o temperamento voluntarioso. Com o tempo, haveria de fazê-la compreender.

Porém ela não compreendeu. A cada dia tornava-se mais irritadiça. Saía todas as noites procurando divertir-se, e João Henrique acompanhava-a contrariado. Tentou conversar, dizer-lhe que gostaria de ficar um pouco em casa. Estava cansado, não tinha tempo para estudar, dedicar-se ao trabalho, nem dinheiro para sustentar esse ritmo de vida. Mas Antonieta não lhe dava ouvidos. Ele que fosse descansar. Ela iria com os novos amigos. João Henrique emagreceu, perdeu o apetite.

Maria Helena preocupava-se. José Luís chamou o filho para conversar. Percebeu claramente que as coisas não iam bem.

— Não há nada — garantiu João Henrique.

— Você parece cansado, não se alimenta direito. Sua mãe preocupa-se.

João Henrique sorriu:

— Estou bem. Mamãe exagera. Agora que Maria Lúcia melhorou, ela voltou toda a atenção para mim.

— Não seja injusto. Sua mãe pensa em seu bem-estar. Você não parece bem. Tem se alimentado mal. Por que não nos conta o que o está afligindo?

— Tudo está muito bem. Minha única preocupação agora é o dinheiro. O emprego esperado não sai, o senhor sabe, tenho despesas. Antonieta é uma mulher de classe, frequenta lugares finos. Minha mesada tem sido insuficiente.

— Precisa de dinheiro?

João Henrique corou ao responder:

— De fato. Minha situação financeira não é boa.

— Contudo, dobrei sua mesada depois do noivado. Não acha que estão gastando além de suas posses?

— Minha felicidade é mais importante do que um punhado de moedas. Somos ricos. Não posso fazer triste figura com minha noiva.

— Sua mesada parece-me capaz de suprir essas necessidades, a não ser que você fosse dado a vícios, coisa que não acontece.

João Henrique olhou para o pai escolhendo as palavras para responder. Estava inquieto e atormentado.

— Pai, a mesada que recebo é generosa. No entanto, Antonieta vivia na Europa, está habituada a gastar sem reservas. Eu não gostaria de ser mesquinho, de contar os tostões.

José Luís olhava-o pensativo. O problema agravara-se antes do que ele pensava.

— Filho — retrucou calmamente —, se ela vai casar-se com você, deve aprender a viver de acordo com suas posses.

— Por isso desejo trabalhar o mais rápido possível. Preciso ganhar dinheiro.

— Tem razão. Contudo, para fazer carreira, subir na vida, conquistar prestígio, bens, posição, é preciso tempo e esforço. Ninguém consegue isso de um dia para o outro. Sua noiva é uma mulher experiente. Deve saber que está compromissada com um moço recém-formado, cujos pais são ricos, mas cujos bens virá a herdar só quando eles morrerem. Assim, embora possa receber ajuda, não deverá esperar uma situação brilhante. Começar a vida com seus próprios recursos, subir pelos próprios méritos valoriza o caráter, solidifica a união.

— O senhor não pensava assim quando se casou — retrucou ele, sentido.

Ouvindo a alusão sobre o motivo de seu casamento, José Luís enervou-se. Procurou controlar-se. Não queria brigar com o filho. Manteve silêncio por alguns instantes, buscando agir com calma. Quando falou, estava sério e em sua voz havia um tom de tristeza.

— É verdade. Hoje, porém, se pudesse voltar atrás, agiria de outra forma.

Percebendo a atitude digna do pai, ele se arrependeu.

— Desculpe. Não pretendia ofendê-lo. Na verdade estou mesmo inquieto. Queria muito resolver esse problema, casar-me o quanto antes.

— Casamento não resolve problemas, meu filho. Ao contrário, muitas vezes os acentua. É uma decisão muito séria, que modificará toda a sua vida. Não pode ser precipitada.

— Pai, eu amo Antonieta. Sinto-me inseguro. Tenho medo de que ela se arrependa. Com o casamento, tudo passará.

— Engana-se. A maior segurança da união entre duas pessoas é o amor, o entendimento, a harmonia. Quando não há essas coisas, o casamento não se mantém.

João Henrique passou a mão nervosamente pelos cabelos em um gesto desalentado. José Luís penalizou-se. Teve a certeza de que aquele compromisso não se prolongaria.

— Felizmente não é esse o nosso caso. Nós nos amamos e nos compreendemos. O único problema é o dinheiro. O senhor poderia arranjar isso, se quisesse. Tem poder, prestígio...

— Está bem — concordou José Luís, para acalmá-lo. — Vou providenciar.

— Faça isso. Um posto importante, quem sabe até no governo, e tudo estará bem. Por favor, papai. Serei eternamente grato.

— Está bem. Vou tentar.

— Obrigado.

— Trate de acalmar-se. Quero vê-lo mais satisfeito e disposto.

João Henrique sorriu. Tudo haveria de dar certo.

José Luís não pretendia facilitar as coisas para que aquele casamento se efetuasse. Percebia claramente o que estava acontecendo. Não acreditava que Antonieta levasse o compromisso até o fim. João Henrique sofreria, mas acabaria por se conformar. Era jovem, e o tempo cura todas as feridas.

Pensou em seu amor perdido, em Suzanne, e concluiu: quase todas as feridas. Embora a sua estivesse menos dorida, a saudade e o arrependimento ainda o faziam lamentar as atitudes passadas. Procurou Maria Helena, pondo-a a par da conversa com o filho.

— Sinto que esse noivado não vai durar — concluiu.

— Deus o ouça! — respondeu ela, radiante.

— João Henrique vai sofrer. Está envolvido até o pescoço.

— Não importa. Ele esquecerá. Há de encontrar outras moças que vão ajudá-lo a equilibrar-se. Acha mesmo que as coisas estão mal entre eles?

— Acho. Tenho a impressão de que ela não se acostuma longe do palco e da vida noturna. João Henrique não fica em casa uma noite sequer. Tem chegado de madrugada.

— Essa mulher está arrastando João Henrique para a devassidão. Ele nunca foi dado a excessos. E se ela não desistir? Não podemos deixar que se casem. Seria uma desgraça!

— Ele não tem condições financeiras para casar-se de imediato. Quer que eu lhe arranje um emprego que lhe dê condições.

— Você não fará isso!

— Não em curto prazo. As coisas não vão bem entre eles. Não quero que ele fique ressentido comigo. Procurarei arranjar-lhe um bom lugar que o valorize e o coloque em condições de mostrar seu conhecimento. Mas farei isso de forma a não facilitar seu casamento.

— Devia ignorar esse pedido. Seria mais seguro.

José Luís balançou a cabeça em negativa.

— Não. A amizade de João Henrique é muito importante para mim. Ele nunca se aproximou. Agora que estamos nos entendendo, não desejo afastá-lo.

Maria Helena olhou-o admirada. Seu marido estava mudado. Parecia-lhe mais humano, mais próximo, muito diferente de outros tempos.

— Só não quero que ele estrague sua vida casando-se com aquela mulher.

— Vamos esperar. Deus conduz a vida e sempre faz o melhor.

Sem perceber, ele repetia palavras de Luciana.

Maria Helena calou-se. Aprendera que as coisas sempre podem melhorar.

Luciana e Maria Lúcia estavam na sala de música. A moça conseguira que sua aluna tocasse certinho algumas peças, mas percebia que ela se distraía constantemente, interessada em outras coisas. Decidiu esclarecer o que ocorria.

— Vamos conversar um pouco — sugeriu.

Maria Lúcia suspirou aliviada.

— Você não se interessa muito pelo piano.

— Não é bem assim, Luciana. O que posso fazer se não tenho habilidade?

Luciana sorriu:

— Cuidado. Não seria mais adequado dizer que não sente vontade de tocar?

— Não. Se eu disser isso, minha mãe vai se zangar. Depois, você não será mais minha professora. Irá embora.

Luciana olhou-a nos olhos enquanto dizia:

— Você pode viver bem sem mim. Tem capacidade suficiente para isso.

199

Maria Lúcia levantou-se do banquinho e, aflita, segurou as mãos de Luciana.

— Você não vai me abandonar! Por favor. Diga que ficará. Eu prometo estudar, esforçar-me. Não terá motivos para me deixar.

Luciana abraçou-a.

— Não penso em deixá-la. Quem disse isso? Acontece que podemos ser amigas, ver-nos, sem que precise dar-lhe aulas de piano. Nada vai mudar entre nós. Só que não acho justo você estudar contrariada, e sua mãe pagar por aulas que não lhe são proveitosas.

— Tenho medo de que você não venha mais aqui. Fico esperando ansiosamente sua chegada.

— Nossa amizade está acima de todas as coisas. Lembre-se sempre disso. Agora seja franca: gosta ou não de estudar piano?

Maria Lúcia permaneceu pensativa por alguns segundos, depois disse:

— Adoro quando você toca, dona Egle e até mamãe. Mas não me sinto capaz.

— Você gosta de música, Maria Lúcia. Aprendeu a dançar com muita facilidade.

— Mas ao piano sou sofrível, reconheço.

— Pense bem. Na vida, em momentos de decisão como este, é sempre bom parar e observar cuidadosamente nossos verdadeiros sentimentos. Faça isso. Procure descobrir o que torna sua aula de piano tão sem interesse para você. Seja honesta, corajosa. Não tenha medo de ver a verdade. Reconhecer que não gosta de fazer uma coisa não significa que seja incapaz de fazer maravilhosamente outras, às vezes até mais importantes e que lhe dariam mais valor do que esta. Aprender a se conhecer é o caminho mais seguro para a felicidade.

— Está bem. Tentarei. Mas prometa que se não houver mais aulas de piano você virá aqui da mesma forma.

— Se você desejar, e sua mãe permitir, virei sempre.

Na aula seguinte, Luciana encontrou Maria Lúcia à sua espera. Assim que se recolheram à sala de música, Maria Lúcia foi logo dizendo:

— Fiz o que você mandou. Pensei, procurei sentir no fundo do coração e já sei do que não gosto.

— Ótimo. O que é?

— Essas músicas complicadas. São enfadonhas, tristes. Deixam-me deprimida. Gostaria de tocar músicas da moda. Gosto de melodias brejeiras, alegres.

— Estamos descobrindo que você é uma moça alegre e gosta de divertir-se. Podemos tentar de forma diferente. Em vez de clássicos, aprenderá chorinhos, valsas, modinhas.

— Minha mãe não concordará. É exigente e não transige quanto a isso. Ou clássico, ou não tocarei nada.

— Sua preferência por esse tipo de música não é tão forte como pensa.

— Por quê?

— Porque não está querendo lutar e defender seus gostos, suas ideias. Só merece conquistar o que deseja quem luta para isso.

— Você fala, mas mamãe é dura. Não permitirá.

— Se você se considera derrotada antes de tentar, não há nada a fazer. E diz que gosta de lutar!

— Gostaria, sim. Acredite. Adoraria no sarau tocar as músicas que os jovens apreciam. Quando fomos ao sarau na casa dos Menezes, adorei ver Celinha ao piano. Reparou como todos se alegraram quando ela tocou? Gostaria de ser como ela. Cheguei a invejá-la.

— Está bem. Tentaremos. Falarei com dona Maria Helena. Veremos o que acontecerá.

— Tenho medo!

— Não diga isso. Onde está a moça corajosa que venceu todos os medos e brilhou no baile de João Henrique?

Maria Lúcia respirou fundo.

— Seja — disse. — Vamos tentar.

— Assim é que se fala. O que pode acontecer de pior?

— Ela dizer não...

— Esse fato não vai mudar nada. Continuaremos como até agora por mais algum tempo, depois voltaremos ao assunto.

— Você é maravilhosa. O que seria de mim sem você?

— Um dia descobriria a verdade e reagiria por si mesma.

Naquela tarde mesmo, ao encerrar a aula, Luciana pediu para conversar com Maria Helena. Uma vez em seu gabinete, foi direto ao assunto.

— Precisamos falar sobre as aulas de piano de Maria Lúcia.

— Estou à sua disposição. Sente-se, por favor.

Luciana acomodou-se em graciosa poltrona enquanto sua interlocutora se sentava em outra.

— A senhora tem observado Maria Lúcia ao piano. O que acha?

— Ela tem melhorado. Toca as peças sem errar, já é uma grande vitória.

— Estive pensando que isso não é o bastante para tornar-se uma boa executante. É preciso mais.

— É preciso talento — aduziu Maria Helena —, e isso certamente ela não possui. É isso que quer me dizer.

— Não é exatamente isso, dona Maria Helena. Na Inglaterra, no conservatório, há grandes professores. Todos eles interessados em estudar esse assunto. Fizeram experiências, pesquisas e chegaram a alguns resultados que muito têm contribuído para o incentivo e o desenvolvimento dos instrumentistas.

Maria Helena interessou-se:

— Acha que isso poderia ajudar Maria Lúcia a tornar-se uma boa musicista?

— Talvez. Tem ajudado muitas pessoas. Por que não ela?

— Pode ser. Na época moderna tudo está se modificando.

— Diga-me, dona Maria Helena: quando decidiu que Maria Lúcia deveria estudar piano, o que esperava dela? Que se tornasse uma grande virtuose, como a senhora ou outras pessoas famosas?

— Não. Desde o começo eu sabia que Maria Lúcia não tinha condições de tornar-se grande executante.

— Desculpe insistir nesse ponto. É muito importante para o progresso dela que falemos sobre isso.

— É inusitado, Luciana. Mas concordo. Você tem conseguido com ela o que ninguém jamais conseguiu. Hoje, graças a você, minha filha é uma moça normal, como as outras. Confio em sua capacidade e em seus métodos de ensinar, embora sejam diferentes.

— Desde o início, a senhora acreditava que ela não se tornaria grande pianista.

— Isso mesmo.

— Mas insistiu ainda assim.

— Sim. Pensei que a música pudesse sensibilizá-la, despertar-lhe o interesse pela vida. Maria Lúcia foi sempre uma menina triste. A música tem o dom de falar aos sentimentos.

— É verdade. A senhora pensou com acerto. E se eu lhe dissesse que sua filha talvez possa tornar-se uma brilhante musicista?

Maria Helena abriu a boca e fechou-a de novo sem saber o que dizer. Ficou silenciosa alguns momentos, depois disse:

— Você é surpreendente. Pensei que fosse dizer-me que seria melhor desistir dessas aulas, porque ela jamais faria isso bem, e agora... Você realmente me surpreende. Não sei o que dizer... Em que se baseia para afirmar isso?

— Em uma frase que li de um famoso autor: "o prazer está associado ao processo de aprendizagem". Só faremos o melhor se tivermos prazer em fazê-lo. Não foi assim com a senhora? Não adorava suas aulas de piano?

— É verdade. Eram para mim os melhores momentos. Aguardava-as ansiosamente.

— Ainda hoje, quando toca, seu rosto transfigura-se de prazer e alegria.

— É verdade. Contudo, não vejo a relação que isso possa ter com minha filha. Ela sempre se sentou ao piano como quem vai ao sacrifício.

— Tem razão nisso também. A princípio também pensei como a senhora e procurei incentivar-lhe o gosto pelas artes e tudo o mais. Observando sempre, conversando com ela, cheguei à conclusão de que ela não aprecia os clássicos.

— Como? A verdadeira música. A música eterna!

— É verdade. A senhora já tem sensibilidade para sentir isso. Mas as pessoas são diferentes umas das outras. O que comove umas até as lágrimas deixa outras indiferentes, e a recíproca é verdadeira.

— Aonde quer chegar?

— Descobri que Maria Lúcia não aprecia os clássicos, mas comove-se e adora músicas populares. Aprender a executá-las seria para ela enorme prazer.

— Ela disse isso?

203

— Não claramente. Receia desgostá-la. Ficou entusiasmada com Celinha.

Maria Helena, cenho fechado, olhava séria e calada.

— Disse-me que gostaria de ser como ela e alegrar uma festa.

— Fazer ruídos como eles fazem.

— Os costumes estão mudando. Ela é jovem, deseja viver sua época.

— O que sugere?

— Gostaria de sua permissão para ensinar-lhe algumas peças atuais. Terei cuidado ao escolher. Isso lhe daria prazer e a incentivaria ao estudo. Depois que ela adquirir gosto, talvez desenvolva a sensibilidade que lhe falta.

Maria Helena suspirou.

— Está bem. Confio em seu bom senso. Confesso que, se conseguir que ela se torne uma executora brilhante, será um milagre. Vamos ver isso.

Luciana levantou-se alegre.

— Obrigada, dona Maria Helena. A senhora é uma mulher compreensiva e inteligente. Obrigada mais uma vez.

Notando a euforia de Luciana, Maria Helena sorriu. Gostava muito dela e agradecia a Deus por havê-la colocado em seu caminho.

Luciana voltou a entrar na sala de música, olhos brilhantes de prazer. Maria Lúcia esperava-a.

— Dona Maria Helena concordou — disse alegre.

— Parece mentira! Só você poderia ter conseguido isso!

— Qual nada! Sua mãe mostrou-se muito compreensiva.

Maria Lúcia entusiasmou-se:

— Quero aprender aquele chorinho que mexeu com todas as pessoas. Ao ouvi-lo, até os mais sisudos marcavam o compasso com os pés.

— Eu sei. Vovó tem boa coleção de Nazareth. Na próxima aula, trarei algumas para escolhermos juntas. Sabe o que faremos?

— O quê?

— Surpreenderemos a todos. Você vai escolher duas músicas e estudá-las. Quando estiver tocando bem, vai executá-las em nosso sarau.

204

Maria Lúcia enrubesceu, mas seus olhos brilharam de prazer.
— Acha que serei capaz?
— Você é capaz. Resta descobrir se quer e se gosta.
— Vamos tentar. Se você diz, eu acredito.

Uma vez em casa, Luciana aconselhou-se com a avó, que a ajudou a escolher algumas músicas que, mesmo sendo populares e estando em voga, ofereciam boas condições de desenvolvimento e aprendizagem.

Egle entusiasmou-se:
— Agora tenho comigo que essa menina vai apreciar as aulas. Nem todos possuem sensibilidade para sentir a música mais elaborada. Os jovens gostam de coisas alegres.

Luciana concordou satisfeita. A partir daquele dia, Maria Lúcia passou a interessar-se mais pelo piano, e sua execução melhorou sensivelmente. Luciana estava radiante. Além do mais, descobrira que Maria Lúcia possuía belo timbre de voz, muita afinação e gostava de cantar, embora tentasse não demonstrar. Com o tempo, haveria de fazê-la mudar de ideia.

Em pouco tempo, Maria Lúcia executava as duas músicas bastante bem. Um chorinho e uma valsa de Nazareth.
— Amanhã à noite, no sarau, você vai executá-las.

Apesar de estar um pouco assustada, os olhos de Maria Lúcia brilharam.
— Acha que conseguirei? Uma coisa é tocar só para nós, outra é estar na frente de todos. Sinto um frio no estômago. Não tenho coragem!
— Por quê? Você está tocando muito bem. Não tem com que se preocupar. É só fazer de conta que estamos apenas nós duas aqui, como sempre.
— Ulisses virá?
— Ele e Jarbas nunca faltam. São os primeiros a chegar e os últimos a sair. Jarbas só tem olhos para você.
— Eu preferiria que fosse Ulisses. Esse só olha para você.
— Um dia ele há de perceber que perde seu tempo e desistirá.
— Você não gosta mesmo dele?
— Claro que não.
— Eu não gostaria de magoá-la. Vê-se que ele está interessado e que vocês não namoram porque você não quer.

— Não quero mesmo. Não me interesso por ele. Não pretendo namorá-lo.

— Posso tentar conquistá-lo? Você não me julgaria mal?

— Por certo que não.

— Sonho com ele todas as noites. Estou apaixonada.

Luciana sentiu-se apreensiva. Não considerava Ulisses capaz de fazer Maria Lúcia feliz. Jarbas seria mais indicado: possuía caráter, delicadeza e parecia sinceramente interessado nela.

— Não sente nada por Jarbas? Ele está apaixonado por você.

— Pode ser. Mas prefiro Ulisses. Quando ele aparece, meu coração bate mais forte, fico trêmula. Quando danço com ele, a emoção toma conta de mim.

Luciana sorriu:

— Não tem jeito mesmo.

— Acha que ele pode interessar-se por mim?

— Claro. Entretanto, às vezes, essas coisas não acontecem como imaginamos. Sabe por quê?

— Não.

— Porque Deus escolheu para nós coisa melhor.

— Para mim, se Ulisses me amasse, seria a felicidade.

— Você pensa assim agora. Imagina, apenas. Não experimentou viver com ele num relacionamento dia a dia. Deus sabe tudo e quando não nos dá o que desejamos é porque nos reserva coisa melhor.

— Gosto dele. Se ele não quiser, não caso com mais ninguém.

— Não seja radical nem injusta. Está agindo como uma criança mimada. Como pode saber o futuro? Quem nos garante que esse seu entusiasmo não acabe e amanhã apareça outra pessoa que desperte seu afeto de forma mais profunda e verdadeira do que agora?

— Não creio. Não me interesso por mais ninguém.

Luciana mudou de assunto, dizendo:

— Vamos repassar essas músicas. Amanhã surpreenderemos a todos.

Maria Lúcia riu excitada. Tocar no sarau! Teria coragem?

— Imagine que o sarau já começou. Todos estão aqui: sua mãe, seu pai, Ulisses, Jarbas, todos.

— Fico tremendo só em pensar.

— Eles estão aqui, mas você vai tocar só para mim, só eu estou perto de você. Vai ser um sucesso. Vamos. Toque.

Maria Lúcia, trêmula, obedeceu e aos poucos foi se firmando e conseguiu tocar bem.

— Muito bem — aprovou Luciana. — Vamos novamente, e durante a execução vai sentir a música e mergulhar nela de corpo e alma. Nesta sala não haverá mais ninguém. Só você, a música e seus sentimentos. Não existe mais nada. Deixe-se levar e perceba o que cada nota desperta dentro de você.

Maria Lúcia começou a tocar, Luciana continuou falando e a moça aos poucos foi se envolvendo com a melodia, sentindo vibrar de emoção, num crescendo de entusiasmo e expressão. Quando ela terminou, Luciana não conteve o entusiasmo. Beijou-a na face carinhosamente. Maria Lúcia olhou-a emocionada, sem encontrar palavras para descrever o que lhe acontecera. Luciana considerou:

— Hoje sua alma conseguiu expressar-se por meio da música. Sinto que daqui para frente você encontrará seu próprio caminho dentro da arte.

— Foi uma emoção muito forte. Não posso explicar. Uma felicidade, alguma coisa muito grande, muito boa, dentro de mim.

— Eu sei. Amanhã fará tudo bem, tenho certeza.

XIII
Décimo Terceiro
Capítulo

João Henrique apressou-se. Estava impaciente para ver Antonieta. Naquela noite, pretendia falar com ela longamente. Fazê-la compreender que a situação precisava mudar. Aquela vida boêmia não tinha sentido. Não que eles não pudessem sair de vez em quando para as noitadas alegres das quais ela tanto gostava. Mas a vida não se resumia apenas nisso. Eles haveriam de constituir uma família, viver uma vida regular, como todas as pessoas. Antonieta amava-o muito e acabaria por compreender.

Deu os últimos retoques nos cabelos e olhou-se no espelho satisfeito. Estava elegante e muito bem-vestido.

Desceu as escadas apressado. Sua mãe, no *hall*, interpelou-o:

— Vai buscar Antonieta?

— Não, mamãe. Hoje não viremos ao sarau.

Maria Helena não perdeu a oportunidade:

— Tenho a impressão de que sua noiva não gosta de frequentar nossa casa. Nunca mais apareceu em nossos saraus.

Ele fez um gesto vago:

— Não é isso, mãe. Temos tido alguns compromissos inadiáveis. Hoje pretendemos ficar em casa e programar nosso futuro. Temos saído muito e estamos cansados. Na semana que vem, viremos com certeza.

— Está bem, meu filho. Fica para a outra semana.

João Henrique saiu apressado. Maria Helena suspirou resignada. Nada podia fazer. Circulou pelos salões, ultimando os detalhes. Os amigos já começariam a chegar.

Luciana estava no quarto de Maria Lúcia, observando-a enquanto se preparava.

— Você está linda — disse. — Esse vestido assenta-lhe muito bem.

Maria Lúcia corou de prazer.

— Eu o escolhi.

— Você tem muito bom gosto.

— Obrigada. Vamos descer. Mamãe faz absoluta questão da pontualidade.

Vendo a filha aparecer no salão, Maria Helena sorriu satisfeita. Ela estava linda.

— Você está muito elegante — disse. — Luciana escolheu seu vestido?

— Não — apressou-se em responder Luciana. — Também gostei muito dele, dona Maria Helena. Maria Lúcia tem muito bom gosto.

Maria Helena não respondeu. Ainda tinha suas dúvidas, mas o que lhe importava era que agora sua filha estava apresentável. Qualquer mãe se orgulharia dela.

Luciana, de repente, levou a mão à testa e empalideceu.

— O que foi? Não se sente bem? — indagou Maria Helena com preocupação.

Luciana fechou os olhos por alguns instantes e não respondeu. Quando os abriu, as duas olhavam-na assustadas.

— O que foi? — perguntou Maria Lúcia.

— Nada — balbuciou a moça. — Já passou.

Sua voz estava um pouco ansiosa ao perguntar:

— João Henrique, onde está?

— O que aconteceu? Por que pergunta? Não estou entendendo... — disse Maria Helena, admirada.

— Ele está em casa?

— Não. Acaba de sair. Foi à casa de Antonieta.

— Ele vai precisar muito de nosso apoio. Vamos pedir a Deus por ele.

A voz de Luciana estava firme.

210

— O que está acontecendo? — perguntou Maria Helena, com angústia.

José Luís chegara e, vendo-as, aproximou-se curioso.

— Vai acontecer alguma coisa que o deixará muito perturbado. Sinto que ele precisa de oração — disse Luciana.

— Meu Deus! É estranho! — fez Maria Helena. — Como pode saber?

— A mãe dela costuma avisá-la das coisas — esclareceu Maria Lúcia. — Já aconteceu antes.

Maria Helena olhou para o marido sem saber o que dizer. Luciana sempre lhe parecera equilibrada.

— Vamos rezar — pediu Luciana fechando os olhos e permanecendo silenciosa.

— Vamos rezar — disse José Luís com seriedade. — A prece é sempre um bem.

Todos fecharam os olhos e permaneceram orando. Ao fim de alguns minutos, Luciana abriu os olhos dizendo:

— Graças a Deus. Ele está protegido.

Maria Helena desejava saber.

— Que perigo é esse que João Henrique corre?

— Não sei, dona Maria Helena. Senti que ele não está bem. Sofreu uma grande contrariedade. A oração ajuda muito nesses casos.

Maria Helena olhou o marido interdita.

— Não se preocupe — tornou Luciana —, não acontecerá nada.

Os amigos começaram a chegar, e Maria Helena e o marido apressaram-se a recebê-los.

O sarau decorreu animado, e várias pessoas, como habitualmente, apresentaram-se tocando, declamando poesias, cantando. Quando José Luís se preparava para encerrar as apresentações, Luciana levantou-se e, dirigindo-se ao piano, anunciou:

— Senhoras e senhores, tenho a alegria de apresentar-lhes minha aluna, Maria Lúcia, que executará modinhas de Ernesto Nazareth.

Um zum-zum-zum de curiosidade encheu a sala, enquanto Maria Helena, entre a preocupação e a surpresa, trocava olhares com o marido.

211

Luciana tomou Maria Lúcia pela mão e conduziu-a ao piano, dizendo-lhe baixinho:

— Ficarei aqui ao seu lado. Toque sentindo a música, como ontem.

A moça, um pouco trêmula, sentou-se ao piano e começou a tocar. Seu coração batia descompassado, e ela pensou: "Não há ninguém aqui. Só eu e Luciana. A música e eu".

A execução que se iniciara tímida foi se firmando, e ela tocou a valsa. Ao terminar, os aplausos foram insistentes e entusiásticos.

Os olhos de Maria Helena brilhavam quando a filha tocou o chorinho com graça e emoção.

Quando acabou, as pessoas aplaudiam, pedindo bis insistentemente. Luciana disse emocionada:

— Toque de novo. Foi um sucesso.

Maria Lúcia, rosto corado, sentindo a alegria vibrar no coração, executou novamente o choro, com entusiasmo. Quando terminou, foi muito aplaudida e abraçada por todos. Maria Helena sentia-se comovida. Nunca permitira esse tipo de música em sua casa. Mas era inegável que, surpreendentemente, sua filha as executara muito bem. Luciana era realmente milagrosa.

— Maria Helena, hoje o sarau foi muito bom. Nunca esteve tão alegre!

— Foi o melhor dos saraus! Que beleza! Estava ótimo. Minha filha iria gostar de ter vindo.

O entusiasmo e a alegria das pessoas foram grandes, e referiam-se a Maria Lúcia com admiração e carinho.

José Luís sentia-se feliz. Luciana transformara Maria Lúcia em uma artista. Acontecera um milagre. Aproximou-se dela, dizendo:

— Você fez de Maria Lúcia uma artista.

Luciana sacudiu a cabeça.

— Não concordo. Ninguém conseguiria isso se ela não tivesse talento. Apenas a ajudei a descobrir sua verdadeira personalidade. Ainda tem mais. Aguarde novas surpresas.

— Depois desta, acredito em tudo quanto me disser. O que ainda falta acontecer?

— É segredo. Quando chegar a hora, saberá.

Maria Lúcia sorria feliz. Jarbas e Ulisses fitavam-na com grande admiração.

— Você é maravilhosa, Maria Lúcia — disse Jarbas, sem conter o entusiasmo.

Estava apaixonado por ela. Adorava seu sorriso, o brilho de seus olhos, seu jeito meigo de dizer as coisas. A brejeirice que transparecia em alguns momentos fazia-o supor que ela guardava ainda novos segredos que ele sentia vontade de desvendar. Não lhe passava despercebida a predileção dela por Ulisses. O amigo, no entanto, estava ardentemente apaixonado por Luciana. Esperava que, com o tempo, Maria Lúcia acabasse por desiludir-se e, então, ele teria sua chance.

Quando saíram, Ulisses despediu-se de Jarbas dizendo-se cansado. Fingiu ir embora, mas escondeu-se numa rua próxima. Precisava falar a sós com Luciana. Não queria perder a oportunidade. Maria Helena sempre mandava seu carro levá-la em casa. Estugou o passo e tomou um carro de aluguel para chegar depressa. Sabia onde ela morava. Desceu nas proximidades da casa e esperou. Quando a viu chegar, entrar no jardim, e o carro ir embora, aproximou-se chamando-a:

— Luciana!

A moça voltou-se surpreendida.

— Você? O que deseja?

— Falar-lhe.

— É tarde. Preciso entrar. Vovó está me esperando.

— Por favor. Só um momento. Estou desesperado! Se não me quiser, faço uma loucura.

Luciana aproximou-se do portão.

— Não seja criança. Conversaremos outra hora.

Ele agarrou a mão dela com paixão.

— Deixe-me entrar. Abra o portão! Não aguento mais sua indiferença.

— É muito tarde. Por favor, vá embora — disse ela, tentando soltar a mão que ele segurava com força através das grades do portão. — Está me machucando. Não compreende que eu não desejo nada com você?

— Por quê? Será que o entusiasmo que Maria Lúcia tem por mim a impede de me aceitar?

— Não se trata disso. Quem pôs essa ideia em sua cabeça?

213

— Por que não? Maria Lúcia quer-me. Você faz tudo para agradá-la. Ainda não entendi por quê. Qual seu interesse por ela? Frequentar as altas rodas? Eu tenho posição e nome. Minha família é tão importante quanto a dela. Posso dar-lhe tudo isso se me quiser.

Luciana ficou furiosa. Sua aversão por ele aumentou. Num gesto decidido, puxou a mão e disse com raiva:

— Está enganado, Ulisses. Compreenda que não me interesso por você nem por seu nome de família. Deixe-me em paz.

Virou as costas e rapidamente galgou a varanda, batendo na porta. Antes de entrar, ouviu-o dizer:

— Você me paga. Hei de descobrir o que está por trás desse seu interesse. Não brinque comigo. Pode se arrepender.

Luciana fechou a porta apressadamente, e Egle, que a esperava, abraçou-a preocupada.

— Filha, o que aconteceu?

A moça contou-lhe, e ela decidiu:

— De agora em diante, não a deixarei ir sozinha aos saraus. Irei com você.

Luciana beijou-lhe o rosto carinhosamente.

— Obrigada, vovó. A senhora tem sido sempre convidada. Será bom participar.

Egle, depois da morte de Suzanne, afastara-se do convívio social. Agora percebia que não poderia abster-se. Luciana precisava de sua guarda e ela não lhe faltaria. Com entusiasmo, Luciana relatou-lhe o sucesso de Maria Lúcia.

— Dentro em pouco, ela não precisará mais de mim — disse satisfeita.

— Você gosta muito dela.

— Gosto, sim, vovó! Maria Lúcia é como uma flor que está desabrochando.

— Está se apegando a toda a família.

— É verdade. São pessoas que admiro e respeito. Amo meu pai, admiro João Henrique, tão inteligente. Tanto ele como a mãe têm nobres sentimentos. Vovó, sinto que ele não está bem. Tive um de meus pressentimentos. Eu o vi desesperado, apertando a cabeça entre as mãos.

— É preciso rezar, filha. Você nunca se engana.

— Faço votos de que desta vez tenha me enganado. Sabe como acontece. Não pude esconder. Maria Lúcia, a mãe, meu pai notaram. Rezamos juntos.

— Vou rezar também. Nada acontecerá a ele.

As duas recolheram-se para dormir.

No dia seguinte, à tarde, a sineta da porta tocou com certa insistência. Maria Helena entrou assim que a empregada abriu. Egle recebeu-a gentilmente.

— Desculpe vir sem avisar — disse ela após os cumprimentos. — Estou muito nervosa. Posso falar com Luciana?

— Claro.

Luciana atendeu prontamente.

— Dona Maria Helena, o que aconteceu?

— Preciso de sua ajuda. João Henrique desapareceu. Não voltou para casa ontem à noite. José Luís saiu para procurá-lo. Foi imediatamente à casa de Antonieta e lá recebeu a informação de que a casa estava vazia. Ela havia viajado sem dizer para onde. Estamos aflitos.

Luciana, preocupada, olhou para a avó.

— Ele teria viajado com ela? — perguntou Egle.

— Pensamos que não. Saiu com a roupa do corpo, nem sequer dispunha de dinheiro para isso. Luciana, você pressentiu que algo iria acontecer. Pode nos ajudar?

— Sente-se, dona Maria Helena. Vamos pensar com calma, confiar em Deus.

Maria Helena sentou-se dizendo:

— Não sabemos o que realmente aconteceu. Se ela partiu sem avisá-lo, ele deve estar desesperado. Infelizmente, nos últimos tempos, vive obcecado por essa mulher. Temo que cometa alguma loucura.

— Deus não há de permitir — tornou Egle. — Talvez ele esteja na casa de algum amigo, tenha bebido um pouco a mais... Sabe como são essas coisas.

— Pensamos nisso. José Luís esteve com seus amigos, e ninguém sabe dele.

— A senhora viu-o ontem quando saiu? — inquiriu Luciana.

215

— Sim. Pedi-lhe que levasse Antonieta a nosso sarau. Ele respondeu que pretendiam ficar em casa conversando, estavam cansados, iriam na próxima semana.

— Está claro que ele não sabia que ela pretendia viajar.

— Isso é o que me preocupa. Se ela o deixou dessa forma, ele deve estar desatinado.

— Vamos pedir ajuda a Deus — sugeriu Egle. — Ele tudo sabe e tudo vê. Por certo virá em nosso auxílio.

— Tem razão, vovó.

— Vamos para nossa saleta — propôs Egle.

Acomodadas em agradáveis poltronas na sala graciosa, Egle proferiu uma prece, pedindo a ajuda de Deus. Quando ela se calou, Luciana levantou-se e, aproximando-se de Maria Helena, colocou a mão direita sobre sua testa, dizendo com voz suave:

— Acalme seu coração. A desilusão é uma força que muitas vezes se manifesta com violência, parecendo arrasar tudo por onde passa. Contudo, ela traz consigo a revelação da verdade, que com o tempo fará renascer em seu lugar as flores da alegria e do bem. Guarde seu coração em paz. Confiemos em Deus.

Luciana sentou-se e abriu os olhos.

— Sente-se melhor? — indagou Egle.

— Sim — respondeu Maria Helena. — A prece fez-me muito bem.

— Vamos tomar um chá. A mensagem foi de confiança — disse Egle, saindo para providenciá-lo.

— O que ela quis dizer? — perguntou Maria Helena.

— Que precisamos confiar. Deus vai nos ajudar.

— Isso eu sei. Mas o que precisamos fazer? Quero encontrar João Henrique.

— Vamos tomar o chá — disse Luciana. — Se tivermos de fazer alguma coisa, Deus vai nos guiar.

Maria Helena olhou-a admirada. De que forma Deus iria guiá-las? Notou que Luciana estava um pouco diferente. Seus olhos pareciam fixos em um ponto distante. Guardou silêncio. Egle serviu o chá e, ao estender a xícara para Maria Helena, disse:

— Beba, dona Maria Helena. Vai lhe fazer bem.

Serviu-se por sua vez, mas não se dirigiu a Luciana. As duas tomaram o chá em silêncio. Depois de alguns minutos, Luciana deu um salto do sofá.

— Eu sei onde ele está — disse.
— Sabe? — indagou Maria Helena, admirada.
— Sim. Vamos buscá-lo. Está com o carro aí?
— Estou.
— Então vamos.
— Vou com vocês — disse Egle, saindo para apanhar a bolsa e o chapéu.

Com o coração aos saltos, Maria Helena acompanhou-as. Parecia-lhe loucura agir assim, mas Luciana estava decidida. Uma vez no carro, Maria Helena perguntou:

— Onde ele está?
— Vi o lugar, mas não sei onde fica. Não se preocupe, mamãe está aqui e vai nos guiar — e dirigindo-se ao motorista disse:
— Pode seguir até o fim da rua e virar à direita.

Maria Helena sentiu-se inquieta. Era loucura. Um morto não podia aparecer assim, sem mais aquela, e ensinar as coisas. Olhou a fisionomia de Egle, e ela estava calma. Acreditaria naquilo?

Egle olhou-a e, vendo-lhe o olhar perturbado, disse com um sorriso:

— Não se preocupe. Luciana sabe o que está fazendo. Vamos ajudar com nossa oração e confiança em Deus. O mais importante é encontrar seu filho. Não é isso o que quer?
— Sim. É isso o que eu mais quero no mundo.
— Então reze e confie.

Maria Helena obedeceu. Rezou de todo o coração pedindo ajuda para João Henrique. Luciana, imperturbável, dizia ao motorista por onde deveria ir. Passaram marginando as praias. O local era deserto e as casas tinham ficado para trás. Luciana pediu:

— Bem devagar, por favor. Deve ser por aqui.
— Santo Deus, não há viva alma!
— Calma, dona Maria Helena. Vamos encontrá-lo. Pare aqui, por favor. Vamos descer e dar uma olhada. Ele está sentado no chão, encostado em uma pedra.
— Santo Deus! — gemeu Maria Helena, assustada.

217

Luciana saiu do carro e as duas seguiram-na. O terreno era irregular, e o mar bramia com certa violência. Ao passarem por uma das rochas que havia no local, elas depararam com João Henrique. Sentado no chão, encostado em uma elevação do terreno, olhos fechados parecendo dormir, roupas em desalinho, sujo e descomposto, lá estava ele.

Maria Helena não se conteve:

— Meu filho! Deus do céu, o que aconteceu?

Debruçou-se sobre ele, chamando-o com insistência. Ele não acordava. Egle tornou:

— Vamos chamar o motorista e colocá-lo no carro.

Luciana foi até o mar. Tirou uma echarpe que trazia ao pescoço, molhou-a e, torcendo-a, voltou colocando-a sobre a testa do moço. Ao contato da água, ele abriu os olhos um tanto alheio.

— Graças a Deus! Meu filho, fale comigo. O que aconteceu?

Ele a olhou incerto, e Luciana disse com voz firme:

— Está tudo bem, João Henrique. Tudo bem. Vamos para casa. Você precisa de repouso.

Ele fez menção de levantar-se, mas não conseguiu. Luciana passou seu braço sob o dele dizendo:

— Apoie-se em mim. Vamos para casa.

Maria Helena ia dizer algo, mas Luciana fez-lhe sinal para que se calasse. Ela obedeceu. Auxiliado pelas três, ele conseguiu erguer-se e caminhar lentamente para o carro.

Luciana conversava com ele repetindo que tudo estava bem. Vendo-o acomodado no carro entre a mãe e Luciana, Egle, sentada na frente ao lado do motorista, disse com alegria:

— Em nosso coração só deve haver a satisfação do reencontro. Os esclarecimentos virão depois, quando for oportuno. Não nos esqueçamos da gratidão. Vamos pensar em Deus.

Maria Helena fechou os olhos e, silenciosamente, começou a rezar.

XIV
Décimo Quarto
Capítulo

Maria Helena apanhou a xícara de chá que Egle lhe estendia.

— Beba, dona Maria Helena. João Henrique ficará bom, tudo vai passar.

— O que terá acontecido? — indagou ela, não escondendo a preocupação.

— O médico acredita que ele tenha sofrido alguma emoção forte. Está em choque. O calmante que lhe deu vai fazê-lo dormir algumas horas e, quando acordar, tudo terá passado.

Maria Helena colocou a xícara sobre a mesinha próxima e, apanhando a mão de Egle, disse comovida:

— Nunca esquecerei o que estão fazendo por nós. Luciana tem sido o anjo bom que transformou nossa casa. O que ela fez hoje foi inacreditável. Como podia saber onde ele estava?

— Há pessoas que possuem a faculdade de perceber além dos cinco sentidos físicos. Luciana tem sensibilidade.

— Nunca pensei que isso existisse. Agora sei. O que aconteceu foi um verdadeiro milagre.

— Deus ajuda sempre. Seu filho é um moço bom.

Maria Helena ainda estava trêmula. Apesar de o médico haver dito que ele parecia ter apenas um abalo nervoso e que logo estaria bem, ela se sentia angustiada. Só se acalmaria quando o visse em seu estado normal. Fez menção de levantar-se, e Egle pediu:

— Descanse um pouco. Tome mais chá. Vai fazer-lhe bem. João Henrique dorme, Luciana e Maria Lúcia o estão velando. Qualquer coisa, virão nos avisar. A senhora está muito nervosa. Procure recuperar-se.

Maria Helena obedeceu. Precisava ficar bem para cuidar do filho.

— Tenho certeza de que aquela cantora lhe pregou uma peça. Vai ver que viajou e nem sequer o avisou. Ele saiu ontem tão animado! Tenho certeza de que ignorava a partida dela.

— Pelo que sei, ele estava muito apaixonado.

— Obcecado, dona Egle. Só pensava nela. Tanto eu como José Luís pressentimos que esse noivado não iria dar certo. Mas ele quis, e com tal veemência, que resolvemos contemporizar.

— Sábia decisão. A paixão tolda a razão. A vida sempre corrige nossos enganos, mas a desilusão é difícil de superar. João Henrique precisará de todo o apoio e carinho.

— Por certo. Depois do que aquela mulher lhe fez, o rompimento será inevitável.

— O tempo cura todas as feridas. Um dia ele encontrará um amor de verdade e será feliz.

— Deus a ouça. É só o que eu peço: sua felicidade.

No quarto de João Henrique, enquanto ele dormia, as duas moças o velavam, trocando ideias em voz baixa.

— O que terá acontecido? — questionou Maria Lúcia. — Papai disse que Antonieta viajou e ninguém sabe para onde. Suspeita-se que tenha deixado o Brasil. Ontem à noite saiu um vapor rumo à Europa. Ela pode ter seguido nele.

— Pobre João Henrique, que desilusão! — considerou Luciana. — Ele é louco por ela.

— Tem paixão. E agora, como vai ser?

— Ele é um homem. Sofrerá, mas há de superar. Talvez tenha sido melhor assim. Um casamento com Antonieta não iria dar certo. Eles são muito diferentes. A separação seria inevitável.

A empregada havia ido ao banheiro apanhar a roupa de João Henrique para lavar e apareceu no quarto com alguns objetos.

220

— Estavam nos bolsos — disse, colocando-os sobre a cômoda.

Maria Lúcia aproximou-se, dizendo:

— Veja, Luciana, há uma carta amarrotada aqui. Vamos ver o que diz.

Luciana aproximou-se também.

— Pode esclarecer-nos. Abra.

Maria Lúcia abriu e as duas leram:

João Henrique, preciso partir. Embora goste de você, não consigo suportar a vida burguesa do Rio de Janeiro. Tenho necessidade dos aplausos, da plateia, dos amigos, do brilho, das noitadas alegres. Não sou a mulher que você sonha. Voltarei ao palco. Vou em busca de tudo que eu sempre amei. Perdoe-me e não me procure mais. É definitivo. Um dia encontrará outra que se contente em viver para o lar e para a família. Seja feliz. É o que eu desejo.

Adeus.
Antonieta

P.S.: Não insista. Ninguém vai lhe dar meu endereço. Quero que seja assim.

As duas olharam-se. Então fora isso. Antonieta abandonara-o definitivamente.

— Vamos mostrar a dona Maria Helena — sugeriu Luciana.

— Vá você. Eu fico ao lado dele.

Luciana pegou a carta, dirigiu-se à outra sala e, aproximando-se de Maria Helena, estendeu-lhe o papel em silêncio. Ela leu e passou-o a Egle.

— Foi o que suspeitei. De certa maneira, foi melhor assim. Finalmente ela se revelou. José Luís previu isso.

— Ela foi sincera — reconheceu Egle. — Antes assim.

— Nem sequer se deu conta do mal que fez a meu filho. Brincou com os sentimentos dele. Nunca pretendeu abandonar a vida que levava.

Pelos olhos de Egle passou um brilho de emoção quando, dirigindo-se a Maria Helena, considerou:

221

— Talvez estejamos sendo muito rigorosos com ela. João Henrique é um belo homem, pode tê-la atraído realmente. Entretanto, as emoções do palco são muito fortes. Ao que sei, quem as experimenta dificilmente consegue abster-se. Nota-se que ela ficou dividida entre o amor e a carreira. Optou por sua vocação artística.

— Porque não o amava o bastante — tornou Maria Helena.

— Talvez. A paixão pelo palco foi maior. Seja como for, ela foi sincera.

— Melhor assim, dona Egle. Dói-me vê-lo sofrendo desse jeito, mas se o casamento se consumasse, se houvesse filhos, seria pior.

— Certamente.

Luciana voltou ao quarto e sentou-se ao lado de Maria Lúcia, fazendo-lhe companhia na vigília. José Luís, avisado, chegou pouco depois. Na sala, com Egle, Maria Helena contou-lhe tudo, emocionando-o, e considerou:

— Coisas estranhas aconteceram hoje. Foi um verdadeiro milagre. A maneira como Luciana nos conduziu e encontrou o local onde João Henrique estava foi impressionante. Ela fez isso com naturalidade, sem nervosismo ou como se alguém invisível a orientasse. Maria Lúcia contou-nos que ela vê a alma de sua mãe, que a orienta e ajuda.

José Luís lutou para reter as lágrimas.

— É verdade isso, dona Egle? Ela vê a mãe e conversa com ela?

— Sim. Ela e a mãe tinham muita afinidade. Quando Suzanne morreu, Luciana estava com catorze anos. Nos primeiros dias, chorava muito, sentia saudade. Até que um dia ela lhe apareceu. Disse-lhe que estava bem e que Luciana não devia chorar. Prometeu-lhe visitá-la sempre. E tem cumprido sua promessa. Quando temos algum problema, ela sempre aparece.

— É extraordinário! — comentou Maria Helena. — Nunca pensei que fosse possível. E a senhora não se preocupou vendo-a às voltas com essas coisas?

— Fiquei atenta. Sei que a vida continua depois da morte do corpo, em outros mundos. Mas procurei certificar-me de que era mesmo Suzanne.

— E obteve a confirmação? — indagou José Luís, ansioso.

— Sim. Inúmeras vezes ela se identificou dizendo coisas que Luciana desconhecia e que só eu sabia. Algumas delas do passado, que nem ela, Suzanne, soubera em vida.

— Não lhe pareceu uma coisa mórbida, para uma jovem, relacionar-se com a alma de sua mãe? — inquiriu Maria Helena.

Egle sorriu e sacudiu a cabeça negativamente.

— Essa relação nunca foi mórbida. Suzanne é alegre e muito sensata. O fato de estar vivendo em outro lugar não a modificou. Os senhores podem observar: Luciana é uma moça equilibrada, inteligente. A proximidade de Suzanne só a ajudou. Acrescentou conhecimento, percepção, enriqueceu-a. Sua influência é saudável e transmite-nos muita alegria e paz.

Maria Helena abriu a boca e fechou de novo, não encontrando palavras para dizer. Foi José Luís quem considerou:

— Uma vez, Luciana fez menção a isso, mas para ser franco não acreditei.

— Agora, depois do que houve hoje, seria bom começar a pensar e compreender o que Shakespeare disse há séculos: "Há mais coisas entre o céu e a Terra do que sonha nossa vã filosofia" — respondeu Egle.

— É verdade — concordou José Luís. — Diga-me, dona Egle, a senhora também a vê?

— Infelizmente não. Adoraria. Mas não tenho essa felicidade.

— Apreciaria muito poder vê-la, conversar com ela. — Observando os olhos de Maria Helena fixos nele, explicou: — Seria interessante. Gostaria de agradecer-lhe o que fez por João Henrique.

— Faça isso, doutor José Luís, ore por ela. Os espíritos percebem nossos pensamentos.

Apesar dos acontecimentos, o ambiente da casa era tranquilo. O moço ainda dormia e as duas moças permaneciam velando-o. Só concordaram em jantar depois que os demais já o haviam feito e Maria Helena e Egle as substituíram.

José Luís, na sala, tinha um livro aberto entre as mãos, que fixava sem ler. Seus pensamentos divagavam. A saudade de Suzanne doía. Recordava os velhos tempos, e nunca seu amor por ela esteve tão presente. Ah, se ele pudesse vê-la por um instante que fosse! Seu sorriso lindo, seus olhos emotivos e belos! Abraçá-la de novo, ouvir-lhe a voz! Se pudesse dizer-lhe o quanto

223

se arrependia das atitudes passadas, o quanto ainda a amava... Mas ele não merecia, e pelo resto da vida arrastaria o remorso e o arrependimento.

Fundo suspiro escapou de seus lábios.

— Não desanime. Procure amar as pessoas, torná-las felizes. É o melhor caminho para conquistar a felicidade.

José Luís abriu os olhos, e Luciana estava diante dele.

— Por que me diz isso? — indagou ligeiramente surpreendido.

— Não sei. Ia passando e pediram para dar-lhe esse recado.

Vendo que Maria Lúcia se demorava na copa e que Luciana estava só, não se conteve:

— Foi Suzanne!

— Foi.

José Luís sentiu aumentar a emoção.

— Daria alguns anos de minha vida para vê-la ainda que por um momento.

— Acalme-se. Ela sabe o que se passa dentro de seu coração. Procure entender seu recado. Ela só deseja a felicidade de todos.

Vendo que Maria Lúcia vinha se aproximando, José Luís disse com naturalidade:

— Deve ser emocionante poder prever as coisas e ver o que está oculto à maioria.

Luciana sorriu:

— É uma condição como outra qualquer.

Maria Lúcia abraçou Luciana com carinho:

— Ela é uma fada escondida. Só exibe seus poderes de vez em quando.

Todos riram, e, enquanto as duas moças voltavam ao quarto de João Henrique, José Luís permaneceu pensativo.

Seria mesmo possível conversar com os que já morreram? Não estariam sendo vítimas de uma alucinação? A figura de Suzanne acudiu forte em sua lembrança. A recordação foi tão viva que, de repente, ele sentiu um perfume no ar. Imediatamente reconheceu: era dela!

— Suzanne — chamou. — É você? Que saudade!

Enterrou a cabeça entre as mãos, deixando que as lágrimas corressem livremente. Jamais poderia esquecer. Se ela estava

224

viva em outro mundo, se ela estava ali naquele instante, teria algum dia a chance de encontrá-la de novo?

"Também vou morrer", pensou. "Irei para onde ela está?"

Abriu os olhos e procurou controlar-se. E se alguém o surpreendesse em crise? Ninguém a não ser ele mesmo fora culpado por sua dor. Devia aguentar sozinho as consequências de seus enganos. Lembrou-se das palavras de Luciana: "Não desanime. Procure amar as pessoas, torná-las felizes. É o melhor caminho para conquistar a felicidade".

Teria mesmo sido um recado de Suzanne? Preocupar-se com ele, com sua felicidade, era bem típico de sua nobreza de alma. Como poderia ser feliz sem ela? Lembrou-se de seus filhos. Amava-os. Quanto a Maria Helena, respeitava-a. Mas amor era outro sentimento. Não seria loucura continuar amando uma morta? Ele estava vivo e ansiava por afeto.

Suspirou fundo e levantou-se. Maria Helena e Egle estavam diante dele.

— Desculpem-me — balbuciou contrafeito. — Não as vi chegar. Fiquei perturbado com o que aconteceu.

Egle aproximou-se, sorrindo com suavidade.

— João Henrique está bem — disse. — Uma desilusão amorosa dói, mas passa. Ele é jovem. Vai refazer-se.

— Assim espero — considerou Maria Helena.

José Luís sacudiu a cabeça.

— Não sei... Às vezes marcam pelo resto da vida.

Ele pensava em seu amor por Suzanne. Egle não disse nada. Ela se lembrava de que sua filha também nunca conseguira esquecer.

Era tarde da noite quando João Henrique acordou. Remexeu-se no leito e, apesar dos olhos abertos, ainda parecia um pouco alheio.

Maria Helena aproximou-se solícita, fixando-o com amor. Estava só no quarto. Egle e Luciana haviam se retirado e os demais dormiam. Ela recusara o oferecimento das duas moças para passarem a noite velando-o. Quando João Henrique despertasse, ela queria estar ao seu lado, apoiá-lo e verificar a profundidade da ferida.

De repente, ele se sentou no leito, assustado.

— Mãe? O que aconteceu?

— Nada, meu filho. Está tudo bem. Você está em sua cama, e eu estou aqui.

Ele passou a mão pela testa, como querendo afastar um pensamento ruim.

— Mãe! Então foi isso! Estava dormindo! Tive um pesadelo horrível. Ainda bem que acordei. Que susto!

Maria Helena tentou ocultar a preocupação.

— Seja o que for, agora tudo passou.

Ele insistiu:

— Tive um pesadelo terrível. Sonhei que Antonieta havia partido, me abandonado. Foi sonho, não foi? — indagou num misto de ansiedade e esperança.

Maria Helena não respondeu.

— Saí de casa feliz para vê-la. Mas, quando cheguei lá, ela havia partido. Resolveu voltar ao palco. Deixou-me uma carta de despedida. Mãe, responda, por favor! Diga que eu sonhei e que isso não aconteceu! Que a carta tão cruel não existe!

Maria Helena baixou os olhos sem coragem para falar.

— Por que não responde? Aconteceu mesmo? Ela me deixou? Foi verdade? A carta, onde está?

Levantou-se e, embora atordoado ainda, tentou encontrá-la. Maria Helena tentou fazê-lo deitar-se novamente.

— Calma, meu filho.

— Eu quero a carta.

— Sei onde ela está. Só vou entregá-la se se acalmar. Deite-se. O médico deu-lhe um calmante. Não está em condições de levantar-se.

— Está bem. Quero a carta.

— Acomode-se. Tente acalmar-se. Vamos, relaxe um pouco o corpo.

— Não estou doente. Quero a carta.

— Vou buscá-la. Estava no bolso de sua calça que foi para lavar.

Maria Helena tirou-a da gaveta e entregou-a ao filho. Ele a apanhou e aproximou-a do abajur.

Apreensiva, Maria Helena observava os rictos de dor e o nervosismo dele enquanto lia. Ao terminar, deixou-se cair na cama, desalentado.

— Tudo acabado! — disse num sopro. — Ela não me quer mais!

— Precisa compreender e aceitar. Ela escolheu livremente.

— Ela disse que me amava! Como pôde esquecer tudo e partir para o mundo da fantasia que é o palco?

— Ela é uma artista! O palco é a vida do artista!

— Mas eu lhe dei todo o meu amor! Ela parecia tão feliz!

Maria Helena não respondeu. Sabia que sequer seria ouvida. Melhor deixá-lo desabafar a desilusão, o desapontamento. João Henrique sempre fora sensato, equilibrado. Com o tempo, refletiria melhor e acabaria por aceitar os fatos.

Com carinho alisou-lhe os cabelos enquanto ele extravasava seu desgosto. Durante mais de uma hora ele se lamentou, até que, exausto, adormeceu. Maria Helena sentiu-se mais calma. Acomodou-se no sofá e pensou: "Amanhã será outro dia."

Apesar da preocupação, no fundo sentia alívio. Ficar livre de Antonieta fora ótimo. Um dia seu filho encontraria uma boa moça, digna dele, e seria feliz. Pensando assim, recostada nas almofadas, adormeceu.

Nos dias que se seguiram, João Henrique não saiu do quarto. Caiu em grande depressão. Ninguém e nada conseguia interessá-lo. Maria Helena, José Luís e Maria Lúcia tentaram fazê-lo deixar o quarto, sem êxito. Maria Helena comentou com o marido:

— Faz uma semana que ele não sai do quarto, mal toca nos alimentos e permanece na cama, apático, triste, distante. Não é natural. Precisamos fazer alguma coisa! Desse jeito ele adoecerá de verdade.

— Você tem razão — concordou José Luís. — Já era para ele ter melhorado.

— Devemos chamar o médico novamente?

José Luís balançou a cabeça.

— Não vai adiantar. Ele vai receitar outro calmante e pronto.

— Maria Lúcia e Luciana fizeram várias tentativas de interessá-lo em algumas coisas, inutilmente. Parece que ele nem as vê.

José Luís não pôde furtar-se a uma sensação de tristeza. Uma vez ouvira um padre dizer que os filhos pagam pelos pecados dos pais. Antonieta causara a seu filho a mesma dor que ele provocara em Suzanne.

Seu sentimento de culpa apareceu mais forte, aumentando sua depressão. Teria de arcar com mais esse remorso?

Acabrunhado, José Luís não teve ânimo para responder. Era inegável que o problema do filho reavivava a ferida que ele trazia no coração. Se ao menos pudesse fazer algo para melhorar as coisas, se sentiria mais confortado.

A sensação da própria impotência deprimia-o, a culpa sufocava-o. Não era justo que os outros sofressem por seu erro. Seu filho não merecia ser punido. Era um moço correto e idealista. A vida era cruel e vingativa!

Sentindo-se oprimido e triste, resolveu andar um pouco. Passava das dez, mas ele nem sequer percebeu. Saiu a pé e caminhou durante algum tempo. Pensou em Suzanne. Se fosse verdade que ela vivia em outro mundo, talvez tivesse respostas às suas indagações.

Ela falava com Luciana, poderia falar com ele também. Sentia necessidade de conforto, de esclarecimento, de compreensão. Pegou o carro e dirigiu-se à casa de Luciana, sem pensar no adiantado da hora. Apesar de já terem se recolhido, Egle recebeu-o com carinho.

— Desculpe incomodar — foi dizendo ele assim que ela abriu a porta. — Estou muito triste. Gostaria de conversar com Luciana.

Egle, fixando-lhe o rosto atormentado, sugeriu:

— Entre. Sente-se. Vou chamá-la. Aceita uma xícara de chá enquanto espera?

— Obrigado. O que eu quero é conversar. Quero saber de Suzanne. Estou desesperado.

— Acalme-se. Desesperar-se não vai ajudá-lo em nada. Venha. Vou servir-lhe um chá. Luciana virá num instante.

228

José Luís deixou-se cair em uma poltrona, e Egle dirigiu-se à cozinha. Depois de alguns minutos, voltou com uma xícara fumegante que colocou nas mãos dele, dizendo:

— Beba. Vai fazer-lhe bem. Vou avisar Luciana.

José Luís começou a tomar o chá e sentiu um calor agradável no corpo. A sala aconchegante, a atenção e a solicitude de Egle deram-lhe de pronto agradável sensação de bem-estar.

Quando Luciana chegou, ele se sentia mais calmo. Retribuiu o beijo que ela lhe deu na face com carinho.

— Desculpe. Já é tarde. Estou muito triste hoje. Há pessoas como eu que só causam dor e não merecem viver.

Luciana olhou-o surpreendida.

— Não diga isso! Por favor!

— É verdade. Sou o culpado de tudo. Meu filho está sofrendo por minha culpa. Estou sendo punido!

— Não estou entendendo — murmurou Luciana, sentando-se no banquinho em frente ao pai, segurando as mãos dele e olhando-o nos olhos, procurando sentir o que ele desejava expressar.

— Eu fiz Suzanne sofrer. Eu a abandonei depois de havê-la iludido. Eu fui muito pior do que Antonieta. Ela seguiu sua vocação, eu fiz isso por dinheiro, posição! Eu sou culpado. Meu filho está sendo castigado por minha culpa. Minha dor é maior porque feri um inocente. Eu deveria pagar, não ele! Isso é injusto.

Luciana fixou-o incrédula:

— O senhor acredita mesmo nisso? Acha que João Henrique está sendo punido por sua culpa?

— Sim. Só pode ser isso. Ele é um moço bom, e nada fez para merecer o que está acontecendo. Eu, sim, estraguei a vida de várias pessoas, inclusive a de sua mãe e a sua. Acha que posso suportar o peso da culpa depois disso?

Luciana balançou a cabeça negativamente.

— Isso não pode ser. O senhor, um homem inteligente, como pode pensar dessa forma? Como pode ofender assim a bondade de Deus? Seu orgulho cega-o a ponto de julgar-se o centro do Universo?

José Luís olhou-a surpreendido. A voz de Luciana era enérgica e firme. Ele não encontrou palavras para responder.

Ela prosseguiu:

— Por que é tão cruel consigo mesmo? Por que é tão rigoroso em seu julgamento? Por que exige de si mesmo uma atitude que ainda não tem condições de assumir? O senhor é humano, e o ser humano é limitado, passível de erros. Errou e vai errar outras vezes ainda, isso é natural no estado de evolução em que nos encontramos. Embora desejando fazer o melhor, seria muita pretensão admitir que já possuímos a habilidade de acertar sempre. O senhor escolheu o que lhe pareceu melhor naquela ocasião. A vida não lhe ofereceu tudo ao mesmo tempo. Era uma coisa ou outra. O senhor queria as duas. Quis ludibriar a vida, pretendendo ir além do que ela lhe deu. Optou por uma, mas não desistiu da outra. A vida é livre. Não se deixa manipular. E o senhor nunca se conformou com isso. Ficou frustrado. Se houvesse escolhido a outra opção, teria se conformado em não possuir a posição que hoje ocupa? Como aceitaria a viuvez? Não estaria se culpando por haver perdido o que tem hoje?

José Luís olhou-a um pouco pálido.

— Está sendo muito dura comigo.

Ela abanou a cabeça:

— Não. Estou tentando mostrar-lhe a verdade. O senhor ficou dividido a vida inteira. Chorando um amor impossível, deixando passar a felicidade que a vida lhe ofereceu e está lhe oferecendo agora.

— Sinto-me deslocado. Amo Suzanne. É ela que eu quero!

— Não banque a criança caprichosa. Sabe que isso é impossível no momento.

— Se ao menos João Henrique estivesse bem...

— Ele está. Cada pessoa atrai para si as experiências de que necessita para desenvolver seus potenciais e alcançar a maturidade. O que aconteceu com ele nada tem a ver com seus problemas passados. Cada um é responsável pelo próprio destino. Atrai sempre de acordo com o que irradia. João Henrique estava iludido. Antonieta não era a mulher que ele imaginava. Tinha outros interesses. Após uma ilusão, a desilusão é fatal. A verdade aparece e recicla conceitos, ideias e até sentimentos. É da vida. Ninguém é culpado por isso. A maturidade do ser é objetivo da natureza. E ela se conquista dentro desse processo, na vivência,

230

na experiência nem sempre agradável, porém adequada, perfeita. Deus não erra. Tudo quanto Ele faz está certo e é para o bem.

— Antonieta, de fato, não era mulher para ele. Um dia ele teria de descobrir. Ele está sofrendo. Dói-me vê-lo tão diferente do que sempre foi. Fiquei imaginando o que Suzanne sofreu, abandonada, com um filho para nascer. É isso que torna aguda minha culpa!

— Isso já aconteceu e nada que fizer poderá alterar esse fato. O tempo não volta. Contudo, eu já lhe disse, mamãe nunca amou outro homem, mas jamais foi triste. Aceitou com coragem o que a vida lhe ofereceu e procurou ser feliz com o que possuía. Cantava, sorria, distribuía amor e carinho aonde quer que fosse. Jamais guardou mágoa ou ressentimentos. Compreendeu, aceitou. Posso garantir-lhe que fomos felizes apesar do que lhe aconteceu.

— Ela era uma mulher excepcional!

— Era uma mulher lúcida, inteligente. Tornava o momento presente sempre o mais importante. Fazia tudo com alegria. Não se lamentava, não se posicionava como vítima nem procurava culpados para justificar o que lhe acontecera.

— Era uma mulher forte!

— Como qualquer pessoa.

— Eu sou um fraco.

— Não acredito em sua fraqueza. O que o faz pensar assim é o excesso de autopiedade. É o hábito de mimar-se querendo fugir à responsabilidade de viver. Por que se coloca como um ser incapaz, desprovido de energia para tomar conta de sua própria vida? Por que se subestima? O senhor foi forte o bastante para assumir sua ambição, seu desejo de ser socialmente um vencedor. Agora que experimentou essa satisfação e ela não lhe deu tudo quanto sua alma quer, por que se acovarda? A força que usou naquele tempo ainda está aí dentro. É só direcioná-la a um objetivo que lhe dê mais alegria. Não existe fraqueza. Ninguém é fraco. É só medo de escolher novos objetivos e seguir adiante.

— Tudo acabou para mim depois que Suzanne se foi.

— Se o senhor escolhe ser infeliz, eu lamento. Se quisesse, tudo poderia ser diferente.

Luciana largou a mão dele que segurava entre as suas e levantou-se. Ele se levantou por sua vez, abraçando-a suavemente.

231

— Não me abandone. Sinto que preciso de você. Eu a quero muito.

Luciana olhou-o com olhos brilhantes de emoção.

— Eu também o quero muito — disse com doçura.

José Luís apertou-a nos braços com carinho.

— Você fala como se eu fosse dono do mundo. Como se eu pudesse mudar as coisas, como se minha felicidade dependesse só de mim... Não é bem assim...

Ela se afastou um pouco, segurando seus braços e olhando-o nos olhos.

— Só é assim. O senhor é dono de seu pensamento. Da forma como escolher acreditar, assim será.

— Não posso mudar os fatos passados.

— Não pode mesmo. Mas pode perceber que eles não existem mais e que será inútil revivê-los. A vida é como é, e ninguém conseguirá manipulá-la. Por tudo isso, esquecer o que já foi é uma escolha sábia e proveitosa.

— Como esquecer Suzanne? O que fazer com a saudade?

— Esquecer o passado não significa se esquecer das pessoas que amamos. Eu nunca a esqueci e também sinto saudade. Mas esquecer coisas desagradáveis, enganos, situações que já não podemos modificar é necessário. Por outro lado, como eu já lhe disse uma vez, enquanto se ilude e se emaranha no passado, nem sequer percebe o quanto poderia ser feliz agora, no momento presente.

— Você já me disse isso.

— É verdade. Gostaria que percebesse que a felicidade é conquista de cada minuto, na intimidade de nossa alma, sentindo-a em cada coisa, em cada instante, em todos os momentos de nossa vida. Fazer-se feliz é um poder do homem consciente, lúcido, que sabe perceber a grandeza e a beleza de cada instante para conservar esse estado de alma vivendo o presente. É buscar a alegria, a essência, a luz, a dignidade, o amor. A vida oferece-nos tudo isso, o tempo todo. É preciso irradiar, sentir, escolher, para conquistar.

— Ouvindo-a dizer essas coisas, sinto-me encorajado. Gostaria de acreditar.

Ela sorriu alegre:

— É só experimentar. Este nosso encontro hoje é um momento feliz.

— É verdade. Você tem o dom de acalmar-me e devolver-me a coragem de viver.

— Para viver não é preciso coragem, só alegria. É ter olhos para enxergar a verdade.

Continuaram conversando mais algum tempo, e, quando José Luís se despediu, sentia-se bem melhor. Luciana acompanhou-o até a varanda, e José Luís abraçou-a, beijando-lhe o rosto com carinho.

— Obrigado — disse. — Deus a abençoe.

Ela sorriu satisfeita e entrou em casa, fechando a porta. José Luís saiu, entrou no carro e foi para casa. Nenhum dos dois percebeu que alguém observava a cena, entre a surpresa e o rancor.

— Então é isso! Bem que eu suspeitei que havia algo para ela me desprezar. Pudera! Ela já tem um amor. Há quanto tempo se encontrariam na calada da noite? E a avó? Com certeza encobria tudo.

Ruminando sua decepção, Ulisses voltou para casa.

Por que não percebera antes? Lembrava-se agora que, sempre ao se referir a Luciana, os olhos de José Luís brilhavam de maneira especial. Sempre a elogiava.

Pobre dona Maria Helena! Enganada despudoradamente. Sorriu levemente. Agora, de posse desse segredo, as coisas haveriam de mudar. Luciana não mais o recusaria. Claro que ele agora não precisaria chegar ao casamento. Sabia como conseguir o que queria.

233

XV
Décimo Quinto
Capítulo

Maria Helena entrou no quarto do filho com um sorriso nos lábios e disposição. Enquanto abria as janelas, foi dizendo:

— Bom dia, meu filho. Está um lindo dia, cheio de sol. É hora de você sair deste quarto. Chega de cama. Vamos, levante-se.

João Henrique levantou a cabeça contrariado, passou a mão pelos cabelos e tornou a mergulhar no travesseiro.

A voz de Maria Helena tornou-se súplice:

— Vamos, meu filho. Não deixarei que fique deitado nem mais um minuto. Você nunca foi preguiçoso.

— Deixe-me em paz — resmungou ele.

— Você não pode continuar fechado neste quarto. Precisa reagir. Vamos, levante-se.

Ela tentou puxar as cobertas.

— Pare com isso — disse ele com raiva. — Se insistir, vou para a rua e não volto mais. Deixe-me em paz.

Maria Helena sentiu que ele falava sério. Fez um gesto de desalento e teve vontade de chorar. Controlou-se a custo. Saiu do quarto sentindo que não conseguiria reter as lágrimas.

Luciana e Maria Lúcia encontraram-na prostrada, na sala de estar.

— Dona Maria Helena, a senhora está triste. Aconteceu alguma coisa?

— João Henrique não quer sair do quarto. Tentei ajudá-lo, mas ele ameaçou ir embora de casa. Está transtornado! Aquela mulher desgraçou nossa vida!

— É a senhora que acredita nisso — esclareceu Luciana.

— Jamais vi meu filho desse jeito. Está acabado.

— De forma alguma! — a voz de Luciana era enérgica. — Não deve deixar-se abater. Afaste de seu coração esse pensamento. Ele vai reagir, por certo.

— Eu quero ajudar.

— É preciso dar um tempo para que ele amadureça. E isso é só ele mesmo quem pode escolher.

— Ele não vai sair sozinho dessa mágoa. Está ferido.

— A verdade machuca, mas sempre é mais proveitosa do que a ilusão. Vai chegar a hora em que ele, esgotada essa fase, desejará sair dela e tudo vai se resolver.

— Não posso ficar de braços cruzados enquanto meu filho sofre sozinho.

— Ele não quer dividir sua dor. É um processo interior em que ninguém tem o direito de intervir.

Maria Helena, num súbito impulso, levantou-se e segurou as mãos de Luciana com força:

— Luciana! Ajude-me! Sei que você pode! Peça à sua mãe. Ela foi tão boa. Sem ela talvez não o tivéssemos encontrado. Dizem que as almas podem nos ajudar. Você a vê! Peça-lhe esse favor. Ela é mãe, sabe como me encontro. Temo que ele fique seriamente doente.

Luciana retribuiu o aperto de mão, e seus olhos brilharam quando disse:

— Está bem. Irei vê-lo. Tentarei falar com ele mais uma vez.

Dirigiu-se ao quarto do moço e, vendo que as duas a seguiam, voltou-se dizendo:

— Quero vê-lo a sós.

— Está bem, esperamos na sala.

Luciana entrou no quarto. João Henrique fechara novamente as janelas, correra o reposteiro e, deitado de costas, olhos fechados, parecia dormir.

Ela parou diante da cama e silenciosamente estendeu as mãos sobre ele, em prece. Com amor, imaginou João Henrique cheio de vitalidade e bem-estar. Com alegria, percebeu que Suzanne aproximava-se, colocando-se à cabeceira dele, estendendo sua mão direita sobre sua testa. Dirigiu-se a Luciana, pedindo:

— Fale com ele.

Em seguida, colocou sua mão esquerda na testa dela. A moça sentiu uma onda de alegria invadir-lhe o coração.

— João Henrique — chamou —, sei que não está dormindo. Olhe para mim.

Vendo que ele não atendia, repetiu:

— Abra os olhos. Há algumas coisas que desejo dizer-lhe.

Vendo que ele permanecia quieto, prosseguiu:

— Por que se comporta qual criança caprichosa? Por que se castiga dessa forma? Até quando vai agir de maneira tão infantil? Você é um homem, por que não se permite crescer? Acha que, fazendo birra, a vida vai dar-lhe o que deseja? Não percebeu que ela não é como sua mãe, que sempre lhe fez todas as vontades?

Ele abriu os olhos, fitando-a com raiva.

— Pode zangar-se à vontade. Vou dizer-lhe o que precisa ouvir. Você é forte o bastante para compreender que não se pode forçar os sentimentos de ninguém. Antonieta amava mais sua arte do que você. Preferiu a vida movimentada à vida burguesa que lhe ofereceu. Era um direito dela. Ela podia escolher e decidir o que fazer com sua própria vida. Por que a recrimina? Ela fez o que lhe pareceu melhor. E você a amava realmente? Não estaria fascinado por sua arte, por sua beleza, por seu talento, ou até por sua fama? Tem certeza de que, deixando-o, ela não machucou mais sua vaidade do que seu coração?

Ele trincou os dentes de raiva.

— Não tem o direito de falar assim comigo. Você não sabe de nada.

— Talvez. Mas tenho certeza de que você não é fraco, passível de ser destruído por uma mulher que não o amou o bastante.

Ele se sentou no leito como movido por uma mola.

— Você é forte e inteligente para compreender. A vida só faz o que é certo. Se a afastou de seu caminho, foi para seu bem. Aliás, a vida sempre trabalha para nos dar o melhor. Pena que nem sempre temos condições de ver. Você é um cego. Olhe para sua vida. Belo rosto, corpo saudável, bonito, cultura, posição, família, respeito, estima, amizade. Tudo lhe pertence, você tem o poder de escolha nas mãos. Por que escolhe a infelicidade? Abra os olhos e olhe à sua volta. Observe! Ser recusado pode ser amargo, mas você não o foi por valer menos ou por não ser bom o suficiente. Foi recusado apenas porque os sonhos dela eram diferentes dos seus. Seus anseios eram sua arte, os aplausos, a música, o palco. Você não. Essa diferença definiu os caminhos, alterou os rumos. Por que não pode aceitar uma coisa tão simples e clara? Por que exagera sua dor? Não vê que seu orgulho prefere a posição de "vítima" ao reconhecimento de que estava enganado e que juntos nunca seriam felizes?

João Henrique olhou para Luciana, abriu a boca, tornou a fechá-la. Por fim disse:

— Eu acreditei nessa felicidade.

— Mentira. Você sempre soube que não iria dar certo. No fundo, no fundo, sentia isso.

Ele passou de novo a mão sobre os cabelos. Por fim admitiu.

— É verdade. Eu temia que ela me deixasse.

— De onde lhe vinha esse temor? Você sentia que ela não pensava da mesma forma que você. Não tinha os mesmos anseios. É claro que ela o amou. A seu modo. Mas entre sua paixão pelo teatro e você, ela não resistiu.

— Eu também acho isso. Ela me amou. Eu sinto que toquei seu coração. Por isso me iludi. Não esperava o que aconteceu.

— Você sabia que um dia ela o deixaria. Era fatal. Mulheres como Antonieta dedicam a vida à carreira. Não conseguem viver sem isso. Por outro lado, você não conseguiria deixar seus projetos e segui-la. De certa forma, também a abandonou. Por um momento, estiveram juntos. A vida é isso. Reúne e separa as pessoas. Mesmo vivendo juntos uma vida inteira, há sempre a hora da separação, quando cada um deve seguir seu rumo. Entretanto, o amor não tem tempo, momento, lugar; ele brota em nossa alma como dádiva que ilumina e alimenta. Nesse sentimento, o reencontro acontecerá um dia.

— Não desejo vê-la nunca mais.

— Reconheça que não a amava de verdade. A paixão ilude e passa. As coisas estão certas como estão. Não adianta machucar-se por causa disso.

Ele suspirou fundo, olhou para ela e sorriu:

— Obrigado — disse. — Você tem razão. Tenho agido como uma criança caprichosa. Nenhuma mulher tem força suficiente para me derrubar.

Luciana sorriu alegre.

— Sinto-me aliviada. Não aguentava mais olhar sua cara de pobre coitado.

— Não sou nenhum coitado.

— É o que parecia. Mas eu sabia que você nunca foi fraco. Ao contrário, dentro de você há muita força para vencer tudo na vida, com a ajuda de Deus. Vamos tomar um chá lá embaixo? Precisamos contar aos outros que você é o João Henrique de sempre.

— Está bem. Irei. Na verdade, sinto vergonha. Fiz papel de tolo.

— Também agora não vamos bancar o homem de ferro. Basta ser apenas o homem que você é.

Ele sorriu outra vez. Parecia haver acordado de um pesadelo. Teve fome:

— Pode ir, eu já vou. Quero melhorar a aparência.

Luciana saiu satisfeita do quarto. Intimamente agradeceu a ajuda de sua mãe. Sabia que ela contribuíra decisivamente para que João Henrique saísse da ilusão em que se envolvera. Vendo o olhar ansioso de Maria Helena, foi logo dizendo:

— Dona Maria Helena, pode mandar preparar um chá completo, porque João Henrique vai nos fazer companhia.

O rosto de Maria Helena iluminou-se:

— Ele vai descer?

— Sim. Está se arrumando. Quando ele vier, nada de emoção. Vamos agir normalmente, como se nada houvesse acontecido. Ele se sente envergonhado.

— Por certo — concordou Maria Helena, satisfeita. — Vamos, quero que ele se sinta muito bem. Obrigada, minha filha. Você é o anjo bom que apareceu em nossa vida.

— É melhor nos apressarmos. Não gostaria que nos surpreendesse falando no assunto.

— Tem razão — apoiou Maria Lúcia.

— Lembrem-se: alegria e serenidade.

239

Dirigiram-se à copa, e Maria Helena mandou preparar a mesa para o lanche, verificando os detalhes com carinho. As duas moças esperavam conversando em um gracioso sofá a um canto da copa. Maria Lúcia comentava seu assunto predileto: Ulisses. Luciana tentava conduzir a conversa para outro lado, mas Maria Lúcia insistia.

— Você acha que ele me ama?

— Como posso saber?

— Você percebe as coisas — respondeu. — Sempre descobre o que estou pensando.

Luciana sorriu:

— Você é como uma irmã, e estamos sempre juntas. Além do mais, seus olhos são reveladores.

— Os dele não são?

Luciana tentou desviar o assunto:

— Ele é homem e pensa diferente de nós. Não tenho experiência para tratar com eles.

— Contudo, percebeu que Jarbas se interessa por mim.

— Ele dá muito na vista.

— Talvez Ulisses não me ame. Ele sempre anda atrás de você.

— Já falei que ele não me interessa.

Maria Helena juntou-se a elas.

— Está tudo pronto. Ele virá mesmo?

— Está vindo.

De fato, João Henrique entrava na copa.

— Que bom tê-lo conosco, meu filho. Vamos nos sentar.

Acomodaram-se. João Henrique estava magro, pálido, porém vestido elegantemente, como sempre fizera, e Maria Helena sorriu com satisfação. Luciana, com delicadeza, começou a conversar sobre a vida na Inglaterra, seus costumes, seu povo, e João Henrique animou-se falando de sua viagem à Europa, suas impressões ao contato com outros povos, e a conversa decorreu agradável.

Foram para a sala de estar e, animado, ele foi buscar um livro no qual havia gravuras dos lugares que ele mais gostava. Maria Lúcia, que antes não participava dessas conversas, juntou-se a eles com entusiasmo.

Maria Helena admirou-se vendo-a discorrer sobre o assunto com segurança, mesmo sem nunca haver saído do Brasil. Sua filha aprendera muito com a convivência de Luciana.

Observando os três jovens entretidos, conversando animadamente, ela sentiu que seu coração se enchia de paz. Pensou na mãe de Luciana com carinho e gratidão. Começava a sentir que, de fato, os que morrem não só continuam vivos em outro mundo como podem intervir em nossas vidas.

Suzanne por certo os ajudara. Inúmeras vezes Luciana tentara convencer João Henrique a reagir, sem conseguir. No entanto, agora, após ela haver pedido, finalmente ele atendera.

Deveria rezar para agradecer? Ouvira dizer que é bom rezar para as almas e pedir por elas. No entanto, a alma de Suzanne não precisava de orações, ela estava em condições de ajudar.

"Se eu pudesse vê-la!", pensou. "Eu lhe daria um beijo de gratidão." Dizem que os espíritos sabem ver o que se passa em nosso coração. Se fosse verdade, se ela estivesse ali, deveria saber de seu amor pelo marido. Seu amor sofrido, sufocado, escondido, que a custo tentava conter. Poderia ajudá-la também nisso? Ah, se ele viesse a amá-la! Sonhara a vida inteira com isso. Nunca acontecera. Talvez Suzanne a ajudasse a esquecer. A apagar esse amor do coração.

Suzanne estava ali. Emocionada, abraçou-a com carinho, dizendo-lhe ao ouvido:

— Infelizmente, não tenho esse poder. Eu mesma ainda não apaguei a chama que arde em meu coração. Apesar de tudo, eu gostaria muito de estar em seu lugar, ao lado dele. Maria Helena, esqueça as mágoas do passado. Procure conquistá-lo agora, aproveite essa convivência, essa chance que a vida lhe deu de estar ao seu lado! Ame-o, compreenda-o, ajude-o a descobrir os tesouros de amor que ele guarda dentro do coração. Você é uma mulher bela, cheia de vida, tem todas as vantagens. Não deixe passar o tempo inutilmente.

Maria Helena, de repente, sentiu-se animada. Agora que seu filho estava melhor, era hora de pensar nela, de cuidar de si, de sua felicidade.

Lembrou-se da noite do baile e sentiu-se alegre. Talvez ela houvesse negligenciado muito e aceitado a derrota. O orgulho não fora bom conselheiro. De agora em diante, tudo seria diferente. Ela mudaria. Talvez pudesse reconquistar o marido.

Pensando assim, deixou os três na sala e foi para o quarto. Desejava estar bem bonita quando José Luís chegasse.

Naquela noite, o jantar decorreu alegre como havia muito não acontecia. José Luís participava alegremente surpreendido. Chegara em casa desanimado, certo de encontrar o ambiente triste e pesado dos últimos tempos e, inexplicavelmente, havia como que um brilho novo em cada coisa. João Henrique, um tanto magro, calmo; as duas moças, alegres e animadas; e até Maria Helena, olhos brilhantes, com uma aparência radiante. O que acontecera durante sua ausência?

Ao final do jantar, Maria Helena propôs uma sessão musical em que cada uma tocaria alguma composição de sua especialidade.

Luciana tocou belas canções inglesas; Maria Lúcia, modinhas e valsas modernas; e Maria Helena, belas peças de música clássica.

Sentados no sofá com um cálice de vinho do porto nas mãos, os dois homens deixaram-se ficar gostosamente ouvindo as melodias.

Suzanne aproximou-se de José Luís e, abraçando-o com carinho, disse-lhe ao ouvido:

— Isso é felicidade! Aproveite esses momentos de beleza e alegria. Viva sua vida agora. Esqueça o passado. Cada um precisa viver seu momento, consciente das riquezas que a vida oferece. Eu o amo muito, mas esse amor é luz de libertação e de alegria. Minha felicidade é contribuir para seu crescimento espiritual e seu bem-estar. A vida colocou-nos em lados opostos. Ela age sempre certo. Talvez nós ainda não estejamos prontos para uma união mais verdadeira. Apesar de desejar estar ao seu lado, não gosto de ser obstáculo à sua felicidade. Meu amor é profundo e verdadeiro, e desejo que você tenha da vida o melhor. Quero libertar você. O amor não é exclusivista. Maria Helena é uma bela mulher e o ama! Você nunca a viu como ela é. Nunca a olhou a não ser para servir a seus projetos. Contudo, ela é uma alma nobre, cheia de beleza e amor.

José Luís, segurando o cálice entre os dedos, pensamento perdido no tempo, lembrava-se de Suzanne, mas aos poucos, envolvido pelo ambiente agradável, começou a pensar que era um homem privilegiado. Tinha uma bela e bem formada família. Fixando Maria Helena, notou que havia algo diferente. Ela lhe parecia mais jovem, mais mulher. Ouvindo-a tocar com tanta sensibilidade, pela primeira vez começou a pensar que ela não era tão fria e indiferente quanto parecia ser. Por que uma mulher tão sensível para a arte se mostrava conformada em viver sem amor? Como ela aceitaria isso?

Maria Helena, sentindo o olhar do marido sobre ela, a custo dominava o desejo de abraçá-lo e dizer-lhe o quanto o amara em silêncio durante todos aqueles anos.

"Ele vai me amar!", pensou Maria Helena com veemência. "Hei de conquistá-lo. Por que não? Estamos juntos, unidos pela família."

Naquele instante, ela sentiu que o orgulho não mais importava, mas sim a realização desse amor com o qual sonhara durante toda a sua vida.

Foram momentos agradáveis. Quando Luciana disse que precisava ir para casa, João Henrique ofereceu-se para acompanhá-la e Maria Lúcia pediu permissão para ir junto.

Maria Helena ficou sozinha com o marido. Em outras ocasiões, teria logo dado boa-noite e se recolhido, porém naquela noite aproximou-se dele dizendo com um sorriso:

— Esta noite estou feliz! Adoraria dançar! Pena que não temos ninguém para tocar para nós.

Ele se levantou cortês:

— Podemos colocar um disco na vitrola.

— Eu adoraria.

Subitamente José Luís se sentiu alegre. Dirigiu-se à estante de discos e logo parou indeciso.

— Você gosta de clássico.

Ela sorriu bem-humorada:

— Para ouvir, para tocar, mas para dançar é claro que deve ser outra.

— O quê, por exemplo?

— Uma valsa, um foxtrote.

Enquanto ele a olhava admirado, ela, com desenvoltura, escolheu um disco e deu-o a ele.

— Eu gosto deste.

Ele colocou o disco e uma música agradável e suave encheu o ar. José Luís enlaçou-a e começaram a dançar.

Ele não se conteve:

— Você nunca me disse que apreciava essa música!

— Você nunca perguntou. Não é linda?

De fato. A orquestra tocava um belo foxtrote, e eles dançaram com prazer. A emoção foi tomando conta de ambos. A música, a proximidade, o perfume de Maria Helena e principalmente o calor que vinha dela envolveram José Luís, fazendo-o apertá-la mais entre os braços, cedendo a uma atração irresistível.

— Maria Helena — murmurou ele a seu ouvido —, você hoje está diferente!

Ela sentiu o coração bater mais forte.

— Estou alegre! Nosso filho está bem. É só questão de tempo.

— A alegria fez-lhe bem. Você está linda!

— Esta noite sinto vontade de viver, de amar, de ser feliz!

José Luís parou de repente e seus braços afrouxaram. Fixando o rosto corado de Maria Helena, palpitante de vida e desejo, não se conteve:

— Perdão — disse.

— Por quê?

— Eu não soube fazê-la feliz. Tenho sido egoísta, pensando só em mim. Fechado em meus problemas, esqueci que você tem suas necessidades de afeto, de felicidade.

O acento de sinceridade da voz do marido contribuiu para que ela se deixasse envolver mais pela emoção que não tentava dominar.

— Sim — respondeu ela com voz apaixonada. — Eu posso amar, e quero ser amada de verdade! Não aguento mais viver recalcando meus sentimentos, fingindo uma frieza que não sinto.

Ele passou a mão pelos cabelos, procurando palavras para não feri-la ainda mais. Ela o abraçou com carinho, dizendo:

— José Luís, o que aconteceu conosco? Eu o amei desde o primeiro dia! E esse amor ainda vibra dentro de mim! Por que tudo não continuou como nos primeiros tempos? Por que apareceu entre nós essa barreira, na qual o orgulho ganhou espaço, transformando-nos em pessoas indiferentes e dissimuladas? O que nos separa? Por que não podemos amar-nos de verdade? Essas perguntas têm me angustiado toda a vida!

José Luís sentiu desejos de abrir o coração, dizer a verdade, falar de seu amor por Suzanne, de seu erro, assumir sua culpa. Sentindo o corpo palpitante da esposa, vendo seu rosto ansioso, percebendo o sentimento que a envolvia, não teve coragem. Apenas disse comovido:

— Você me ama!

— Sim — concordou ela com paixão. — Eu o amo! Sempre. Não suporto mais calar esse sentimento.

José Luís sentiu uma onda de calor envolver seu coração. Como fora cego! Essa mulher vibrante, bela, apaixonada, amava-o, estava ali, em seus braços, sequiosa de amor, e ele cultivando um amor impossível! Reconheceu que Maria Helena tocava seus sentimentos. Apertou-a em seus braços beijando-a repetidas vezes com emoção.

— José Luís — disse ela por fim —, diga-me: o que nos separa?

— Nada. Tenho sido cego até agora. Acreditava que você não me quisesse mais. Agora que sei que me ama, que começo a vê-la como é, nada há de nos separar. Seremos felizes. O passado está morto. De hoje em diante, irei lhe dar todo o amor que merece. Você é uma mulher extraordinária.

— Você não disse que me ama!

— Eu a amo! Prometo recuperar o tempo perdido!

Abraçando-a com carinho, beijou-lhe os lábios repetidas vezes, sentindo a emoção crescer dentro de si. Depois, abraçados, foram para o quarto, esquecidos de tudo o mais.

O espírito de Suzanne, vendo-os assim, abraçados, não pôde evitar uma lágrima. Uma bela mulher aproximou-se dela, dizendo emocionada:

— Você realmente se libertou de séculos de apego.

Suzanne olhou-a serena:

— Ainda dói um pouco — murmurou, esforçando-se para sorrir.

A outra passou o braço sobre seus ombros com afeto:

— Eu sei. Entretanto, o amor só é verdadeiro quando liberta. O apego revela imaturidade e falta de confiança na vida.

— Eu sei. Para libertar-me desse velho hábito foi que escolhi minha última encarnação na Terra. Eu sabia que tudo quanto eu mais amava me seria tirado para que eu aprendesse a suprema alegria de dar, o prazer de facilitar que cada um encontre seu próprio caminho de crescimento, livre, de acordo com sua necessidade interior.

— O que pensa fazer agora?

— Ainda ajudar um pouco mais. Minha missão com eles está quase no fim.

— E depois?

— Quero cuidar de mim. Aprender, crescer, tornar-me mais madura. Sinto que minha felicidade está nisso. Durante anos tenho cultivado meu amor por José Luís, sofrendo sua ausência mesmo sabendo que no momento seria impossível viver ao seu lado!

A amiga estreitou-a como a infundir-lhe coragem, e ela prosseguiu:

— Quando eu ainda estava na Terra, acreditava que ele houvesse me esquecido. Trocara-me por outra e, mesmo sabendo que sua ambição o estimulara, eu pensava que seu interesse por mim fora transitório e sem profundidade. Esse pensamento ajudou-me a aceitar a separação. Não se pode forçar o amor, e eu, sentindo-me preterida, mal-amada, tratei de viver da melhor forma possível, apesar de não conseguir amar outra vez.

Fez pequena pausa e, vendo que a outra a ouvia atentamente, continuou:

— Contudo, quando voltei para cá, comecei a sentir que José Luís me chamava constantemente. Seu rosto triste me aparecia, e eu sentia seus pensamentos de tristeza e culpa. Onde quer que eu estivesse, ouvia-o chamar-me angustiado e descobri que ele não era feliz. Eu também sentia saudade e muitas vezes, quando dei por mim, eu o estava abraçando apaixonada, atormentada por sua angústia!

— Pobre amiga. Avalio sua luta.

— Felizmente, sempre contei com o apoio de amigos dedicados, e você também contribuiu muito para meu reequilíbrio.

— Infelizmente, as pessoas na Terra ainda ignoram a força do pensamento, ao qual imprimimos nossas emoções. Não sabem que se entregar ao desânimo, à culpa, à autocondenação prejudica-nos, não só atraindo mais infelicidade como também atingindo as pessoas envolvidas, conturbando-as.

— Durante algum tempo vivi a seu lado, sem poder afastar-me. Se por um lado sentia-me triste constatando sua infelicidade, por outro, a certeza de ser amada, a comprovação de que ele nunca me esquecera dava-me alegria e eu pensava: "É por minha causa que ele sofre! Eu sou responsável de alguma forma por sua infelicidade!".

— Que ilusão!

— É verdade. Cheguei a esse ponto, confusa e apaixonada. Sempre que podia, tentava confortá-lo, abraçá-lo, dizendo a seu ouvido que o perdoava e o amava de todo o coração. Eu, que regressara da Terra bem, deixando-me envolver por esse problema, adoeci. Você sabe como foi difícil para mim deixá-lo por algum tempo e submeter-me ao tratamento adequado. Querida Anita, sou-lhe muito grata! Foi você quem me ensinou a perceber a verdade. Frequentar suas aulas foi maravilhoso. Conhecer as leis cósmicas, perfeitas e belas, que movem a vida, olhar para dentro de mim, sentir o que sou, minha essência, descobrir o eu superior, encontrar Deus, desenvolver minha maturidade, mostrou-me o glorioso destino de todos os seres vivos.

— Você estava madura, foi só despertá-la e logo desabrochou maravilhosamente.

— Crescer traz uma alegria consciente e insubstituível. Em nossa ilusão, queremos agarrar as pessoas, segurá-las, conduzi-las, a pretexto de amar e proteger, e as escravizamos com nossas energias, bloqueando seu desenvolvimento, obstruímos sua visão. Sabe o que descobri?

— Não.

— Que esse sentimento que às vezes chamamos de amor na realidade tem outro nome.

— Qual?

— Obsessão!

— Não está sendo dura com você?

— Não. Eu e José Luís, a pretexto de nos amarmos, obsediávamo-nos mutuamente. Quando ele me deixou, essa ilusão bloqueou meus sentimentos. Eu me julgava dócil, conformada, naquele tempo. Descobri agora que foi o orgulho que me conduziu. Não me revoltei, não guardei ressentimentos ou mágoa, felizmente. Mas, qual criança orgulhosa e mimada, se a vida não me deu o que eu queria, eu não quis mais nada. Não me permiti ser feliz com outra pessoa, bloqueei os sentimentos. Depois, a vaidade de saber que era amada continuou unindo-me a ele, e nossa insatisfação, nossa ilusão roubou largo tempo de nossa felicidade, que teria sido possível se tivéssemos encarado a situação com realismo.

— Tem razão. A vida sempre sabe o que é melhor e cumpre seu papel de conduzir a felicidade.

— Agora eu sei. Eu acreditava na dor e no sofrimento. Ignorava que fomos criados para a felicidade. Que esse é nosso destino e a vontade de Deus. Depois que aprendi que o amor liberta, que senti a alegria de amar de verdade, que é grande o prazer de dar amor, a satisfação foi grande e eu pensei que, assim como eu descobrira essas coisas, o melhor que poderia fazer seria tentar passar essas ideias para aqueles a quem amo.

— Você se preparou para isso. Conseguiu unir Luciana ao pai.

— Luciana é um espírito lúcido e adorável que muito nos tem ajudado. Uni-los foi maravilhoso. Mas José Luís guarda ainda a ilusão do passado. Acredita amar-me. Às vezes, pergunto-me se seu amor não é apenas raiva de criança porque um de seus brinquedos lhe foi tirado. Ele poderia ter me escolhido. Não o fez. Ele queria tudo. Pensou em ter as duas e, quando não conseguiu, frustrou-se.

— Você está sendo severa. Não acredita que ele a ame?

— Acredito, sim. A seu modo. Contudo, sinto que no momento nossos caminhos são diferentes. A vida separou-nos. Ela deseja nossa felicidade. Eu agora desejo de todo o coração que ele possa usufruir o presente, as bênçãos que possui, o amor da bela família, uma alma generosa e fiel que o ama e pode embelezar seus momentos, oferecendo-lhe o que eu não lhe posso dar. Sinceramente, desejo que me esqueça e seja feliz com Maria Helena.

— Você é generosa!

— Não sei se é generosidade. O que sinto é que agora a vida despertou dentro de mim com a força da alegria. Neste

248

momento, quero ser eu mesma. Descobrir o que é melhor para mim agora. Sem amarras nem obstáculos! Beber da fonte da espiritualidade e revigorar minha alma na lucidez palpitante da consciência universal. Sinto que o amor tem outro significado para mim, mais real e, ao mesmo tempo, mais profundo. Quero encontrar outras almas como eu, e trocar energias com elas. Quero crescer ainda mais e aprender a viver plenamente. Não sinto mais vontade de um amor terreno.

Anita sorriu com satisfação.

— Sim, Suzanne. Sua luz brilha e você poderia desde já deixar a Terra para sempre, rumo a outros planos.

— Desejo um pouco mais de tempo. Acabar o que comecei, preparar o terreno. Depois irei. Quando mergulhamos no estado de alegria; quando tomamos consciência do que somos, do poder que temos de criar nosso destino; quando descobrimos que todo o nosso sofrimento foi criado por nós, por nossos pensamentos e atitudes, não podemos conceber deixar as coisas como estão. Sentimo-nos desejosos de contar, mostrar. Tanta simplicidade na vida, na realidade das coisas, tanta facilidade na conquista da felicidade nos impulsionam e nos motivam a comunicar-nos com as pessoas, numa tentativa justificada de melhorar as condições de vida na Terra, de apressar o momento da maturidade de cada um.

— Isso é natural, querida, mas deve lembrar-se de que cada um só percebe isso quando está preparado. Não adianta forçar. As coisas acontecem como devem e no momento exato.

— Mas de vez em quando podemos dar um empurrãozinho.

Anita sorriu alegre. Passando o braço sobre os ombros de Suzanne, lembrou:

— Precisamos ir agora. Está na hora.

Suzanne concordou e, ainda abraçadas, ambas saíram, desaparecendo rapidamente no horizonte.

XVI
Décimo Sexto
Capítulo

Maria Helena acordou feliz no dia seguinte. Por que demorara tanto a demonstrar ao marido seu amor? Por causa de seu orgulho, por tantos anos sofrera amargando o ciúme e a angústia. Como fora tola! Felizmente havia mudado. Rompera a barreira do preconceito e descobrira que, ao contrário do que havia temido, o marido correspondia a seu amor, com ardor inesperado.

Aquela noite juntos fora maravilhosa. Seu coração batia descompassado só em lembrar-se de seus arroubos, de como dera vazão à sua paixão, deixando-a fluir plenamente com toda a força de seu coração, vencendo os preconceitos de sua educação repressora e formal.

Sentia-se feliz. Agora acreditava no amor do marido. Sentira em seus olhos, nos beijos, em sua emoção, que ele a queria, e essa descoberta aumentava sua felicidade. Quanto tempo perdido! Mas dali por diante tudo seria felicidade. Seu filho logo esqueceria o amor impossível e por certo encontraria alguém que o fizesse feliz.

Naquela tarde, quando Luciana chegou para tocar com Maria Lúcia, ela se sentia alegre e bem-disposta. Recebeu a moça com carinho e fez-lhes companhia na sala de música, interessando-se pelas novidades musicais que Luciana trouxera, atrevendo-se a tocar uma delas, apesar de tratar-se de uma música popular.

Luciana sentia-se contente observando a mudança de Maria Helena, e Maria Lúcia, surpreendida com a atitude materna, inibia-se. Quando ela saiu, considerou:

— O que aconteceu com ela? Nunca a vi desse jeito.
— Alguma coisa boa. Ela estava radiosa, feliz.
— É estranho!
— Por quê?
— Ela nunca foi assim.
— Pois eu gostei. Dona Maria Helena parece outra pessoa.
— Não sei, não. Será que ela está bem da cabeça?

Luciana riu francamente.

— Claro. Afinal não era você quem se queixava do ar "duro" de sua mãe? Ela está mudando, e para melhor. Não lhe parece?
— Bem... de fato... hoje ela estava como eu sempre desejei que fosse, mas...
— Mas nada. Vamos aproveitar esse estado de espírito. Essa alegria só vai nos fazer bem.
— Você sabe que ando triste. Ulisses não tem aparecido.
— Jarbas tem vindo sempre — respondeu Luciana com voz intencional.
— Ele não me interessa. Gosto de Ulisses, acho que estou apaixonada por ele.

Luciana não respondeu. Depois de alguns instantes, tornou:

— Você já tocou essa valsa? É linda. Experimente.

Maria Lúcia olhou a partitura e pediu:

— Toque você. Ainda não sei essa.

Luciana começou a tocar, e Maria Lúcia, envolvida pela música, esqueceu-se da preocupação de momentos antes. Luciana, contudo, pensava com tristeza na atração que Maria Lúcia sentia por Ulisses. Ele não era digno dela e não a amava. Era a ela, Luciana, que ele dizia amar. Apesar de não corresponder a esse amor, temia que Maria Lúcia descobrisse e se sentisse preterida. Mesmo tendo mudado, ela sabia que a moça ainda não se sentia plenamente segura. Por vezes, pequenas coisas afetavam-na, fazendo-a retomar, embora fracamente, algumas atitudes antigas.

Luciana sabia que Maria Lúcia ainda precisava de certo apoio para poder definitivamente conquistar a alegria de viver. Sentia imenso carinho por ela e não desejava que algo pudesse feri-la. Ela ainda não estava madura o bastante para enfrentar os problemas da vida. Necessitava de um pouco mais de tempo. Vendo-a alegre e atenta, procurou afastar a preocupação.

A porta abriu-se e João Henrique entrou, acompanhado de Ulisses e Jarbas.

— Sabia que eram vocês! Que música linda!

Foi logo abraçando Luciana e beijando a irmã.

Após os cumprimentos, João Henrique tornou:

— Fiquem aí, vou tomar um banho e desço em seguida.

Maria Lúcia estava um pouco enrubescida pela surpresa, calada. Luciana tomou a palavra:

— Vamos nos sentar. Preferem conversar, certamente.

— Por favor, continue tocando. Não queremos interromper. Essa música é nova? — indagou Jarbas, interessado.

— É.

— É linda. Não acha, Ulisses?

— Acho. Toque, por favor. Desejamos ouvi-la.

Ulisses olhava-a com admiração.

Luciana não disse nada. Começou a tocar, e Jarbas aproximou-se de Maria Lúcia, olhando-a embevecido.

— Está cada dia mais bonita — disse.

A moça baixou os olhos para esconder seu desagrado. Quando ele perceberia que ela não o queria? Temia que Ulisses, para respeitar o amigo, não a quisesse namorar. Afastou-se dele dirigindo-se ao piano, ao lado de Luciana, que procurou acabar o constrangimento, animando a participação de todos, tocando modinhas em voga. Quando João Henrique voltou, o ambiente estava alegre e descontraído.

Os rapazes despediram-se, e Luciana ficou um pouco mais. No fim da tarde, ela saiu. Havia caminhado alguns passos quando Ulisses a interceptou:

— Luciana!

A moça parou. Vendo-o, esperou.

— Preciso falar-lhe.

Ela esboçou ligeiro gesto de contrariedade.

— Estivemos juntos até há pouco. Por que só agora?

— É um assunto sério, particular. Não podia falar diante dos outros.

253

— De que se trata?

— Venha, Luciana, permita-me levá-la em casa. Pelo caminho conversaremos.

— Não. Diga logo o que quer. Pretendo ir sozinha para casa.

— Talvez mude de ideia depois de nossa conversa. Vamos pelo menos sair daqui, a não ser que não se importe que nos vejam juntos.

Luciana pensou em Maria Lúcia e concordou:

— Está bem, vamos andar um pouco.

Quando se distanciaram, Ulisses disse com voz suave:

— Luciana, desde que a vi não consigo pensar em outra coisa. Estou apaixonado!

Luciana parou constrangida.

— Por favor — pediu —, não continue.

— Estou louco por você! Não tenho dormido, não consigo sequer trabalhar!

Ele tomou as mãos dela apertando-as com força enquanto ela tentava desvencilhar-se.

— Ulisses! Contenha-se!

— Não suporto mais sua indiferença! Você vai ser minha de qualquer jeito.

Enrubescida, Luciana, tendo conseguido desvencilhar-se, disse nervosa:

— Deixe-me em paz. Não estou interessada em você. Nunca alimentei suas esperanças.

Dominado pela emoção, ele tentou abraçá-la.

— Por favor! Estamos na rua. Contenha-se! — disse ela.

Ele nem sequer parecia ouvi-la. Abraçou-a com força, tentando beijar-lhe os lábios. Assustada, Luciana empurrou-o, sem conseguir sair. A rua estava deserta, já começava a escurecer. Ulisses puxou-a para um portão, encostando-a, dizendo sôfrego:

— Hoje não a deixarei ir antes que saiba o quanto a quero.

Beijava-a na face ardorosamente, apertava-a com redobrada força. Luciana, entre a raiva e o receio, sentia o rosto afogueado e lágrimas descerem pelas faces. Atordoada, colérica, disse com voz que lutou por tornar firme:

— Deixe-me! Tenho nojo de você. Jamais serei sua!

Ulisses sentiu como se lhe jogassem um balde de água fria.

— Por que se faz de santa? Não se envergonha com o que faz? Eu é que deveria ter nojo de uma mulher tão baixa como você! Não vai se livrar de mim dessa forma. Vai agora comigo para um lugar onde estaremos a sós ou eu conto tudo que sei! Desmascaro sua pouca vergonha. Quero ver se dona Maria Helena vai recebê-la depois de saber a verdade!

Imobilizada pela surpresa, Luciana sentiu um mal-estar. Tudo começou a rodar à sua volta. Foi quando o portão em que estavam encostados se abriu e uma voz enérgica perguntou:

— O que está acontecendo aqui?

Luciana, antes de desmaiar, ainda teve forças para dizer:

— Socorro! Ajude-me, por favor!

Quando acordou, estava estendida em um sofá, e um rosto ansioso de mulher debruçava-se sobre ela. Ainda atordoada, Luciana perguntou:

— O que aconteceu? Onde estou?

— Graças a Deus. Está tudo bem. Você desmaiou. Está em minha casa.

Luciana tentou sentar-se, conseguindo com alguma dificuldade.

— Desculpe-me — disse.

— Sente-se melhor?

— Sim. — Calou-se recordando-se de Ulisses. — Meu Deus, foi horrível!

— Tome um pouco de água. Logo, se sentirá melhor.

Luciana aceitou, segurando o copo com as mãos trêmulas. Fixou o rosto de sua interlocutora. Gostou dela. Mulher de seus quarenta anos, rosto bonito e agradável, fina e bem-vestida. Acanhada, Luciana passou as mãos pelos cabelos, tentando ajeitar-se e compor a roupa em desalinho.

— Meu nome é Margarida Fontes, e este é meu irmão, José Antônio.

Foi aí que Luciana viu o moço alto, magro, cabelos castanhos, rosto claro, queixo proeminente, testa larga, traje elegante, que se levantara de uma poltrona e se aproximava.

— Meu nome é Luciana. Sou muito grata pela ajuda. Lamento haver dado trabalho. Agora creio que já posso ir. Vovó deve estar preocupada. Já escureceu!

— Apesar do susto que dei no atrevido, não é aconselhável sair sozinha por essas ruas escuras.

255

— Antes de ir, gostaria de dizer que jamais poderei agradecer o bastante. O portão abriu na hora em que eu não suportava mais.

— Eu estava lendo na varanda quando ouvi um ruído e vi o portão balançar. Aproximei-me, ouvi o que diziam. Vi logo que você estava sendo agredida. Abri o portão e, aproveitando o susto do patife, dei-lhe um safanão e obriguei-o a correr. Segurei você, que desabou de vez. Chamei Margarida para ajudá-la.

— Gostaria de dizer que não tenho nada com esse moço. Ele é amigo dos filhos do doutor José Luís e de dona Maria Helena. Frequenta a casa, parecia-me de bons costumes. Dona Maria Helena quase sempre manda seu chofer levar-me. Hoje, como era cedo, não quis molestá-la. Ulisses esperou-me fora e não aceitou minha recusa. Eu nunca lhe dei esperanças. Além de não amá-lo, Maria Lúcia, a quem estimo como irmã, é apaixonada por ele.

— Pobre moça — comentou Margarida. — Apaixonar-se por um patife desses.

— Seja como for, não desejo desgostá-la.

— Sugiro que se acautele. Ele é um mau-caráter. Nunca erro quando vejo um — sugeriu José Antônio com um sorriso.

Possuía lindos dentes e covinhas quando sorria. Luciana sorriu mais calma.

— Não facilitarei mais as coisas para ele. Agora preciso ir. Vovó deve estar preocupada.

— Mandei preparar um chá. Aceita uma xícara? — ofereceu Margarida.

— É muita gentileza sua, contudo preciso ir.

— Aceite. Dez minutos a mais não farão diferença. Depois José Antônio a levará até sua casa.

— Não será preciso. Estou bem, creia.

— Depois do que houve, não podemos permitir que saia sozinha. Acompanharei você até sua casa.

— Está bem. Aceito.

— Assim é que se fala — concluiu Margarida, levantando-se. — Vou mandar servir o chá.

Margarida saiu da sala, e José Antônio esclareceu:

— Se não aceitasse, ela se sentiria frustrada. Sente-se, por favor. Conhece os Camargos há muito tempo?

— Sou amiga de Maria Lúcia. Dou-lhe aulas de piano.

— É professora de piano?

— Oh! Não! Maria Lúcia vivia muito só e foi a forma de nos tornarmos amigas. Com o tempo, isso aconteceu realmente. Vemo-nos com frequência. Tanto eu quanto vovó gostamos muito de toda a família.

— Meu pai foi muito amigo do pai de dona Maria Helena. Quando eu era criança, frequentávamos a casa. Depois do falecimento de papai e do casamento dela, não nos vimos mais.

— Vamos ao nosso chá — convidou Margarida aparecendo na porta.

Depois de lavar as mãos e certificar-se de que estava apresentável, Luciana sentou-se com seus novos amigos, ao redor de uma pequena mesa redonda, arrumada com gosto, onde, além do bule fumegante de chá, havia deliciosas iguarias.

— Mas isso é uma festa! — considerou Luciana com sinceridade, diante de tão farta mesa.

— A vida é uma festa. Há de reverenciá-la constantemente — concordou Margarida.

Luciana sorriu alegre. Sentia-se à vontade, como se os conhecesse de longa data. Após o chá e a palestra agradável, Luciana quis ir para casa. Não desejava preocupar a avó. Abraçou Margarida com gratidão e ofereceu a casa. Abraçaram-se novamente e Luciana instalou-se no automóvel de José Antônio.

Sentia-se protegida e grata. Indicou o caminho, e ao chegar convidou-o a conhecer Egle. Esta os recebeu com atenção, convidando José Antônio a entrar. Na sala, instalados em gostosa poltrona, Luciana relatou o que lhe acontecera. Egle ouviu em silêncio. Luciana finalizou:

— Pois é, vovó, o senhor José Antônio e dona Margarida foram muito gentis. Ele fez questão de acompanhar-me.

— Não sei como lhe agradecer! — disse Egle com um brilho nos olhos. — Luciana é um tesouro. Deus os abençoe.

— Qualquer pessoa teria feito o que fizemos. Apesar do fato desagradável, creia que tivemos grande prazer em conhecer Luciana. Margarida apreciou-a muito.

— São tão bondosos! — considerou Luciana.

— Conheço minha irmã. Afirmo que ela não faz amizades com facilidade. Creia: conhecê-la deu-nos grande prazer.

257

A conversa decorreu amena, e, quando José Antônio se despediu, as duas sentiam que haviam reencontrado velhos amigos. Quando se viram a sós, Egle comentou:

— Que moço agradável! Fino, educado... Tenho impressão de conhecê-lo de algum lugar.

— A senhora também? Vovó, sinto que tanto ele quanto Margarida são velhos conhecidos.

— A irmã também é gentil?

— Muito. Gostei dela. Alegre, cheia de vida, e ao mesmo tempo serena. É uma pessoa iluminada.

— Tanto assim?

— A primeira impressão foi essa.

— Você nunca se engana com as pessoas. Quero conhecê-la. Podemos convidá-la a um chá aqui em casa. Desejo agradecer o que fez por você.

— Seria ótimo.

— Quanto a Ulisses, não deve mais sair sozinha.

— Ele estava furioso. Parecia louco. Falava coisas que não entendi. Ameaçou-me.

— Seria prudente falar a Maria Helena. Não é aconselhável receber esse patife dentro de casa.

Luciana abanou a cabeça.

— Não. Isso não. Ele é amigo de João Henrique. Depois, Maria Lúcia sofreria muito.

— Seria bom para ela. Essa ilusão poderá prejudicá-la.

— Tenho medo. Ela ainda não se sente de todo segura. Tenho comigo que ela acabará por esquecer essa paixão sem que seja preciso fazê-la sofrer.

— Ainda penso que seria melhor lhe contar.

— Não. Tomarei cuidado. O que houve hoje não vai se repetir. Não andarei sozinha pelas ruas. Pelo menos por algum tempo, até que esse capricho de Ulisses passe.

— Você quer jantar?

— Não, vovó. O lanche de Margarida estava delicioso.

Egle passou o braço sobre os ombros de Luciana.

— Quem sente Deus dentro do coração sempre está protegido. Hoje, em minhas preces de gratidão, estarão mais duas pessoas.

Luciana concordou:

— Sabe, vovó? Apesar de tudo, sinto-me muito feliz.

Luciana não viu o brilho comovido nos olhos de Egle, nem sentiu que, além dela, Suzanne também a abraçava com amor. Seu pensamento estava longe, perdido em uns olhos castanhos e profundos, um sorriso franco e acolhedor, que lhe dava ares de menino e colocava deliciosas covinhas em sua face.

XVII
Décimo Sétimo
Capítulo

Naquela tarde, Maria Helena sentia-se particularmente feliz. Sentou-se ao piano e seus dedos percorreram o teclado com prazer. Enquanto tocava, seu pensamento recordava os momentos de intimidade com o marido. Um milagre acontecera. O sonho de toda a sua vida concretizara-se por fim. José Luís transformara-se em outro homem, apaixonado, atencioso, como ela sempre desejara. Desde que ela lhe confessara seu amor, tudo mudara.

Por que demorara tanto para vencer o orgulho? Quem ama não deve ter preconceitos. Se houvesse feito isso antes, por certo não teria sofrido tanto.

A ideia de que ele se casara por dinheiro e posição transformara-a e cavara um abismo que por pouco arruinaria para sempre suas vidas. Arrependia-se também de haver permitido que o formalismo de uma educação moralista, rígida e preconceituosa a transformasse em uma mulher fria, cheia de regras e papéis sociais, manietando sua alma de mulher ardente e cheia de amor.

Rompera essa barreira, vencida pela paixão, pela necessidade de amar, e assim pudera despertar no marido o sentimento que ele deveria sentir por ela, mas que não encontrava espaço para expressar, ante sua indiferença sempre presente.

Maria Helena sorriu embalada pelos pensamentos que a enchiam de alegria e felicidade.

A empregada entrou com uma salva na mão e colocou-a sobre o piano sem dizer nada. Sabia que, quando Maria Helena tocava, não gostava de ser interrompida. Passando os olhos sobre a bandeja, Maria Helena parou de tocar. Havia uma carta sobre ela. Apanhou-a, abriu-a e leu:

Prezada senhora,

Há já algum tempo seu marido vem se encontrando com uma senhorita altas horas da noite. Como amigo da família, não acreditei no que meus olhos viram e fui investigar. Descobri entre outras coisas que a casa onde ela mora foi comprada por ele. Poderia dar outros detalhes, porém o melhor será verificar com seus próprios olhos. Fique preparada. Oportunamente a avisarei, e assim poderá surpreendê-los.

Sou seu amigo e admirador, que muito a estima.

Não havia assinatura. Maria Helena, pálida, mãos trêmulas, acionou a campainha. A empregada apareceu solícita:

— O que é isto? Quem a trouxe?

— Um portador. Disse para entregar à senhora imediatamente.

Ela olhou o envelope e leu seu nome.

— Está bem. Pode ir.

Quando a empregada saiu, Maria Helena deixou-se cair no sofá. Uma amante! José Luís tinha uma amante! Era de se esperar, uma vez que durante tantos anos eles viveram sem se relacionar intimamente.

Esse pensamento, longe de confortá-la, perturbava-a ainda mais. Logo agora que ela acreditara em seu amor! Seria José Luís tão venal a ponto de fingir amá-la para usufruir uma situação que ela provocara?

Seu rosto pálido coloriu-se de súbito rubor. Ela se declarara. Que vergonha! José Luís não a amava. Apenas dera vazão às emoções do momento, nada mais. Fora leviana, expondo-se desse jeito.

Agoniada, torceu as mãos em desespero. Seria mesmo verdade? Se ele de fato comprara até uma casa para ela, a história

262

deveria ser antiga. Como saber? O ciúme apareceu forte. Quem teria escrito aquela carta? Leu-a novamente. Ele lhe pedia para aguardar. Prometeu-lhe provas. Claro. Era uma carta anônima. Poderia ser uma infâmia.

Mil pensamentos circulavam em sua cabeça, e ela procurou acalmar-se. Não poderia fazer nada antes de obter a prova prometida. Como poderia viver até lá? Precisava encontrar forças para que ninguém desconfiasse. Só assim poderia descobrir a verdade. Habituada a ocultar seus sentimentos, compôs a fisionomia, porém sentia a dor aguda do ciúme ferindo seu coração.

Ninguém notou nada. Ela conseguiu seu intento. A carta, escondida no bolso do vestido, fazia-a sentir que tudo era verdade.

Sempre se perguntara como José Luís suportara os anos em que estiveram separados. Agora sabia. Amaria essa mulher? Por certo. Teria filhos com ela? A esse pensamento, seu coração apertou-se. Ardia por saber.

No dia seguinte, à tarde, enquanto Luciana e Maria Lúcia conversavam animadas na sala de música, João Henrique chegou com Ulisses. Maria Helena recebeu-os com carinho. João Henrique subiu para trocar de roupa. Vendo-se sozinho com ela, Ulisses disse respeitoso:

— Poderia conceder-me alguns minutos? Preciso falar-lhe a sós.

— Por certo. Pode falar, estamos sozinhos.

— Preferia um lugar reservado. O assunto é muito grave.

— Está bem. Venha ao escritório. Ninguém vai nos interromper.

Uma vez lá, ofereceu a Ulisses uma cadeira e sentou-se a seu lado.

— Pode falar.

Ele hesitou.

— Não sei se devo...

— Do que se trata? Alguma coisa com João Henrique?

— Não. Não é nada com ele. Acho melhor não dizer. Afinal, não tenho nada com isso.

— Você me assusta. Fale logo.

— A senhora conhece-me há muitos anos, desde menino. Sabe como estimo sua família. João Henrique é como meu irmão! Só por esse motivo vou lhe contar o que sei.

— O que é?

— Não leve a mal, dona Maria Helena. Estou revoltado. A senhora, uma pessoa tão boa, ser enganada dessa forma! Logo por quem.

Maria Helena empalideceu.

— Pelo amor de Deus — pediu. — O que você sabe que eu ignoro?

— Vou contar-lhe. Mas gostaria que buscasse comprovar pessoalmente. Que não contasse a João Henrique ou aos demais que fui eu quem lhe abriu os olhos.

Maria Helena colocou a mão trêmula no braço de Ulisses e pediu:

— Seja lá o que for, quero saber já. Não contarei a ninguém que foi você. Agora fale.

— Fui eu quem lhe escreveu aquela carta.

— Você?

— Sim.

— Então você sabe tudo a respeito.

— Sei!

— Fale, pelo amor de Deus!

— Está bem! O doutor José Luís tem uma amante. Eu o vi sair várias vezes, tarde da noite, da casa dela. Despediam-se amorosamente. Preocupado, passei a vigiá-los. Ele vai lá regularmente. Descobri que a bela casa onde ela mora foi ele quem comprou.

— Isso você já disse na carta. Quero saber mais. Como é ela?

— Jovem e bela. Rosto angelical, atrás do qual eu jamais poderia supor haver uma pessoa tão baixa, capaz de tanto fingimento.

— Jovem... bela... Então não pode ser coisa antiga.

— Talvez uns dois anos.

— Quem é ela?

— A senhora vai surpreender-se tanto quanto eu...

— Fale.

— Essa jovem traidora, hipócrita, que se finge de amiga para roubar-lhe o marido... é Luciana.

— Luciana?! — O rosto de Maria Helena contraiu-se em dolorosa surpresa. — Não posso acreditar! Isso não pode ser verdade. Você está enganado.

— Infelizmente não. Gostaria de poupar-lhe esse desgosto, mas não posso deixar que a senhora seja tão cruelmente enganada. Essa moça insinuou-se em sua casa interessada em seu marido. Descobri que ela era muito pobre antes de ele lhe comprar a casa. Além da casa, mobiliada com luxo, deu-lhe dinheiro, comprou-lhe joias. Ela e a avó mudaram de vida, claro. O doutor José Luís é generoso!

Maria Helena passou a mão na testa como a querer libertar-se daquela ideia. A situação era tão angustiante que ela não queria acreditar. De repente, lembrou-se: fora José Luís quem sugerira Luciana como professora da filha. Ele sempre se interessava pela moça, dedicava-lhe especial atenção.

— Meu Deus! — gemeu ela — Que horror!

Os olhos de Ulisses brilharam de satisfação enquanto ele dizia com voz aflita:

— Por favor, dona Maria Helena. Tenha calma. Sei que a situação é complicada, mas não se precipite. Precisa ser mais esperta do que ela. Afastá-la de sua casa e do convívio de sua família. Acabar com essa imoralidade!

Lágrimas corriam pelas faces de Maria Helena, embora lutasse para contê-las. A violência da surpresa prostrava-a. Quando conseguiu controlar-se, disse com voz trêmula:

— Vou pensar. Encontrarei uma forma. Você verá. Obrigada por haver me alertado.

— Lamento haver sido eu o portador. Contudo, não poderia ficar calado diante de tal ousadia.

— Obrigada, eu lhe serei eternamente grata. Agora vá, antes que alguém o veja aqui comigo.

Ele saiu rápido, acomodando-se gostosamente na sala de estar, esperando por João Henrique. Maria Helena, sentindo não poder conter-se, foi para seu quarto, trancou a porta e atirou-se no leito, chorando convulsivamente.

As duas moças saíram da sala de música e encontraram Ulisses. Maria Lúcia sorriu com prazer, indo abraçá-lo. Luciana cumprimentou-o com um aceno de cabeça. Ulisses, bem-humorado, cortejou Maria Lúcia, dirigindo-lhe galanteios, e a moça não escondia o contentamento.

Luciana sentiu aumentar sua preocupação. Sabia que Ulisses não amava Maria Lúcia. Temia que ela viesse mais tarde a sofrer por isso. Contudo, sentiu que não podia fazer nada. Pensou em Suzanne. Se ela pudesse ajudar! Teve vontade de sair dali, ir para casa.

— Maria Lúcia, vou para casa.

— Que pena. Não vai ficar para jantar?

— Obrigada, meu bem, hoje não posso. Vovó me espera.

— Você disse que iria ficar... — fez ela, pesarosa.

— É, eu disse, mas lembrei-me agora de que não posso. Fica para outro dia.

Despediu-se e saiu. Precisava ir para casa. Sentia um aperto no coração e não sabia explicar por quê.

Quando Luciana saiu, Ulisses segurou a mão de Maria Lúcia, dizendo:

— Deixe-a ir. Será melhor. Venha, sente-se a meu lado. Precisamos conversar.

A moça corou de emoção. Ele prosseguiu:

— Sabe que está muito linda e que eu gosto muito de você?

— Você nunca disse.

— É. Eu estava cego. Além disso, fui iludido por sua melhor amiga.

— Luciana?

— Sim. Luciana. Há muito desejo falar-lhe sobre ela. Sabe que está apaixonada por mim?

Maria Lúcia foi do rubor à palidez sucessivamente.

— Não é verdade! Ao contrário, ela sempre disse que não o aprecia. Aliás, sempre pensei que você é que gostasse dela!

— Impressão sua. Eu gosto mesmo é de você. Várias vezes disse isso a ela. Queria que me ajudasse a conquistar você. Sempre faz tudo que ela manda!

Maria Lúcia irritou-se:

— Não é isso, não. Sou dona do meu nariz. Sempre faço só o que quero. Nem mamãe me vencia.

— Pois não parece. Luciana conduz você com facilidade. Ela me afastava de seu lado, dizendo que você me detestava. Mas, quando ela disse que me amava, entendi tudo. Ela queria me afastar de você!

— Ela fez isso? — disse ela dolorosamente surpreendida.
— Fez. Sofri muito. Mas agora resolvi contar a verdade. Ela nunca foi sua amiga. É falsa e interesseira.
— Não diga isso dela!
— Ainda a defende? Depois do que ela fez? Pois eu vou contar-lhe mais.

Maria Lúcia tapou os ouvidos:
— Não quero. Chega! Não suportarei!
— É um segredo. Posso confiar em você?

Ela hesitou. Desejava saber, mas ao mesmo tempo sentia medo.
— Não sei — disse.
— Então não conto. É um segredo muito sério.
— O que é?
— Jura que não conta a ninguém?
— Juro.
— Vou contar o que eu descobri sobre ela.

Ulisses contou-lhe a mesma história que havia contado a Maria Helena.
— Não pode ser. Não acredito!
— Juro que vi. Estou dizendo a verdade.
— Meu Deus! Que horror!
— Ela nunca foi sua amiga. Aproximou-se de você por causa de seu pai. Quer o dinheiro dele, mas, ao mesmo tempo, o meu amor. Acha que eu poderia concordar?

Maria Lúcia, pálida, coração apertado, não queria acreditar.
— Não pode ser — disse com voz sumida. — Você deve ter se enganado.
— Juro que é verdade. Gostaria de estar enganado. Sei como vocês a estimam. Pensei muito antes de tomar essa decisão. Como esconder a verdade se vocês são como minha família? João Henrique é meu melhor amigo. Respeito seus pais como os meus próprios. Depois, há você, que, quem sabe um dia, ainda será a mãe de meus filhos!

O rosto pálido da moça coloriu-se de rubor. Apesar de tudo, ele a amava. Era por ela que estava ali, tentando defender seu amor.
— Preciso pensar — disse ela —, conversar com Luciana, saber a verdade.

— Duvida de mim? Acha que ela vai declarar-se culpada? Ela sempre tentou me indispor com você. Nunca foi favorável ao nosso amor.

Maria Lúcia reconheceu que Luciana não se entusiasmava quando confidenciava seu amor por Ulisses.

— Minha mãe sabe?

— Sim. Contei-lhe tudo. Não podia permitir que ela continuasse sendo enganada dessa forma. Fiz mais, pedi-lhe que comprove a verdade. Não será difícil. Seu pai vai sempre lá.

— Custa-me crer. E dona Egle?

— Encobre a neta, certamente.

— É uma grande senhora, tem classe.

— Mas faz o que Luciana quer. Ela é astuciosa. Consegue tudo que quer. Você sempre lhe obedeceu!

— Eu sou livre. Sempre fiz o que quis.

— Pois não parece. Estou mostrando a verdade, e você está tão cega por ela que não consegue ver.

Maria Lúcia baixou a cabeça, confundida. Percebia o fascínio que Luciana sempre exercera em sua vida. Seria verdade? Estaria sendo enganada? Teria sido manipulada todo aquele tempo?

Ulisses abraçou-a com entusiasmo, procurando seus lábios. Com o coração batendo forte, Maria Lúcia entregou-se àquele beijo que mil vezes sonhara receber. Sentia as pernas trêmulas e forte calor no corpo. Ele a amava! Que importância tinha o resto? Sabia que o queria e que faria tudo para conservar seu amor.

— Diga que me ama — pediu ele.

— Sim. Eu o amo! — confessou ela afinal.

— Isso é o que eu queria ouvir de seus lábios. Só peço que espere um pouco para contar à sua família. No momento, não tenho condições financeiras para pedir sua mão. Seu pai é rico, tem posição. Não posso chegar a ele de mãos vazias. Vamos namorar em segredo por algum tempo. Só enquanto eu me preparo. Assim que tiver condições, oficializo o pedido.

Maria Lúcia ouvia-o fascinada.

— Mal posso acreditar — disse enlevada.

— É verdade.

— Acha que vai demorar? Gostaria de gritar a todos a nossa felicidade.
— Eu também. Tenho alguns negócios que, se se efetivarem, brevemente farei o pedido.
— Sinto-me tão feliz! Apesar da desilusão com Luciana.
— Prometa-me que não mais vai recebê-la nesta casa.
— Não sei. Precisamos conversar. Há muitas coisas que eu gostaria de dizer-lhe.
— Por favor, não! Será doloroso para você. Desejo poupá-la. Depois, tenho medo. Ela não vai conformar-se em ser desmascarada. Fará tudo para enganá-la de novo. Vai querer nos separar. Não posso permitir.
— Se ela vier, não posso deixar de esclarecer tudo.
— Prometa que não vai recebê-la. Jure que pelo menos desta vez não obedecerá aos desejos dela!
— É difícil.
— Vê como está dependente?
— Não sou dependente.
— É. Só faz o que ela quer.
— É mentira.
— Então prove. Está sabendo que ela os enganou o tempo todo, é sem caráter, desrespeitou sua mãe, impediu nosso amor, e ainda assim quer justificá-la? Dar-lhe chance de enganá-la de novo? A verdade é que você é medrosa. Não quer admitir que perdeu a muleta. Pendurou-se nela para sair de sua timidez. Você não precisa mais dela. Eu estou aqui e a amo. Desejo seu bem, sua felicidade. Sua mãe precisa de sua compreensão. Quer ver dona Maria Helena desrespeitada?
— Está bem, reconheço que tem razão.
— Prometa que não vai procurá-la, nem recebê-la aqui.
— Está bem. Prometo.
— Isso. Assim é melhor. Estou cuidando de sua felicidade e do bem-estar de sua família. Agora lembre-se: mantenha nosso segredo. Virei vê-la sempre que possível.

Quando Ulisses se foi com João Henrique, Maria Lúcia, em seu quarto, revivia o que acontecera com detalhes. Sentimentos contraditórios afluíam em seu coração. Amava Luciana. Como pudera enganar-se a tal ponto? Ela sabia de seu amor por Ulisses e, agora percebia claramente, tentara sempre desencorajá-la. Por quê? Também se apaixonara por ele. Podia entender isso, mas imaginá-la nos braços de seu pai chocava-a muito mais. Como? Sempre tão discreta, mostrando-se espiritualizada, falando com dignidade, e vendendo seu amor a um homem casado, cuja casa frequentava e onde era recebida carinhosamente?

Esse comportamento era aviltante. De fato, Ulisses estava certo, ela não merecia nenhuma consideração. Sabia que seu pai não tinha um bom relacionamento com a mãe. Percebera muitas coisas que agora apareciam mais claras, mas, apesar dos desentendimentos, Maria Helena nunca deixara de ser uma esposa correta e dedicada.

Ela própria fazia algumas restrições à mãe, cuja educação formal e voltada às regras irritava-a. Mas conhecia-lhe a honestidade e a dedicação à família. Podia compreender que seu pai tivesse alguma aventura fora do lar. Sempre ouvira dizer que a maioria dos homens casados tinha amantes para satisfazer seus íntimos desejos sexuais, coisas que as esposas não se permitiam fazer. Sua mãe, tão fria e formal, seria uma dessas? O que não aceitava era que fosse com Luciana, jovem, bela, culta, que por certo poderia escolher um homem livre para casar-se! E ainda trazê-la para dentro da própria família... Isso era demais!

Podia avaliar como sua mãe estava se sentindo. Que horror! Como haviam sido enganadas! Ulisses libertara-a dessa situação. Ulisses! Logo estariam casados e felizes! Como seria bom!

"Não serei uma esposa dessas", considerou. "Meu marido não precisará de amante. Certamente isso não acontecerá comigo. Nós nos amaremos eternamente. Viveremos um para o outro."

Luciana chegou em casa um pouco indisposta. Sentia o coração apertado, oprimido, e uma ponta de angústia. Egle percebeu logo.

— Você não está bem. O que foi? Aconteceu alguma coisa?

— Não, nada. Mas sinto-me angustiada. Não sei o que é. Parece que, de repente, caiu sobre mim um peso.
— Energia pesada.
— É. Só pode ser. Não sei, vovó. Ulisses apareceu lá. Aquela cena ainda não me saiu da lembrança.
— É uma pena que você teime em guardar segredo com José Luís. Não percebe que é prejudicial?
— Sabe, vovó, ele estava rodeando Maria Lúcia, fazendo-lhe a corte. Ela está apaixonada por ele. Pode corresponder. Já pensou que tristeza?
— Alguém precisa prevenir Maria Helena. Ela, sempre tão cuidadosa, agasalha em casa aquele patife.
— Não tenho coragem. Não gosto de delatar ninguém. Confio em Deus. Pedirei a mamãe que nos ajude a proteger Maria Lúcia.
— Se prefere assim... Em todo caso, José Luís deveria saber.
— Não, vovó. Entreguemos nas mãos de Deus. Quando se trata de pessoas e sentimentos, só ele sabe o que vai dentro de cada um.

A campainha soou, e Egle foi abrir. Voltou alegre, com uma carta nas mãos.
— É de Margarida Fontes. Convida-nos para almoçar com eles no domingo.

Luciana corou de prazer.
— Que bom! Iremos, com certeza!
— Claro. Vou telefonar agradecendo e dizer-lhe que aceitamos.
— Vou usar aquele vestido rosa novo. O que acha?
— Lindo! Estou pensando em levar umas flores. Aquele vaso de orquídeas.
— Vovó! Você vai dar-lhe suas orquídeas? Bom sinal esse.
— Sente-se melhor agora?
— Sim, embora a opressão permaneça. É como se uma tempestade fosse desabar sobre minha cabeça.
— Seja o que for, a vida sempre faz o melhor.
— É verdade. Confio em Deus. O mal é só ilusão. Jamais vai nos atingir.

No dia seguinte, à tarde, um mensageiro tocou a sineta da porta e Luciana foi abrir. Entregou uma carta endereçada a ela. Abriu-a e leu:

Cara Luciana,

Eu, Maria Lúcia e João Henrique resolvemos viajar por algum tempo. Por essa razão, nossa casa permanecerá fechada. Avisaremos sobre nosso regresso.

Respeitosamente,
Maria Helena

— É estranho — disse Luciana. — O que terá acontecido?

Egle apareceu na sala:

— O que foi?

— Dona Maria Helena fechou a casa, viajou com Maria Lúcia e João Henrique.

— Para onde?

— Não sei. Não disse. Estranho... Ontem ninguém falou nada sobre isso. Nem sequer contou para onde. Maria Lúcia nem me mandou uma palavra sequer. Não lhe parece esquisito?

— É... Teria acontecido alguma coisa? José Luís foi com eles?

— Não sei. Ela não disse.

— Algum parente de fora pode ter adoecido.

— Pode. Não sei, mas sinto voltar o aperto no coração quando penso nisso. Alguma coisa ruim está lhes acontecendo, sinto isso. Meu Deus, o que será?

— Podemos fazer uma concentração e rezar por eles.

— Faremos isso, vovó. Dona Maria Helena está muito angustiada. Visualizo seu rosto muito triste. Algo está acontecendo a ela. Se ao menos eu pudesse ver o que é!

— Acalme-se, Luciana. Seja o que for, confiemos em Deus. Ele não faz sempre o melhor?

— Tem razão, vovó. Se ao menos soubéssemos para onde foram...

— Seja o que for, não está em nossas mãos resolver. Faremos a nossa parte. Criaremos pensamentos de bem-estar, de alegria e de felicidade. Mandaremos a eles essa energia. Lembre-se de que, se você sente o problema dela, é para que o suavize mandando energias renovadoras. É só o que podemos fazer.

— Tem razão, vovó. Faremos isso agora mesmo.

Sentaram-se na sala e Egle fez comovida oração. Depois, em silêncio, as duas tentaram visualizar Maria Helena e os filhos radiantes de felicidade. Luciana, pensando nas mulheres, sentiu um amor muito grande por elas. Amava-as. Empolgada por esse sentimento, abraçou-os um a um, expressando o que lhe ia na alma.

Sentiu-se muito bem depois disso. Toda angústia e opressão desapareceram de seu coração. Suzanne, ao seu lado, abraçou-a carinhosamente dizendo-lhe ao ouvido:

— Isso mesmo, filha. Dê-lhes amor e confie em Deus. As experiências amadurecem e são necessárias. Compreenda.

Luciana sorriu:

— Mamãe veio — comentou.

— Sim. Eu senti.

— Agora está tudo bem. Seja o que for, sinto-me em paz.

— Eu também.

Tranquilas e alegres, planejaram a visita aos Fontes no domingo. Egle notou com satisfação que Luciana mostrava-se entusiasmada e mais interessada do que o habitual.

Na noite seguinte, José Luís procurou-a com satisfação.

— Sinto-me sozinho — foi dizendo logo ao sentar-se na cômoda poltrona da sala de estar.

— Posso avaliar. Recebemos uma nota de dona Maria Helena. O que aconteceu? — indagou Luciana. — Estive lá anteontem, e Maria Lúcia não disse nada. Para onde foram?

— Para Petrópolis. Foi de repente.

— Aconteceu alguma coisa?

— Não. Maria Helena se disse cansada. Pensou que os ares da serra lhe fariam bem. Estava um pouco abatida.

— Vão demorar?

— Não sei.

— Tenho a impressão de que algo aconteceu. Eu sinto. Algum desgosto. Quando penso em dona Maria Helena, sinto um aperto no coração.

José Luís sacudiu a cabeça.

— Você está enganada. Não houve nada. Ao contrário, nunca estivemos tão bem — ele parou, hesitando um pouco.

— Ficaria muito feliz em saber que as coisas melhoraram para vocês — disse Egle com suavidade. — Maria Helena é uma mulher maravilhosa. Você é um homem de sorte.

— Agora eu sei disso. Suzanne não volta mais. Não posso viver só do passado. Sou humano.

— Tenho certeza de que mamãe sempre desejou a felicidade de vocês. Penso até que se sentia triste, sendo um obstáculo a essa felicidade.

A conversa continuou amena e agradável. José Luís sentia-se bem ali, naquele ambiente de compreensão e carinho. Foi ficando. Era muito tarde quando saiu. Luciana acompanhou-o à varanda.

— Você é a luz de minha vida — disse ele, olhando-a com amor. — Só comecei a ser feliz depois que a encontrei. Deus a abençoe.

Abraçou-a demoradamente, beijando-a na face. Saiu, entrou no carro e nem sequer notou que do outro lado da rua havia outro carro, às escuras.

Maria Helena estava lá, ao lado de Ulisses.

— Então? — disse ele depois que José Luís se foi. — Ainda duvida?

Maria Helena torcia as mãos frias e procurava controlar suas emoções. Não queria que Ulisses percebesse a que ponto se sentia infeliz.

— Sim — disse por fim. — Não há como duvidar.

— O que pensa fazer?

— Voltar para Petrópolis agora mesmo. Não quero que João Henrique saiba de nada. Não vai aceitar isso. Preciso pensar... Logo agora que ele se relaciona melhor com o pai! Não quero que se desentendam.

— A senhora é uma grande dama. Quanto mais a conheço, mais a admiro.

— Não há nada mais importante para mim do que a família. Farei tudo para preservá-la. Espero contar com sua discrição de homem de bem. Quero que jure que não contará esta história a ninguém mais.

Ulisses apressou-se a jurar. Convinha-lhe que ninguém mais soubesse.

— E quanto a Luciana? — indagou ansioso.

— Vou pensar o que fazer. Nunca mais porá os pés em nossa casa, eu garanto.

— Mas João Henrique e o próprio doutor José Luís desejarão saber o motivo. Vai falar a verdade?

— Não. Seria a humilhação maior. Seria descer de minha dignidade de mulher. Descobrirei um jeito, verá.

Perdida em seus pensamentos íntimos, Maria Helena não notou o ar de satisfação de Ulisses.

— Vamos embora — pediu. — O caminho é longo.

— Como queira.

Em minutos o carro desaparecia na curva da rua.

XVIII
Décimo Oitavo
Capítulo

Luciana acordou cedo e bem-disposta. Satisfeita, levantou-se, vestiu-se e foi tomar seu café na copa. Vendo-a, Egle não escondeu a alegria.

— Como você está bem-disposta esta manhã! Corada!

— Sinto-me feliz, vovó. Tenho vontade de cantar, dançar. Já notou como os passarinhos cantaram hoje cedo?

Egle balançou a cabeça.

— Acho que sei por que essa alegria toda… Tem a ver com os Fontes.

Luciana corou, mas concordou sorrindo.

— É verdade, vovó. Nestes dois meses que Maria Lúcia está fora, eles têm sido companheiros ideais.

— Vocês não se largam. Todos os dias, nunca vi coisa igual!

— É que eles são mesmo especiais. Adoro Margarida. Nunca conheci ninguém como ela. Seu otimismo, sua inteligência, sua bondade comovem-me e ajudam-me. Tenho aprendido muito com ela.

— Eu sei. Margarida é uma mulher duzentos anos à frente de nossa época. É original, espirituosa e, você tem razão, também muito bondosa.

— Sinto-me muito bem ao seu lado. Desde aquele domingo maravilhoso em que fomos almoçar lá, minha vida transformou-se.

— Você agora me parece mais feliz.

— Estou, vovó. Eu vivia bem. Mas agora me sinto ainda melhor. Havia muitas coisas que não conseguia entender. Margarida tem me mostrado aspectos que eu nunca havia notado e que modificaram muito minha maneira de pensar.

— É verdade, Luciana. A mim ela também ajudou.

— A senhora?

— Sim. Desde que Suzanne morreu, e você ficou comigo, sempre receei ter de partir e deixá-la só no mundo. Temia a crueldade dos outros, pensava que eu necessitava estar aqui, ao seu lado, para protegê-la.

— A senhora nunca me disse!

— Não queria preocupá-la. Mas, apesar de saber que a vida continua, que a morte é uma ilusão, temia ter de ir, deixando-a no mundo. Quando José Luís apareceu, fiquei mais aliviada. Contudo, ele tem uma família que desconhece o passado. Sempre me perguntei como Maria Helena receberia a verdade. Margarida mostrou-me o quanto estava enganada. Se eu precisar ir amanhã, irei em paz.

Luciana levantou-se e abraçou a avó com carinho.

— Não fale assim. A senhora ainda ficará muito tempo comigo.

— Eu gostaria de ficar, mas, se precisar partir, não será um drama.

— Margarida faz milagres. Como foi?

— Sabe, Luciana, nossa educação, a sociedade, a posição da mulher em nosso mundo, a religião, que sempre procurou nos dominar pelo temor e não pelo amor, as ilusões das pessoas, acreditando no mal como solução de suas dificuldades, tudo isso tornou nosso mundo muito triste e cruel. A bondade confunde-se com a fraqueza, a dignidade com o orgulho, o amor com a paixão, a honestidade com a aparência. Tudo vem confundindo nossos sentimentos e, por isso, colocamos os medos em nossas vidas. Sentimos medo de viver, de morrer, das pessoas, da natureza e até do castigo de Deus. O medo tem atormentado nossas vidas e impedido que enxerguemos a verdade. Ele deturpa os fatos, paralisa nosso desempenho, escurece nossas decisões.

— É verdade, vovó. Já notei isso.

— Margarida fez-me compreender que isso tudo não passa de ilusão, de mentiras nas quais acreditamos ao longo de nossas vidas. São crenças profundas que determinam todas as nossas atitudes no dia a dia.

— Claro. Se eu creio que algo é de determinada forma, tomarei atitudes sempre em relação a isso.

— Pois é. Compreendi que os medos são gerados pela crença de que o mundo é perigoso, esquecida de que Deus está cuidando de tudo. Que Ele é bom, perfeito, justo e muito mais do que podemos imaginar, já que Ele controla e mantém o equilíbrio do Universo. E, o mais importante, que Ele nos criou para a alegria e a felicidade. O paraíso. Rodeou-nos de beleza, colocou-nos na Terra, um planeta cheio de flores, deu-nos tudo, previu os mínimos detalhes. Nossos medos não seriam meras pretensões? Nossa falta de fé não será uma infantilidade espiritual?

— Vovó! Como a senhora cresceu!

— Disse bem, Luciana. Eu cresci. Além disso, os espíritos dizem sempre que é preciso dar para receber. Que cada um recebe de acordo com o que dá.

— É verdade.

— Então eu descobri que isso se aplica não só à esmola que damos na igreja, ao dinheiro na mão do pobre, mas às energias que acumulamos com nossos pensamentos e distribuímos a todo instante.

— É mesmo. Cada pessoa distribui suas energias por onde passa. Posso senti-las muitas vezes.

— Os sensitivos sentem. Margarida disse-me que essas energias que damos naturalmente, frutos de nossa forma de sentir, de pensar, é que atraem e repelem os fatos e as pessoas em nossa vida.

— Ela me falou sobre isso.

— Logo, se isso é verdade, você, que só pensa no bem, irradia o bem, estará protegida. Nenhum mal vai atingi-la.

— O mal é ilusão, vovó. Não acredito nele. Até o mais triste assassino, um dia, compreenderá isso.

— Concordo. Mas a presença de José Antônio concorre para seu entusiasmo.

— Gosto dele, vovó. É carinhoso, inteligente, culto. Já notou como ele trata Margarida?

— Já. São pessoas muito especiais. Parece que gostam de nós. Ele já se declarou?

— Vovó!

— Por que essa admiração? É o que ele fará nos próximos dias, se é que ainda não o fez.

— A senhora acha mesmo?

— Acho. Desde já digo que concordo. Abençoarei vocês com alegria.

A sineta tocou.

— Espera alguém?

— Sim, vovó. Eles me convidaram para escolher alguns tecidos. Pretendem reformar a sala de estar.

Egle balançou a cabeça.

— Não há o que justificar, os motivos aparecem sempre. Vá abrir logo.

Luciana, corada e alegre, apressou-se a obedecer. Margarida e José Antônio entraram e abraçaram Luciana carinhosamente. Egle apressou-se em cumprimentá-los. Minutos depois, vendo-os sair, Egle sentiu-se feliz. Gostava deles o bastante para desejar tê-los na família. Luciana seria feliz, com certeza.

Percebera o interesse do moço e a aprovação de Margarida. Aquele era um namoro que tinha tudo para dar certo, embora ele ainda não houvesse se declarado.

Naquele fim de semana, em Petrópolis, Maria Helena recebeu o marido aparentando uma alegria que não sentia. Havia dois meses que estava lá com a filha, e não desejava voltar ao Rio. Voltar significava enfrentar o problema de Luciana, e ela não conseguira ainda encontrar uma desculpa para afastá-la de casa.

Inconformado, José Luís insistia para que voltassem, dizendo-se muito só. João Henrique, depois de uma semana, regressara, mas pouco se viam. O rapaz esforçava-se para esquecer a desilusão passada, e mergulhara no trabalho, tendo voltado aos projetos de sanidade e urbanização da cidade, sonho maior de sua juventude. Fora isso, tornara-se assistente de um grande engenheiro, trabalhando o dia todo, visando a praticar e tornar-se um bom profissional.

João Henrique dedicava-se pouco ao lazer. Ao contrário de outros tempos, não ia a concertos ou teatros. Preferia recolher-se para trabalhar em seus projetos. Voltara-se mais para coisas bucólicas, preferindo sentar-se nos parques ou ir a Paquetá, quase sempre sozinho, perdido em seus pensamentos. Seus amigos, voltados às atividades mundanas, raramente o seguiam.

Jarbas, algumas vezes, acompanhara-o, porém João Henrique mostrara-se tão distante e introspectivo que ele se afastara, percebendo que o amigo preferia a solidão.

Em casa, ficava em seu escritório, estudando, e José Luís permanecia realmente só.

Uma tarde, José Luís, a sós com Maria Helena na sala de estar, foi direto ao assunto:

— Maria Helena, vim buscá-la. Amanhã voltaremos para casa. Não aguento mais ficar lá sem vocês.

— Reconheço que tem razão. Contudo, sinto-me tão bem aqui que apreciaria ficar mais um pouco.

José Luís olhou-a sério:

— Aconteceu alguma coisa? Tenho notado que há momentos em que você me parece distante. Por acaso arrependeu-se? Não deseja mais viver ao meu lado? Terá o passado mais força do que o presente?

Ela se apressou em dissimular.

— Não. Por que diz isso?

— Porque não estou entendendo. Primeiro você disse que me amava, que sempre sonhou com nossa felicidade. Compreendi o quanto a amava também e nos entendemos como nunca. Não consigo esquecer as noites que passamos juntos depois disso. Pensei que não houvesse mais sombras entre nós, que pudéssemos viver bem agora. Mas você, de repente, abandona-me, decide ficar longe de casa e, sempre que desejo levá-la de volta, vem com desculpas. Hoje estou disposto a esclarecer. O que está acontecendo? Quero a verdade.

281

Maria Helena sentiu que precisava encontrar uma saída. Olhou-o nos olhos e decidiu:

— Está bem. Direi a verdade. Não vai recriminar-me? Rir de minha fraqueza?

Ele abanou a cabeça.

— Seja o que for, posso entender. Sabe que sou compreensivo.

— Muito bem. Notou que agora meu relacionamento com Maria Lúcia melhorou?

— Notei e felicito-a. Vocês nunca se entenderam. Agora tornaram-se atenciosas uma com a outra. Maria Lúcia mudou muito.

— Quando percebi que havia me enganado a respeito dela, julgando-a incapaz, senti enorme remorso. Claro que ela nunca seria como João Henrique, sempre inteligente e sagaz, mas ela poderia ser uma pessoa comum, o que chega a ser bom na mulher. Não percebi isso e sempre a tratei de forma inadequada. Contudo, ela se mostrava ressentida comigo, mesmo quando resolvi conquistar seu afeto, acabar com os desentendimentos que havia entre nós. Aí, percebi que ela gostava de Luciana muito mais do que de mim. Fiquei arrasada de ciúme.

— Que despropósito. Logo com Luciana!

— Foi mais forte do que eu. Ela só falava em Luciana, tudo era Luciana. Só Luciana. Eu nada representava para ela.

— Por que não me disse?

— Tive vergonha. Afinal, sou uma mulher amadurecida. Não quis confessar meu ciúme. A situação chegou a um ponto que eu não suportava vê-las juntas. Então eu pensei que, se me afastasse dela por algum tempo, conseguiria vencer esse ciúme. Contudo, só em pensar em voltar, fico horrorizada. Aqui, longe dela, Maria Lúcia achegou-se mais a mim. Ao voltar, Luciana virá ver-nos e tudo voltará a ser como antes. Eu não quero! Não suportaria perder o amor de minha filha para uma estranha!

José Luís, surpreendido, podia perceber a raiva que Maria Helena colocava nas palavras.

Sentia que ela falava seriamente. Jamais imaginara que isso pudesse acontecer. Estava desgostoso.

— Eu estranhei seu silêncio sobre Luciana. Afinal, ela se tornou habitual em nossa casa.

282

— Agora sinto-me sem coragem de enfrentar a mesma situação de novo. Meu ciúme continua mais vivo do que nunca. Não permitirei que ela roube o amor das pessoas que amo!

Disse isso com tal veemência que José Luís se assustou.

— Parece que você a odeia, no entanto, ela nos fez muito bem.

— É isso que eu odeio. Ela é maravilhosa, e vocês a amam. E eu? Sou absolutista. Recuso-me a dividir o amor de minha família com uma estranha, por melhor que ela pareça ser.

— Nesse caso, o que pretende fazer?

— Também desejo voltar para nossa casa. Quero que me prometa que essa moça não mais porá seus pés lá.

José Luís levantou-se irritado.

— Não acha que está sendo infantil, depreciando uma pessoa que deu o melhor de si e não tem culpa de seus complexos pessoais?

— Eu disse que você não iria entender. Eu não quero mais essa situação. Por outro lado, Maria Lúcia vive pendurada em Luciana. Precisa ser independente. Até quando ficará apoiada nela?

— Por causa disso você não tem o direito de desfeitear Luciana, afastando-a de nossa casa sem motivo justo.

"Ele a ama!", pensou Maria Helena com raiva. "Defende-a com veemência."

Procurou esconder o que sentia e disse com naturalidade:

— Claro que não penso em ofendê-la. Conversarei com ela e com Egle. Pedirei que se afaste por algum tempo. Explicarei que é para o bem de Maria Lúcia. Para que ela aprenda a ser autossuficiente. Tenho certeza de que compreenderão. Depois de algum tempo, quem sabe, quando eu estiver mais segura com minha filha, nós a chamaremos de volta.

José Luís suspirou contrariado, mas aqueles eram os sentimentos da esposa. Seria melhor mesmo Luciana afastar-se por certo tempo.

— Está bem — disse. — Se é assim que quer, seja. O que dirá para Maria Lúcia? Ela vai querer ver Luciana.

— Estes dois meses aqui foram muito positivos. No começo ela perguntava muito; agora esqueceu. Se Luciana alegar outras ocupações, ela aceitará.

— Sendo assim, regressaremos amanhã.

283

— Sim. Amanhã.

José Luís abraçou-a, beijando-lhe os cabelos, procurando seus lábios com ardor.

— Estou saudoso — disse emocionado.

Maria Helena entregou-se ao prazer doloroso daquele beijo que a fazia estremecer de emoção, mas que, ao mesmo tempo, como um punhal, remexia a ferida em seu coração.

Maria Lúcia, no quarto, sentada no chão, costas apoiadas na cama, sentia-se profundamente entediada. Estava só. Ansiosamente aguardara a presença de Ulisses. Ele não aparecera nem lhe enviara uma palavra sequer.

Nos primeiros tempos, entretera-se em recordar suas palavras de amor e os beijos que haviam trocado. Tinha pressa em voltar ao Rio, em revê-lo. Ali, em Petrópolis, tudo era difícil. Ele desejava manter segredo.

Todo sábado esperava ansiosamente. João Henrique não vinha. Se ele viesse, Ulisses teria pretexto para vir junto. Sozinho, não teria desculpa. Desejava pedir à mãe para voltar, porém, vendo-a tão triste e sofrida, não tinha coragem. Compreendia o que ela deveria estar sentindo. Por isso, achegara-se mais a ela tentando ser solidária. Foi com satisfação que, à mesa do jantar, ouviu do pai a notícia de que regressariam no dia seguinte.

Seu rosto cobriu-se de rubor, e os lábios entreabriram-se em um sorriso.

Na tarde de domingo, eles regressaram ao Rio. Foi com prazer que Maria Lúcia, à noite, vestiu-se com capricho e esperou. Mas, embora João Henrique estivesse em casa, Ulisses não apareceu.

Na manhã de segunda-feira, Egle recebeu com alegria um telefonema de Maria Helena dizendo que iria visitá-las à tarde.

Com satisfação, Luciana arrumou a sala colocando flores frescas, e Egle preparou guloseimas para o lanche.

Eram quase quatro da tarde quando Maria Helena chegou e, para decepção das duas, estava só. Cumprimentou-as educadamente e disse que precisavam conversar. Reunidas na sala, Maria Helena disse que se preocupava com a dependência da filha e por isso estava interessada em afastá-la por algum tempo mais da convivência com as duas amigas.

— Tenho notado — expôs ela —, nestes dois meses a sós com Maria Lúcia, que ela melhorou muito. Está mais independente, mais adulta. Por essa razão, gostaria que ficassem algum tempo afastadas dela. Quero ver se ela se liberta.

— Sempre desejei que ela se tornasse mais dona de si. Contudo, dona Maria Helena, ela ainda não me parece pronta. Eu mesma tencionava fazer isso, mas temo que seja cedo demais. Ela ainda não se integrou socialmente — disse Luciana.

— Pois eu não penso assim. Ela está muito bem. Vim pedir-lhe que por algum tempo não nos procure. Não desejo aborrecê-las, mas isso é muito importante para mim. É um pedido que lhes faço em nome de nossa amizade. Quando eu achar oportuno, virei procurá-las. É só por algum tempo, para ajudar minha filha.

— Claro — concordou Egle. — Está no seu direito. Nós compreendemos. Não se preocupe. Terá o tempo que quiser.

— Por certo, dona Maria Helena. Gosto de Maria Lúcia e farei tudo por sua felicidade.

Lutando com seus sentimentos de mágoa e rancor, Maria Helena dissimulou ao máximo. Despediu-se em tom quase carinhoso, deixando as duas surpreendidas e pensativas. Depois que ela saiu, Luciana comentou:

— Aconteceu alguma coisa, vovó. Sinto que algo muito grave se passou. O que será?

— Tem razão. A atitude dela é estranha e me pareceu um tanto falsa.

— Eu me senti angustiada. Foi como se todo o tempo ela me empurrasse. Ela está contra mim. Mas por quê? Nada fiz que pudesse aborrecê-la.

— Por certo. Sempre lhes deu apoio, amor.

— Não consigo entender. Está claro que ela me colocou para fora de sua casa. Por quê? Nosso relacionamento sempre foi bom e eu sentia que ela me apreciava.

— Seja o que for, uma coisa eu sei: não fizemos nada para aborrecê-la. Então, coloque isso nas mãos de Deus e conservemos nossos corações em paz. A verdade sempre aparece.

— Tem razão, vovó. Sinto-me triste por Maria Lúcia. Tenho saudade. Estará bem mesmo? Não gosto desse pressentimento que me oprime o coração.

285

— Pois não o cultive dentro de si. Ele não vai ajudar em nada. Temos consciência de nossas atitudes. Convém lembrar as palavras de Suzanne. Tudo sempre acontece pelo melhor. Pensemos na paz.

— Tenho consciência de que agi sempre visando ao bem de Maria Lúcia. Mas sei, sinto que ela ainda precisa de apoio. Sua postura é mais desembaraçada, mas seus sentimentos ainda estão distorcidos. Há coisas que não consegue perceber e reage com certa tendência depressiva. Espero que dona Maria Helena esteja certa. Sua paixão por Ulisses pode complicar sua vida.

— Ele não gosta dela, o que é um bem. Com o tempo ele vai desiludi-la. É jovem. Vai aparecer um amor verdadeiro e, então, tudo vai acabar bem.

— Não sei o que é pior para ela: o desprezo de Ulisses ou o interesse que o vi manifestar.

— Ele quis vingar-se de você. Sabe que não o tolera e não deseja que Maria Lúcia o namore.

— Seja como for, vi como ela reagiu. Sei que ele não é sincero. Se a deixar, ela cairá em depressão; se ficar com ela, será por outros interesses, e ela viverá infeliz. Maria Lúcia não é como as outras moças. É muito sensível, mais do que deixa transparecer. É perspicaz, percebe as coisas, mas interpreta-as sempre da mesma maneira. Não se valoriza. As coisas mais simples, na cabeça dela, tomam forma de rejeição, de crítica, de incapacidade pessoal.

— Tanto assim?

— É. Foi difícil conseguir que ela começasse a se olhar como é e não como imagina ser. Por isso, dona Maria Helena, sem saber, contribuiu para agravar seu estado, criticando-a constantemente, vigiando-a, comentando suas falhas, valorizando João Henrique, comparando-os todo o tempo.

— Notei como Maria Helena se preocupa com as aparências.

— Ela tentou educar a filha, deu o melhor de si, partindo do princípio de que a crítica e a punição consertam e modificam a pessoa. Fez o que seus pais fizeram com ela. Nunca a ouviu contar como eles foram exigentes e rígidos em sua educação?

— Só que com ela não aconteceu o mesmo que com Maria Lúcia.

— As pessoas são diferentes. Cada um reage à sua maneira. Contudo, embora dona Maria Helena tenha se tornado uma dama de classe, sua rigidez de princípios, sua forma de ver a vida pelo que aprendeu dos pais têm dificultado sua felicidade familiar, afetiva.

— Felizmente, agora parece que ela mudou. Está mais humana e melhor. Entendeu-se com José Luís.

Luciana abanou a cabeça.

— Sei que algo aconteceu, vovó. Quem nos visitou hoje não foi a dona Maria Helena dos últimos tempos. Foi aquela que conheci no primeiro dia. Com uma mágoa no coração que ela habilmente procurava dissimular.

— Também notei certa diferença. José Luís não disse nada?

— Talvez não saiba.

— Não podemos fazer nada. Ela nos afastou claramente.

— Só nos resta esperar e rezar para que tudo se harmonize. Por maior que seja nossa amizade, não temos o direito de interferir. Elas escolheram. Quando mudarem de ideia, serão recebidas com alegria.

Naquela noite, José Antônio, sentado na varanda da casa, olhos perdidos em um ponto distante, não percebeu quando Margarida se aproximou com a xícara de café.

Eles costumavam, no verão, sentar-se na varanda após o jantar e saborear o café, acomodados nas largas e gostosas poltronas estofadas que Margarida caprichosamente mandara fazer.

Vendo o irmão absorto, sorriu maliciosa e, estendendo a xícara fumegante, disse bem-humorada:

— Eis seu café.

Arrancado de seus devaneios, o moço sobressaltou-se ligeiramente e apressou-se a pegar a xícara. Margarida foi buscar outra e acomodou-se por sua vez com satisfação.

— Margarida, estive pensando...

Ela não disse nada, e ele, depois de sorver um gole de café, continuou:

— Luciana é encantadora.

— Também acho.

— Tão verdadeira, tão inteligente. Depois, ela não é piegas, como a maioria das moças que conhecemos.

— Ela não é piegas. Ela é até muito prática e firme em suas convicções.

— Aprecio muito isso. Ela é uma mulher de verdade. Natural, fala da vida de maneira simples, encanta-me.

— Além disso, é linda. De corpo e de alma.

— Vejo que também a aprecia.

— Luciana possui uma lucidez que me encanta. É um espírito iluminado.

José Antônio entusiasmou-se:

— Nunca conheci ninguém como ela.

— Posso dizer o que penso?

— Claro.

— Você está apaixonado. Salta aos olhos.

José Antônio colocou a xícara na mesinha lateral e coçou a cabeça, pensativo.

— Nota-se tanto assim?

Margarida riu sonoramente. Seu riso era contagiante e o moço riu também.

— Penso que Luciana o fisgou. Você já capitulou. Daí, só para a declaração.

— Isso me preocupa.

— Você? Com a experiência que possui?

— Sinto-me inseguro.

— As mulheres nunca resistiram a seu charme. E você nunca teve dificuldade de declarar-se.

— Com Luciana é diferente. Fico emocionado, inseguro. E se ela não me quiser?

— Isso não vai acontecer. Ela gosta de você.

— Até agora como amigo. Mas daí ao casamento...

— Casamento? Então é mesmo sério. Você nunca pensou nisso. Receei que ficasse para titio.

— Luciana é a mulher que escolhi e com a qual desejo viver para sempre.

Margarida ficou séria e respondeu com suavidade:

— Fico contente por você e por mim. Soube escolher.

— Desde que nossos pais morreram, temos vivido juntos e sempre nos relacionamos muito bem. Compreendemo-nos e apreciamo-nos mutuamente. Nunca pensei em me casar porque não desejava truncar essa harmonia. Luciana ampliou o círculo, integrando-se naturalmente. Dona Egle também é uma pessoa agradável e bondosa.

— Dona Egle é uma mulher de fibra e sensibilidade. É forte sem ser rude, suave sem fraqueza. Descobriu o ponto de equilíbrio que as pessoas buscam, às vezes durante toda a vida. Quando vai declarar-se?

— O quanto antes. Acha que me aceitará?

Margarida disse maliciosa:

— Vá lá agora e fale com ela.

— É tarde. Não as quero incomodar.

— Vai esperar até amanhã com essa dúvida?

— Vai ser duro. Agora que resolvi, estou ansioso por saber.

— Não é tão tarde assim. São apenas oito horas. Resolva logo.

José Antônio levantou-se entusiasmado.

— Tem razão. Irei agora mesmo.

Arrumou-se com capricho e saiu. Quinze minutos depois, estava na casa de Luciana. Notou surpreendido o carro parado em frente à porta.

"Ela tem visitas", pensou contrariado. "Voltarei outro dia."

Sentia-se ansioso. Podia ser que as visitas não se demorassem. Fechou os vidros do carro e resolveu esperar.

O tempo foi passando e nada de a visita ir embora. Estava quase desistindo quando viu a porta da sala abrir-se e o doutor José Luís sair abraçado a Luciana. Seu coração deu um salto. Eles estavam sozinhos e abraçados.

A moça acompanhou-o até o portão do jardim, e ele viu quando o visitante beijou-a na face. Depois, entrou no carro e afastou-se, enquanto Luciana se recolhia.

O inesperado deixou-o angustiado e infeliz. Luciana, a mulher que amava e com a qual pretendia casar-se, estaria mantendo relações amorosas com o doutor José Luís? O caso parecia-lhe mais sério, sabendo da amizade que, segundo Luciana, unia as duas famílias.

Estaria a moça apaixonada pelo pai de sua melhor amiga? José Luís era um homem bonito, elegante, rico e de aparência jovem, qualquer mulher poderia apaixonar-se por ele. Nervoso, ligou o carro e voltou para casa.

Margarida correu a seu encontro e, observando-lhe o ar transtornado, perguntou:

— O que aconteceu? Parece que viu uma assombração.

— Estou decepcionado. Podemos estar enganados sobre Luciana. Ela pode não ser o que pensamos.

— O que aconteceu?

José Antônio contou a cena que presenciara e finalizou:

— Infelizmente, ela deve estar apaixonada por ele. Estavam abraçados. Por mais amizade, a intimidade sugeria algo além. Depois, ele estava sem a família. Por que iria procurá-la à noite e a sós?

— Eles não estavam sós. Dona Egle deveria estar na casa.

— É verdade. Ela faz tudo que Luciana quer. Pode ter facilitado as coisas.

Margarida abanou a cabeça:

— Não dona Egle. Sabe o que penso? Você está com ciúme!

— Estou mesmo. Eles estavam abraçados.

— Não seja malicioso. Não julgue o que não conhece. Depois, eu não me engano. Além de dona Egle, sei que Luciana não se prestaria a esse papel. Namorar um homem casado, e ainda mais pai de sua melhor amiga! Já notou como ela fala de Maria Helena? Se estivesse roubando-lhe o marido, não agiria dessa forma. Depois, confio em Luciana. É uma moça digna e sincera. Você está enganado!

— Acredita mesmo?

— Tenho certeza. Vá lá amanhã e esclareça tudo. Verá que tenho razão.

— Não posso. Não tenho o direito de intrometer-me em sua vida particular.

— Tem agora. Se vai pedi-la em casamento, precisa saber o que ela sente.

— Acha mesmo?

— Acho.

— E se você estiver enganada? E se ela estiver mesmo apaixonada por ele?

— Não creio. Mas, se eu estiver enganada, sempre será melhor saber. A dúvida, além de penosa, pode ser pior do que a verdade. Acalme seu coração. Para que julgar o que não sabemos? Amanhã vá até lá e fale o que sente.

— Está certo. Tem razão. Irei logo cedo.

Apesar de lutar para acalmar-se, José Antônio não dormiu bem naquela noite. Não desejava perder Luciana. Amava-a sinceramente. Sua alegria, sua beleza, seu espírito lúcido, seus olhos brilhantes e seu sorriso leve deram novo encanto à sua vida, fazendo-o abdicar de sua liberdade. Era a primeira vez que pensara em casamento, embora já estivesse com trinta e quatro anos.

Em vão tentava convencer-se de que a cena que presenciara não denotava relacionamento amoroso. Recordando-a, sentia o coração apertado e uma angústia que o fazia remexer-se no leito sem conseguir adormecer.

Levantou-se cedo. Margarida, vendo seu rosto tenso, comentou:

— Pelo jeito, não dormiu bem.

— Tentei, não consegui.

— O ciúme dói. Vamos tomar café. Vai lá agora?

— Ainda é muito cedo. Vou esperar um pouco. Talvez ali pelas dez...

— Não precisa esperar tanto. Sei que elas se levantam cedo. Às nove está bem.

José Antônio concordou, contudo o tempo para ele parecia não passar.

Às oito ele já estava no carro, disposto a sair. Margarida sorriu. Os apaixonados sempre são impulsivos.

— Vá logo — aconselhou. — Não aguento mais ver a sua ansiedade.

— É, eu vou, não dá mais para esperar.

Coração aos saltos, tocou a sineta da casa de Luciana. Foi a moça quem abriu, e, vendo-o, seu rosto distendeu-se em alegre sorriso.

— Você! — disse. — Que bom vê-lo! Entre.

Na sala, ele se desculpou:

— Desculpe ter vindo tão cedo. Não é de bom-tom.

— Aconteceu alguma coisa? Margarida está bem?

— Está. Não aconteceu nada... isto é, eu...

Egle apareceu na sala abraçando-o com carinho:

— Bom dia. Tudo bem?

— Sim — disse ele tomando coragem. — Vim aqui porque não aguentava mais esperar. Preciso falar com Luciana.

— Nesse caso, sente-se, fique à vontade. Vou cuidar do café na cozinha.

A sós com Luciana, José Antônio aproximou-se e, tomando sua mão, levou-a aos lábios beijando-a várias vezes, depois, puxando-a para si, abraçou-a, beijando-a nos lábios repetidas vezes.

Sentindo-se correspondido, não ocultou seu entusiasmo, dizendo-lhe ao ouvido com voz emocionada:

— Eu a amo, Luciana! Amo como nunca amei ninguém em minha vida! Por favor, diga que me ama!

Luciana, sentindo grande emoção, respondeu:

— Sim. Eu também o amo! Você é meu primeiro e único amor.

— Vim para pedir que se case comigo. Quer ser minha esposa?

— Sim.

Beijaram-se repetidas vezes. Depois, Luciana puxou o moço, fazendo-o sentar-se a seu lado no sofá.

— Precisamos conversar. Há algo que desejo contar-lhe.

José Antônio empalideceu. Temia a verdade.

— Nós nos amamos. Seja o que for que houver no passado, não vai mudar esse fato.

— Você é generoso. Mas não posso me casar com você omitindo a verdade. Precisa conhecer nosso segredo.

Coração apertado, José Antônio esperou. Luciana contou toda a história de sua mãe, seu reencontro com o pai e seu relacionamento com a família dele. Sentindo-se aliviado à medida que ouvia, José Antônio não escondia sua alegria.

Luciana finalizou:

— Devo dizer-lhe que nunca pedi nem pedirei nada a meu pai. Não sou herdeira de seus bens. Temos apenas esta casa. Sou uma moça pobre e sem nome de família, o que não é seu caso.

— Não continue, peço. Eu a amo! Se me quiser, serei o homem mais feliz do mundo. Só isso me importa.

Abraçou-a e beijou-a com carinho.

— Venha — pediu ela com os olhos brilhantes de alegria. — Vamos contar à vovó.

Egle chorou de alegria. E ali mesmo, sentados ao redor da mesa na cozinha, saboreando um delicioso café com bolo, eles fizeram planos para o futuro.

Na casa de Maria Helena, o ambiente não era o mesmo. Havia uma atmosfera pesada. João Henrique mergulhara no trabalho, Maria Lúcia voltara a fechar-se no quarto, do qual encontrava desculpas para não sair, e Maria Helena tentava em vão esconder sua tristeza, procurando ser a mesma de antes, sem ter a espontaneidade e o mesmo brilho.

Entristecido, José Luís não encontrava mais em casa o aconchego e a satisfação de antes. O que teria acontecido? Algo havia mudado, mas o quê? Inconformado, tentou falar com a esposa. Ela, porém, negou que houvesse algo.

— As coisas mudaram por aqui. Maria Lúcia não toca mais, você anda quieta, sem entusiasmo. João Henrique mal para em casa.

— É impressão sua. Tudo está como sempre foi.

José Luís abraçou-a com carinho:

— Não quero que seja como antigamente. Quero que seja como alguns meses atrás. O que houve? Não me ama mais?

— Amo — a voz dela tremia. — Amo-o cada dia mais!

José Luís, satisfeito, beijou-a com ardor.

— Gosto de você ardente, apaixonada. É assim que me faz esquecer todas as tristezas.

— Por que nunca fala delas?

— Para quê? São coisas sem remédio. Prefiro esquecer, mergulhar em seus braços, viver!

— É verdade o que me diz? Ainda quer meu amor?

— Claro! O que a faz pensar o contrário?

— Nada. Às vezes penso que você preferiria estar em outros braços.

Ele a apertou de encontro ao peito.

— Não existe nenhuma mulher no mundo que eu deseje mais do que você. Por que duvida?

293

— Não sei. Mas, se você me quer, vivamos este momento de felicidade.

Maria Helena beijou-o apaixonadamente. Depois desse dia, ela resolveu reagir ao ciúme e à dor que a atormentavam. Se queria preservar a família e o casamento, precisava tornar o lar alegre e acolhedor.

Procurou unir mais a família, tentou conversar com a filha.

Maria Lúcia esperava a visita de Ulisses com redobrada ansiedade. Ele, porém, nunca mais a procurara. Jarbas, ao contrário, tentara de todas as formas alegrá-la, enviando-lhe flores, convidando-a a passeios, sem êxito. Quando ela aceitava falar com ele, era para saber notícias de Ulisses, e o moço delicadamente desviava o assunto.

"É ciúme", pensava ela com raiva.

As raras vezes em que Ulisses aparecera ao lado de João Henrique, evitara falar-lhe a sós, e a moça, triste, não entendia sua atitude depois do que lhe dissera.

Maria Helena foi encontrá-la fechada no quarto. Bateu chamando-a e, quando ela abriu, percebeu o quanto ela mudara. Não se arrumava mais, e ela observou que Maria Lúcia assemelhava-se ao que era antes, descuidada e triste. Fingiu não perceber e foi dizendo:

— Maria Lúcia, esta casa anda triste e sem vida. Sinto que é hora de mudar. Por isso, amanhã à noite teremos um sarau. Desejo que toque também.

A moça abanou a cabeça:

— Não quero. A senhora pode tocar, eu nem sei mais como se faz isso.

— Eu toco clássico, mas você conhece as canções em voga. João Henrique e seus amigos vão apreciar. Pensei convidar os Medeiros, os Cardosos e até os Souzas. Todos eles têm filhos com a mesma idade que você e João Henrique. Vamos alegrar nossa casa.

— A senhora nunca foi disso. Por que agora?

— Vamos ajudar João Henrique — mentiu ela. — Ele anda triste. Acho que ainda não se esqueceu daquela cantora. Gostaria que ele encontrasse alguma moça e se apaixonasse. Preciso de sua ajuda.

— Isso não vai dar certo.
— Tente pelo menos. Não sente vontade de dançar? Você gostava tanto!
— Bobagem. Já passou. Eu gosto mesmo é de sossego.
— Então vamos fazer o sarau?
Ela deu de ombros.
— Tudo bem — disse por fim.
— Falaremos com João Henrique hoje ao jantar. Você me ajuda?
— Fale a senhora. Não tenho jeito para isso.
Maria Helena fingiu não perceber o ar desanimado da filha.
— Não se atrase para o jantar.
Maria Lúcia não respondeu. Quando a mãe se foi, fechou a porta e voltou a sentar-se no chão, encostando na cama. Não tinha vontade de festa. Para quê? Ela era uma moça feia, sem graça. Certamente Ulisses encontrara alguém mais interessante e esquecera-a. Ela não passava de uma boba, desajeitada, feia. Quem iria apaixonar-se por ela?

Lembrou-se de Jarbas. Ele a cortejava! Mas Jarbas era um moço bondoso, delicado. Com certeza devia sentir pena, vendo-a tão desprezada.

Sua mãe que tocasse no sarau. Ela não se prestaria mais a isso. Pensou em Luciana. Mentirosa! Como pudera crer em suas palavras? Enquanto a enganava, buscava os braços de seu pai. Que horror!

O mundo não era um lugar confiável. As pessoas eram más, sem caráter. Seu próprio pai não hesitara em trazer a própria amante para dentro de casa. E se Ulisses se casasse com ela e fizesse o mesmo, como se sentiria?

Um suor frio passou por seu corpo. Pela primeira vez sentiu pena de sua mãe. Ela, tão segura de si, tão cheia de regras, com tanta classe, tocando com maestria, fora tão desvalorizada! De que lhe adiantara tanto esforço, tanta cultura? Isso não lhe dera felicidade. Percebia o esforço que ela sempre fizera para ocultar o amor que sentia. A vida inteira notara sua emoção dissimulada quando o pai aparecia, seu autocontrole. E agora, depois de tudo, o pior. Aquela paixão louca por uma jovem. Sim, porque só uma louca paixão poderia explicar o que ele fizera.

Maria Lúcia suspirou desalentada. Viver não era bom. Não se sentia com coragem de dissimular convivendo socialmente com as pessoas, guardando a amargura e a tristeza no coração. Ulisses esquecera-se dela!

Ela ficou ali, remoendo seu desencanto, sem perceber o tempo passar. Só saiu dessa apatia quando a empregada bateu na porta com insistência.

Levantou-se contrariada e abriu-a.

— Dona Maria Helena pede para a senhorinha descer. Estão todos à mesa para o jantar.

Maria Lúcia fechou a porta irritada e não respondeu. Não sentia fome nem vontade de ver o resto da família. Quando a empregada tornou a chamar, minutos depois, resolveu ir. Desceu e mal respondeu aos cumprimentos dos pais e do irmão.

Maria Helena notou com desgosto que ela não mudara de roupa nem penteara os cabelos. Apesar de irritada, não disse nada. Estava disposta a melhorar o ambiente do lar. A filha estava abalada com o que acontecera. Era jovem, logo esqueceria. Tentou animar o ambiente, mantendo uma conversação agradável.

José Luís, interessado em cooperar, procurou conversar alegremente. João Henrique animou-se. Falou de seus projetos, do saneamento que planejava propor ao município, da melhoria do nível da cidade.

Maria Lúcia, calada, ouvia sem se interessar. Maria Helena falou do sarau. Expôs suas ideias, ao que João Henrique respondeu:

— Faça como quiser. Eu não disponho de tempo para saraus. Até perdi o gosto por eles. Falta gente inteligente, interessante, culta, neste Rio de Janeiro.

— Não diga isso, meu filho — rebateu Maria Helena. — Conheço muita gente interessante para convidar. Pessoas de minhas relações, das quais nos afastamos com o tempo, mas que são excelentes. Têm filhos jovens, como vocês. Desejo renovar nossas relações. Alegrar nossa casa!

— Como quiser, mamãe.

— Você se encarrega de convidar Ulisses e Jarbas. Os outros eu mesma o farei.

Ouvindo o nome de Ulisses, Maria Lúcia interessou-se.

— Farei isso. Jarbas virá com certeza. Ulisses, não sei. Anda apaixonado.

— Verdade? Quem é ela?

— A filha mais jovem dos Albuquerques. Além de linda, é muito rica. Estudou na Europa. Ulisses está fascinado. Já fez o pedido. Deseja casar-se com ela a qualquer custo.

Maria Lúcia sentiu que o ar lhe faltava. Empalideceu.

— O que foi? — perguntou José Luís. — Não se sente bem?

— Estou com dor de estômago.

— Não comeu nada — disse Maria Helena.

— Não estou com fome.

Bebeu um copo de água. Esforçou-se para acalmar-se. Desejava saber mais. Ulisses iria casar-se! Divertira-se com ela! Nunca a amara!

José Luís lançou-lhe um olhar preocupado. Percebeu claramente como a filha se modificara. Falaria a Maria Helena. O afastamento de Luciana não a beneficiara. Ao contrário.

Maria Helena, vendo que Maria Lúcia estava mais corada, tentou retomar o assunto:

— Nesse caso, convidaremos a moça também. Sempre nos relacionamos bem com os Albuquerques. Conheço Marianinha desde criança.

— Está certo, mamãe. Se ela vier, ele virá com certeza.

— Estão noivos?

— Não. Ele pediu, mas ela ainda não se decidiu.

— Aceitará, certamente. Ulisses é um belo rapaz, de muito boa família.

— Nessas coisas do coração, é difícil prever.

— E você, não encontrou ninguém?

O rosto de João Henrique contraiu-se.

— Não, mãe. Não desejo entrar no rol dos imbecis. Amor, nunca mais.

— Você está muito amargo — disse José Luís. — Não é fácil esquecer uma desilusão de amor, mas o tempo é santo remédio. Um dia, quando menos esperar, acontecerá novamente. A vida é cheia de surpresas.

297

Maria Helena empalideceu e tentou controlar-se. Ele por certo falava de seus sentimentos por Luciana. João Henrique franziu o cenho:

— Não comigo.

Vencendo a mágoa, Maria Helena considerou:

— Algum dia, deverá casar-se. Constituir família. Não é bom viver sozinho a vida inteira.

— Quando eu achar que devo, escolherei para casar uma mulher honesta, de boa família, rica, educada, e viveremos em paz. A amizade é um belo sentimento. Amor, nunca mais.

— Um casamento sem amor não vai fazê-lo feliz — disse José Luís, pensativo.

— Engana-se, meu pai. Um relacionamento sem amor será calmo, sem dor.

— Você é jovem e ainda não esqueceu a desilusão. O amor é a melhor coisa da vida. Quando o encontramos, precisamos segurá-lo para sempre. O que você sentiu talvez fosse só paixão, não amor. Há muita diferença entre uma coisa e outra.

— Já decidi. Sei o que quero. No momento, desejo dedicar-me totalmente ao projeto. Estou entusiasmado.

— É muito bonito de sua parte. Sei o quanto ama nossa cidade, nossa gente. Vamos dar tempo ao tempo.

Maria Lúcia nem sequer ouvia. Que loucura pensar que um moço como Ulisses pudesse gostar dela! Agora sabia. Nem ele nem ninguém jamais a amaria. Ela era feia, sem graça e desajeitada. Deu graças a Deus quando o jantar terminou. Ia subir para o quarto, quando Maria Helena sugeriu:

— Hoje estamos juntos, que tal um pouco de música? Maria Lúcia, gostaríamos de ouvi-la. Quer tocar para nós?

O rosto da moça coloriu-se de intenso rubor, e Maria Helena sentiu um aperto no coração.

— Não posso, mamãe. Não me sinto bem — balbuciou ela. — Quero ir para o meu quarto.

— Você está de novo fechada no quarto. Uma moça! Vamos lá, toque para nós.

Maria Lúcia apertou os lábios trêmulos e seus olhos encheram-se de lágrimas. José Luís interveio:

— Deixe-a. Se ela não está bem, fica para outro dia.

— É melhor, mãe — concordou João Henrique. — Eu preciso mesmo trabalhar no projeto.

Quando os dois se recolheram, José Luís voltou ao assunto:

— Maria Lúcia piorou! Ela estava tão bem!

— Não sei a que vem essa atitude dela.

— Parece infeliz! Terá acontecido alguma coisa que a tenha desgostado?

— Não aconteceu nada.

— Talvez sinta falta de Luciana. Separá-las não foi uma boa ideia.

— Ela não pode viver dependente de Luciana a vida toda. Precisa aprender a viver sozinha.

— Temo que não consiga. Seria melhor pedir a Luciana que volte.

— Nunca! Sei cuidar bem de minha filha e não preciso de ninguém entre nós.

— Terei ouvido bem? Estará com ciúme de Luciana? Pensa que Maria Lúcia poderá gostar mais dela do que de você?

Maria Helena irritou-se.

— Isso já passou. Agora não sinto mais ciúme de ninguém. Só penso que eu posso resolver esse assunto.

— Sei que é inteligente e tem todo o direito como mãe de tomar certas atitudes. Às vezes, chego a pensar que tem alguma coisa contra Luciana. Se não é ciúme, o que é?

— Nada — mentiu ela. — Só penso que posso cuidar de minha família sem a interferência de estranhos.

— Luciana não é uma estranha. É uma amiga dedicada. Sempre pensei que a apreciasse.

— Isso não vem ao caso. O que eu quero é cuidar de minha família do meu jeito. Só isso.

José Luís olhou-a e não respondeu. Começava a desconfiar que alguma coisa acontecera e Luciana tinha razão ao pensar isso. Teria Maria Helena descoberto a verdade? Saberia que Luciana era sua filha?

Várias vezes pensara em abrir-se com ela, agora que haviam se entendido. Mas sabia-a formal e preconceituosa em alguns aspectos. Temia que ela, conhecendo a verdade, se recusasse a conviver com Luciana.

Agora começava a pensar que talvez ela já houvesse descoberto tudo. Seria isso? Teve vontade de perguntar, esclarecer. Hesitou. Logo agora que estavam vivendo melhor, dizer-lhe que a desposara por dinheiro e posição e conservara o amor de outra no coração todos aqueles anos não seria fácil. Poderia arruinar definitivamente seu casamento.

Isso ele não queria. Descobrira que a amava e desejava estar com ela. O amor de Suzanne transformara-se em linda recordação da juventude, apenas isso. Um sonho romântico que ele havia acalentado inutilmente e que o impedira de ser feliz com a mulher com quem se casara por livre opção e com a qual se dispusera a viver toda a sua vida.

José Luís tinha sede de viver, de ser feliz. A felicidade estava ali, com Maria Helena, que estava viva, de carne e osso, que o amava com paixão a ponto de despertar nele sentimentos novos, de alegria e de ternura. Queria aproveitar todos os minutos dessa felicidade, beber da fonte da vida a todo instante. Vivera anos de solidão, isolado em um sonho impossível. Perdera tempo demais. Agora compreendera que a realidade podia ser melhor do que o sonho e sentia-se inebriado. A solidão acabara. Amava os filhos, começava a compreendê-los. Dizer a verdade agora não seria atirar fora tudo isso? Maria Helena era uma mulher orgulhosa.

Por outro lado, e se ela já soubesse seu segredo? Sua atitude com Luciana era injustificada. A não ser que...

Luciana dissera-lhe que Maria Lúcia ainda não estava preparada para seguir por si mesma. E a prova disso era que a filha regredia a olhos vistos. Ao jantar, parecera-lhe vê-la igual aos velhos tempos. O que fazer?

Iria procurar Luciana para conversar. Talvez dona Egle o aconselhasse como proceder. Gostava dela, apreciava sua dignidade, seu equilíbrio. Não insistiu com a esposa. Resolveu contemporizar. Pediu-lhe que tocasse, o que ela fez de bom grado, pois nutria esperanças de que ele se esquecesse de Luciana. Às vezes se perguntava se ele continuava relacionando-se com ela. Sentia-se tentada a voltar lá, às escondidas, saber se eles ainda estavam juntos. Contudo, não ousava. Se presenciasse a mesma cena de antes, o que faria? Teria forças para separar-se dele definitivamente?

Não. Isso não. Havia os filhos, a sociedade e seu amor por ele. Apesar de tudo, queria estar ao seu lado.

José Luís notou seu nervosismo, sua palidez.

Preocupado, na tarde do dia seguinte, dirigiu-se à casa de Luciana. Recebido com carinho, confidenciou sua tristeza, suas desconfianças.

Luciana e Egle ouviram-no atentamente. Ao final, Luciana considerou:

— Eu sabia que havia algo. A mudança de dona Maria Helena conosco foi visível. Terá mesmo descoberto a verdade?

— Pode ser — considerou Egle, pensativa. — Conversei muito com Maria Helena em várias oportunidades. Ela é formal, educada com rigor, exigente quanto a amizades, mas, por outro lado, demonstrou que apreciava Luciana, que a estimava sinceramente, a ponto de aceitar suas opiniões e seu relacionamento íntimo com a família. Não creio que apenas esse preconceito, por um deslize anterior a seu casamento, pudesse modificá-la tanto. Ela possui agudo senso de justiça. É uma verdadeira dama. Sua classe é inata. Para proceder assim, deve ter havido algo pior. Algo que nos rebaixe a seus olhos, fazendo-a desejar afastar-nos de seu convívio.

— Isso não pode ser, vovó. Não aconteceu nada que pudesse dar margem a algum mal-entendido. A última vez que estive lá, nosso relacionamento foi o de sempre.

José Luís suspirou e disse:

— Não sei o que foi, mas algo realmente aconteceu. Não sei que atitude tomar.

— Se eu pudesse sugerir algo, diria que a verdade sempre será adequada. Talvez tenha chegado a hora de abrir seu coração e dizer-lhe tudo.

— Já pensei nisso. Mas temo não ser compreendido. O que tenho a dizer-lhe não é nada lisonjeiro para mim. Receio que ela não me perdoe. Logo agora... — parou indeciso.

— Que o senhor descobriu que a ama! — completou Luciana com os olhos brilhantes.

Ele baixou a cabeça, envergonhado. Egle levantou-se e abraçou-o comovida:

— Até que enfim! Eu sempre soube que você a amava. Ela é uma mulher forte, com encantos demais, muito ligada a você para que saísse ileso desse relacionamento. Se não estivesse preso por um sonho de amor impossível, teria percebido há mais tempo.

— Ainda amo Suzanne!

— Eu sei — concordou Luciana —, mas Maria Helena está aqui, e o senhor a ama também. Fico feliz por vocês. O amor é a grande força da vida.

— É verdade. Você tinha razão quando disse que a vida me deu uma família maravilhosa e que eu era um homem feliz. Eu sou! Sei que amo meus filhos, Maria Helena, vocês, Suzanne! E esse amor enche meu coração de alegria. Não quero perdê-la de novo.

— Não perderá. Verá. Tudo vai se esclarecer.

A sineta da porta soou, e Luciana foi abrir. Voltou instantes depois com José Antônio. José Luís surpreendeu-se. Conhecia-o e a sua família. Cumprimentaram-se.

— Foi bom encontrá-lo aqui, doutor José Luís. Pensava procurá-lo um dia destes. Temos um assunto urgente a conversar.

— Podemos marcar uma hora em meu escritório.

— O assunto é importante, porém pessoal. Gostaria de falar agora.

— Pois não. Estou às ordens.

— Desejo pedir a mão de sua filha Luciana em casamento. Tenho o consentimento dela e a aprovação de dona Egle, mas gostaria de sua autorização.

Apanhado de surpresa, José Luís não soube o que dizer. Seus olhos foram do rosto corado de Luciana ao rosto emocionado de Egle.

— Conhece nossa família, pode tomar informações pessoais se julgar conveniente. Garanto que posso oferecer a Luciana muito amor e boa posição social.

— O que me diz, Luciana?

— Amo José Antônio, papai. Compreendemo-nos. Desejo casar-me com ele.

— Nesse caso, sinto-me honrado em aceitar seu pedido. Quais são os planos?

— Sentem-se novamente e, antes dos planos, vamos comemorar. Tenho um vinho especial que abrirei agora. Depois falaremos — propôs Egle com satisfação.

Luciana abraçou comovida o pai, e José Antônio também. José Luís estava embargado de emoção. Luciana merecia a felicidade. Sua escolha fora acertada. Sentiu-se bem ali, no aconchego amoroso daquele lar. E, ao despedir-se uma hora depois, pediu a Luciana:

— Filha, reze por mim. Peça a sua mãe que nos ajude. Gostaria que também Maria Helena, Maria Lúcia e João Henrique pudessem estar conosco e usufruir a felicidade que temos aqui.

A moça beijou-o na face com carinho.

— Por certo. Eles são minha família também. Confio em Deus e sei que a verdade aparecerá. Tenho vontade de abraçar Maria Helena, de ajudá-la. Tudo dará certo, verá.

Quando José Luís saiu, sentia-se mais calmo. Confiava que tudo iria melhorar.

Sentados na sala, mãos enlaçadas, Luciana comentou:

— Você foi corajoso. Não esperava que fosse mesmo formalizar o pedido.

— Acha que eu perderia essa oportunidade? Desejo casar-me o quanto antes. Agora já podemos marcar a data.

— Preciso de tempo para comprar o enxoval.

— Um mês será mais do que suficiente.

— É pouco. Pelo menos três ou quatro.

— Vai ser difícil esperar.

— O tempo passa rápido.

Luciana calou-se e baixou a cabeça pensativa.

— O que foi? Não está feliz com meu pedido?

— Claro! Estou muito contente.

— Pareceu-me triste. Algo a aborrece?

— É verdade. Estou tão feliz! Gostaria que todos os que amo se sentissem felizes como eu. Gosto de Maria Lúcia. Ela é tão meiga, tão delicada! Estava em fase de recuperação. Eu sabia que ela não estava pronta ainda para enfrentar a vida sozinha! Se ao menos eu houvesse tido mais algum tempo!

— Vá vê-la! Tente alguma coisa. Você é feiticeira. Consegue maravilhas com as pessoas.

— Dona Maria Helena mudou conosco. Não sei o que houve. Mas algo me diz que aconteceu alguma coisa que a afastou de nós. Percebi claramente que ela de repente mudou e impediu-nos de ver Maria Lúcia.

— Será ciúme? Certas mães são ciumentas dos filhos.

Luciana abanou a cabeça.

— Não creio. Ela é inteligente. Sempre nos relacionamos muito bem.

— Por que não a procura e tenta esclarecer o que houve?

— Já tentei. Ela não deseja ver-nos ou falar conosco. Tem se esquivado.

— É... você pode ter razão. Teria descoberto o segredo do marido? Seu relacionamento com sua mãe?

— Pode ser. Papai teme que isso tenha acontecido. Julga-a preconceituosa.

— Por que ele não se entende com ela a respeito?

— Tem medo. Maria Lúcia não está bem. Eu gostaria de vê-la.

— Talvez possamos dar um jeito nisso.

— O que pretende fazer?

— Deixe comigo! Sabe se o doutor José Luís e dona Maria Helena costumam frequentar saraus?

— Sei que frequentam a casa dos Albuquerques; esporadicamente, outros. O que vai fazer?

— Falar com Margarida. Ela vai nos ajudar nisso.

— O que está tramando?

— Vamos tentar descobrir alguma coisa. Ela é muito bem relacionada com eles e conhece Maria Helena. Veremos.

— Faria isso por mim?

— O que eu não faria para vê-la feliz?

José Antônio beijou delicadamente a mão que detinha na sua.

— Você me compreende. Eu o amo muito — disse Luciana com suavidade. — Sei de uma pessoa que poderia ajudar-nos.

— Quem?

— Jarbas. Um rapaz amigo de João Henrique. É ótima pessoa e, além de tudo, sei que está apaixonado por Maria Lúcia. Faria tudo para ajudá-la.

— É uma boa ideia. Convide-o a vir aqui e falaremos com ele.

— Como não pensei nisso antes? Certamente será um precioso aliado. Hoje mesmo entrarei em contato com ele.

Naquela mesma tarde, Luciana enviou um portador à casa de Jarbas convidando-o ao chá na tarde do dia seguinte. Jarbas nunca havia ido à casa de Luciana, mas aceitou o convite de bom grado. Nunca pudera entender a causa do afastamento da moça. Apreciava-a e percebia o quanto ela havia ajudado Maria Lúcia.

Chegou pontualmente às cinco e meia. José Antônio esperava-o na sala com os demais. Cumprimentaram-se. Falaram do casamento próximo de Luciana e depois, como não podia deixar de ser, sobre o que os preocupava.

Infelizmente Jarbas não sabia nada sobre o assunto. Contudo esclareceu:

— Concordo que deve ter havido algo. Notei que dona Maria Helena, naqueles dias, andava adoentada, abatida. E as poucas vezes que se referiu a você foi com mágoa, amargura, eu diria até com raiva. Mas com Maria Lúcia foi pior. Ela estava muito amargurada. Quando perguntei por você, disse que nunca mais queria vê-la. Que você não era sua amiga. Era fingida, mentirosa.

— Maria Lúcia disse isso? — perguntou Luciana, dolorosamente surpreendida. — Não pode ser! Nós nunca tivemos a mais ligeira briga!

— Posso ser sincero? Não vai ofender-se?

— Claro que pode. Por favor, fale.

— Não sei se devo... Não quero criar problemas. Talvez esteja sendo ousado...

— Fale logo. Não vê que estou angustiada? Seja franco. O que percebeu?

— Você sabe que gosto dela. Eu diria mesmo que a amo. Aquele seu ar ingênuo, seu sorriso lindo, seu rubor, tudo me encanta. Se ela me quisesse, eu seria o homem mais feliz do mundo. No entanto, ela não me quer, gosta de Ulisses, e ele...

— Fale — insistiu Luciana.

— Ele estava gostando de você. Ele mesmo me disse. Estava apaixonado por você. Maria Lúcia sentia ciúme.

— Sei disso. Eu mesma tentei mostrar-lhe o quanto estava enganada. Ulisses não ama ninguém e não merece que ela goste dele.

305

— Sou suspeito para opinar. Eu gosto dela e ele é meu amigo. Mas reconheço que ele não é digno de confiança.

— Não é mesmo.

— Às vezes, penso que isso tudo tem o dedo dele. Surpreendi-o falando de você com raiva para Maria Lúcia.

— Verdade?

— Ele tinha sérios motivos para ter raiva de você — considerou José Antônio. — Foi escorraçado.

Jarbas surpreendeu-se:

— É mesmo? Nunca me contou isso.

— Pois foi graças a ele que nos conhecemos. De algum modo lhe devemos isso.

Depois de conhecer o episódio, Jarbas concluiu:

— Então foi ele! Aprontou alguma coisa. Conheço-o. É extremamente vingativo.

— O que teria feito? — indagou Egle, preocupada.

— Tentarei descobrir com Maria Lúcia. Anda arredia de novo. Tenho ido lá com João Henrique, mas está sempre trancada no quarto.

— Pobre Maria Lúcia — lamentou Luciana. — O que lhe terão feito?

— Hei de descobrir.

— Contamos com você para ajudar-nos — disse Luciana. — Nós a amamos muito, ela merece a felicidade.

— Por certo. Farei o que puder. Tentarei aproximar-me dela. Veremos.

— Obrigada, Jarbas. Sabia que nos ajudaria.

— Desejo que ela seja feliz, ainda que não seja comigo. Gosto de vê-la rir, tocar, adoro seu jeito manso de falar mais com os olhos do que com os lábios. Farei tudo para devolver-lhe a alegria.

— Vamos ao chá — sugeriu Egle. — Os bolinhos vão esfriar.

A partir daquele dia, Jarbas procurou pretextos para ver Maria Lúcia. Aproximou-se mais de João Henrique, o que lhe foi fácil. Admirava o amigo e aprovava seus projetos. Interessava-se muito por eles e várias vezes oferecera-se para cooperar. Estudaram juntos, formaram-se na mesma profissão, eram amigos.

Desde o princípio, tivera intenção de juntar-se a ele em seus projetos de sanidade e melhoria da qualidade de vida da população.

Contudo, vendo-se preterido por Maria Lúcia, resolvera afastar-se para tentar esquecê-la. Arrependia-se disso. Retomou os antigos interesses com redobrado entusiasmo, e João Henrique, sentindo-se compreendido e apoiado pelo amigo, a cada dia encorajava-se mais. Tornaram-se inseparáveis. José Luís aprovava esses projetos e estimulava-os a continuar. Por alimentar ideias novas em relação à maioria dos engenheiros, João Henrique não se adaptava com facilidade em um emprego. Compreendendo isso, José Luís cooperou para que os dois moços montassem seu próprio escritório, oferecendo-lhes empréstimo que pagariam quando pudessem.

Entusiasmados, os dois não se largavam. Essa situação permitiu que Jarbas estivesse constantemente na casa de Maria Lúcia. Ela continuava arredia. Havia duas semanas que estivera com Luciana e ainda não conseguira falar-lhe.

Interessada nos projetos do filho, Maria Helena convidou-o a almoçar no domingo, e Jarbas exultou. Certamente veria Maria Lúcia.

Foi com tristeza que constatou o quanto a moça havia mudado. Apática, apagada, calada, indiferente, nem sequer parecia a garota pela qual ele se apaixonara. Tinha certeza de que acontecera alguma coisa. Mas o quê? Estava disposto a descobrir.

Após o almoço, antes que Maria Lúcia se afastasse, aproximou-se dela.

— Como vai, Maria Lúcia?
— Bem.
— Gostaria de dar uma volta pelo jardim com você. Precisamos conversar.
— Sobre o quê?
— Sobre muitas coisas. Faz tempo que não nos vemos. Tenho novidades para contar.
— Desculpe, mas vou para o meu quarto.

Ele a segurou pelo braço.

— Não vai, não. Desta vez não a deixarei escapar.
— Largue meu braço.
— Então venha comigo.

307

— Minha mãe está olhando.
— Não quer que ela intervenha, quer?
Ela sacudiu os ombros:
— Não me importa — disse desafiadora.
— Pois a mim, sim. Vou falar com você hoje de qualquer forma. Estou decidido.

Maria Lúcia olhou-o curiosa. Jarbas, sempre tão delicado, agora lhe parecia diferente. O que teria acontecido?
— Está bem — disse. — Vamos ao jardim.
— Assim é melhor.
Foram andando em silêncio, até que Jarbas parou.
— Sentemo-nos aqui.
Ela obedeceu.
— O que quer? — perguntou.
— Falar com você. Esclarecer algumas coisas que não estão bem.

Maria Lúcia não respondeu. Ele continuou:
— Eu a amo, Maria Lúcia. Ouviu? Eu estou apaixonado por você!

Ela o olhou assustada. Ele continuou:
— Por que me olha assim? Sempre demonstrei meu amor. É verdade que você nunca me encorajou. E, ao dizer-lhe isso, não espero que me corresponda. Só quero deixar claro que a amo de todo o coração e só desejo a sua felicidade. Se eu a visse feliz, alegre, como era antes, nunca lhe falaria de meus sentimentos. Mas, vendo-a triste e só, destruindo sua juventude, não me conformo em cruzar os braços. Eu a amo tanto que sua felicidade é a coisa que considero mais importante, mesmo que você nunca venha a gostar de mim.

Havia tanta firmeza, tanta emoção nas palavras de Jarbas, tanto sentimento em seus olhos, que Maria Lúcia não resistiu. Desabou a chorar. Um pranto dorido, refletindo tanta dor que Jarbas a abraçou emocionado. Com a cabeça encostada em seu peito, ela não conseguia reter o pranto.
— Chore — disse Jarbas —, alivie seu coração. Lave sua alma.

Movido por um forte sentimento afetivo, ele lhe alisou os cabelos carinhosamente. Depois de alguns minutos, ela parou de chorar e tentou recompor-se.

— Desculpe — disse. — Não esperava ouvir o que me falou.
— Sente-se melhor?
— Tentei me conter. Desculpe.
— Por que se justifica? Todos nós precisamos desabafar de vez em quando. Sente-se melhor?
— Sim.
— Agora conte-me tudo.
— Contar o quê? Não há nada para contar.
— Não minta. Sei que aconteceu alguma coisa muito forte que a fez muito infeliz. O que foi?
— Bobagem. Não houve nada.
— Hoje eu lhe abri meu coração. Dei-lhe a maior prova de confiança que um homem pode dar. Mesmo sabendo que não me ama, disse-lhe a verdade. Por que não confia em mim?
— As pessoas mentem com facilidade. Você diz que me ama, eu não acredito.
— Por quê?
— Porque não sou bonita, atraente.
— Acha que menti?
— Não é isso. Penso que está enganado. O que sente por mim é pena. Eu não preciso da piedade de ninguém.
— Você só enxerga o que quer ver. Quem se engana é você.
Os dois ficaram calados alguns minutos. De repente, Jarbas, num gesto rápido, tirou o pente que prendia os cabelos dela, e estes se soltaram.
— Por que fez isso?
— Porque seus cabelos são lindos e eu adoro vê-los soltos.
Antes que ela pudesse replicar, ele a abraçou, beijando-lhe os lábios ardentemente.
— Eu a amo, entendeu? Eu quero você! Será que não sente nada?
Ruborizada, Maria Lúcia sentia o coração bater forte e a respiração difícil. A surpresa emudeceu-a. Ele se esforçou para conter-se. Permaneceu em silêncio novamente.
— Não deveria ter feito isso!
— Você está viva! É uma mulher. Queria que sentisse isso. Por que teima em destruir-se? Que prazer encontra em depreciar-se? Senti que você gostou. Por que não confessa isso?

— Sinto-me confusa.
— Não quis confundi-la. Eu também perdi a cabeça.
Novamente o silêncio.
— Estive com Luciana.
Silêncio.
— Não quer saber como ela está?
— Não.
— Ela quer ver você. Sente saudade.
— É mentira. Não quero ver aquela traidora nunca mais.
— O que foi que ela fez?
— Não quero falar nisso. Ela nunca foi minha amiga.
— Não é verdade. Ela se preocupa com seu bem-estar. Sofre por não poder vê-la. Não sabe o que aconteceu.
— Mudemos de assunto, por favor.
— Ela vai se casar.
— Casar?!
— Sim. Ela ficou noiva do doutor José Antônio Fontes. Você o conhece?
— Irmão de Margarida Fontes?
— Esse mesmo. Eles estão muito felizes. Amam-se muito.
— Eu pensei que... que ela nunca fosse se casar...
— Por que não? É uma bela moça. Ulisses andou apaixonado por ela. Levou um fora tão declarado que a odeia por isso.
— Ulisses a odeia?
— Sim. Vou contar-lhe uma história que o doutor Fontes me contou.

Jarbas deliberadamente relatou o que sabia. Maria Lúcia estava muito surpreendida. Se sua mãe não houvesse constatado que seu pai a visitava na calada da noite, pensaria que Ulisses teria mentido.

— Será mesmo? Ulisses teria sido capaz de tal baixeza?
— O doutor Fontes é um cavalheiro. Não posso duvidar. Além do mais, foi assim que eles se conheceram. Foi ele quem a socorreu.
— Que patife!
— Eu diria que, quando a paixão comanda, nem sempre conseguimos dominar-nos.
— Não a tal ponto. Você não seria capaz disso.

310

— Você percebeu meus sentimentos e meu beijo não a agrediu. Obrigado por me dizer.

Maria Lúcia corou envergonhada.

— Você me confunde.

— Digo a verdade. Luciana gosta muito de você e sofre sua ausência.

Maria Lúcia abanou a cabeça.

— Não acredito. Prefiro não falar sobre ela.

— Ela gostaria muito de vê-la, conversar com você. Por que não a ouve? Por que não a deixa esclarecer os fatos, se é que há alguma coisa?

— Não. Não quero vê-la nunca mais. Peça-lhe para deixar-me em paz.

Jarbas olhou-a com amor. Naqueles instantes, esquecida de sua rigidez, cabelos soltos, rosto corado, olhos brilhantes, ela voltava a ser a moça bonita que ele tanto amava.

— Você está linda — disse com naturalidade.

Ela baixou a cabeça e Jarbas tomou-lhe a mão com carinho.

— Prometa que não fugirá mais de mim. Se não pode me amar, pelo menos pode ser minha amiga.

— Tentarei — balbuciou ela.

— Tenho vindo aqui muitas vezes e nunca a vejo. Não me aceita nem como amigo?

Havia tanto carinho na voz dele que Maria Lúcia esboçou um sorriso.

— Adoro seu sorriso! Você foi feita para sorrir. Se dependesse de mim, estaria sempre assim.

Levou a mão dela aos lábios com ternura. Maria Lúcia não retirou a mão. Sentiu-se bem ao lado dele. Lembrou-se de que Jarbas nunca a magoara. Nem a ela nem a ninguém. João Henrique respeitava-o e fizera-o seu sócio. Poderia confiar nele, em sua amizade? Decepcionada e em meio à solidão em que se encontrava, era bom saber que alguém a amava.

— Você é um amigo — disse ela por fim.

— Não se fechará no quarto quando eu chegar?

Ela abanou a cabeça negativamente.

— Não é por sua causa que fico no quarto. Gosto de pensar.

Ele passou a mão sobre a testa dela, acariciando-a levemente.

— Vive muito só. Em vez de pensar sozinha, fique comigo. Faça-me companhia. Falaremos, teremos nossos assuntos, nossos segredos. Promete?

— Está bem.

— Vamos conversar mais um pouco, Maria Lúcia. Está uma tarde tão agradável!

Com satisfação, Jarbas procurou interessá-la em outros assuntos.

Na sala, João Henrique na soleira, vendo os pais sentados conversando, perguntou:

— Viram Jarbas?

— Está tentando conversar com Maria Lúcia. Graças a ele, ela ainda não se fechou no quarto — disse Maria Helena. — Quer um café?

— Quero.

João Henrique apanhou a xícara que ela lhe ofereceu e sentou-se em uma poltrona.

— Tem tido notícias de Luciana? — perguntou ele de repente.

José Luís olhou-o interessado. Apanhada de surpresa, Maria Helena não conteve o ar de desagrado. Por um instante, empalideceu, mas controlou-se rapidamente.

— Por que pergunta? — disse com voz fria.

— Às vezes me pergunto por que ela nos esqueceu. Parecia tão nossa amiga!

— Você a apreciava — disse José Luís.

— Claro. É uma pessoa lúcida e equilibrada. Sempre a admirei.

— As aparências enganam! — retrucou Maria Helena, irritada. Não podia suportar que seu filho a elogiasse!

— Por que a senhora diz isso? Luciana sempre me pareceu leal e dedicada.

— Se fosse assim, não nos teria esquecido — disfarçou ela. — Mas ela se foi e não vejo por que agora falarmos nela.

— É que Jarbas esteve com ela.

Maria Helena estremeceu.

— Disse que ela vai se casar.

— Casar?!

— Sim. Com o doutor Fontes.

— Irmão de Margarida?

— Esse mesmo. Conheceram-se, apaixonaram-se e estão noivos. Pretendem casar-se brevemente.

Maria Helena fixou o marido curiosa. Teriam rompido? Ele lhe pareceu calmo e satisfeito.

Era surpreendente! Seu coração bateu forte. Então ele não a amava? Teria sido apenas uma aventura? Era comum nos homens de meia-idade.

José Luís observava-a em silêncio. A atitude de Maria Helena dava-lhe a certeza de que algo acontecera mesmo, forçando-a a afastar-se de Luciana. Saberia a verdade?

João Henrique tomou seu café e colocou a xícara sobre a mesa.

— Formam um belo par — disse José Luís. — Serão felizes, por certo.

"Ele disfarça", pensou Maria Helena. Mas a satisfação com a qual ele dissera essas palavras intrigava-a. Não teria ciúme?

— Pode ser — retrucou João Henrique —, se durar.

— Quando há afinidade e amor, é maravilhoso — considerou José Luís. — Você está cético. É natural. A desilusão dói. Mas sempre será melhor do que o engano. Para haver felicidade, é preciso que ambos desejem a mesma coisa, ainda que sejam duas pessoas diferentes.

— Tem razão. Quando só um ama, sempre dá errado — concluiu ele com amargura.

— Se está falando de Antonieta, ainda penso que ela o amava também.

Ele fez um gesto brusco.

— Não creio.

— Amava, sim. Tanto que quase abandonou a carreira por sua causa.

— Quase, disse bem. Naquele tempo, eu teria deixado tudo por ela.

— Não sei se isso teria sido melhor ou pior. O que penso é que teria acabado cedo ou tarde. O artista tem no palco sua maior paixão. Se ela o abandonasse por sua causa, se tornaria muito infeliz. Você não suportaria.

— Seja como for, acabou. Ela não representa mais nada para mim. Agora estou imunizado. Nenhuma mulher vai me fazer sofrer mais.

José Luís balançou a cabeça.

— Você diz que a esqueceu, mas conserva o ressentimento no coração. Precisa livrar-se dele.

— Está enganado, pai. Compreendo que ela amasse mais o teatro do que a mim. Não guardo rancor. Mas não quero passar tudo de novo. Nenhuma mulher vai me fazer de joguete.

— Amar não é isso. Amor acontece. É espontâneo e enche nossa vida de alegria, de razão para viver, de plenitude. É um sentimento que, quando recíproco, leva-nos à felicidade. Não é uma guerra, em que cada um precisa dominar o outro. E, para merecê-lo, há de correr o risco. Como pode encontrar a felicidade sem tentar? Fechando o coração aos sentimentos mais importantes da vida?

— Não sou um romântico como o senhor. Quando achar oportuno, procuro uma esposa culta, agradável, bonita, prendada, a quem respeite e estime. Por enquanto, casamento dá-me náuseas.

— Isso também passará. Tudo passa ao seu tempo. E, quando acordamos, acabamos por lamentar o tempo perdido.

— O senhor é um sonhador.

— Fui. E por causa disso desperdicei os melhores anos de minha vida. Agora penso diferente. A felicidade, nós a fazemos. Sempre está ao alcance da mão. É só querer.

— O senhor fala como se ela dependesse de nós!

— Só depende.

— Não creio. Somos joguetes do destino. Ninguém sabe o dia de amanhã.

— Isso, meu filho, é acreditar que a vida seja desordenada e caprichosa. Não é o que podemos perceber olhando a natureza.

— Vivemos em um mundo misterioso, do qual na realidade sabemos muito pouco. Mas isso não significa que nós possamos comandá-lo.

— Tem razão quanto a isso. Conhecemos muito pouco e, por mais que desejemos dominá-lo, manipulá-lo, não conseguimos. A vida é incontrolável! Mas a nossa felicidade não depende de conhecer o mundo ou de dominá-lo. Nossa felicidade depende da forma como olhamos a vida, de como aceitamos nossos limites e do bom senso para avaliar o bem que já temos. Escolhemos a forma como desejamos interpretar o que nos acontece e, geralmente, pressionados pelas ilusões, pelo orgulho, tornamo-nos cegos aos bens que possuímos e desejamos coisas discutíveis, sem saber se elas, uma vez conquistadas, nos dariam felicidade. Perdemos muito tempo correndo atrás das ilusões empregadas por nossa imaginação e esquecemo-nos de desfrutar e viver situações, momentos reais que nos colocariam em estado de felicidade.

Maria Helena ouvia-o surpreendida. A que ilusões se referia? Seria à sua paixão por Luciana?

João Henrique deu de ombros:

— O senhor está falando a mesma coisa que eu. O amor é ilusão. O bom senso é que me faz pensar em casar-me, se eu o fizer algum dia, com a pessoa certa, sem que o amor apareça, só por respeito e amizade.

— Esses sentimentos são importantes. Mas se não houver o encantamento do amor, perderá o sabor. A felicidade é saborosa, precisa satisfazer o coração.

— Não acredito em amor. O que há é interesse, conveniência, nada mais.

José Luís sorriu:

— Vamos dar tempo ao tempo. A vida guarda surpresas que modificam nossa maneira de ver.

— Jarbas está demorando.

— Deixe-o com Maria Lúcia. Será bom para ela — pediu Maria Helena.

— Ela não anda muito bem.

— Você notou?

— Está arredia como antigamente. Parece uma ostra dentro da casca — considerou João Henrique.

Maria Helena suspirou:

— Por isso não quero que chame Jarbas. Ele está conseguindo entretê-la.

João Henrique sorriu levemente:

— Às vezes penso que ele anda interessado nela.

315

— É? — fez Maria Helena. — Seria muito bom se ela correspondesse. Mas não me parece o tipo de moça que se apaixone. É muito fria.

— Eu não diria isso — considerou José Luís. — Ela é dissimulada, não fria.

— Por que acha isso?

— Tenho-a observado quando toca, dança ou sorri.

— Isso era antes. Agora anda diferente.

— Maria Helena, o que aconteceu? Por que ela mudou tanto? Seria por causa de Luciana?

Maria Helena estremeceu. Controlou-se para não mostrar emoção. Respondeu com voz fria:

— Não creio. O mal é que Maria Lúcia não é igual às outras moças. Nunca fala o que sente, sempre fechada. Não adianta. Ela não me ouve. Só responde o necessário e eu preciso arrancar as palavras. Ela é difícil mesmo.

— Houve tempo em que ela estava tão bem. Parecia tão feliz! — considerou ele.

— É mesmo, papai — aduziu João Henrique. — Chegou a tornar-se encantadora. Pensando bem, vocês têm razão. O que mudou? Ela me parece tão triste! Como uma sombra do que foi. Teria sido alguma desilusão amorosa?

— Não creio — disse Maria Helena. — Ela nunca se interessou por ninguém.

— Nunca se sabe o que vai no coração de uma mulher — disse José Luís.

— A presença de Luciana fez-lhe bem. Pena que ela nos tenha esquecido.

— Ainda penso que deveríamos procurá-la. Convidá-la para vir em casa — sugeriu José Luís.

— Isso não. Nunca hei de correr atrás das pessoas. Se ela se esqueceu de nós, não a procuraremos.

José Luís iria retrucar, mas calou-se vendo Jarbas e Maria Lúcia aparecerem na soleira. Olhou a filha e percebeu que estava menos tensa. Haveria esperança para ela?

Ao sair da casa, Jarbas estava certo de que algo desagradável acontecera, afastando Luciana de lá.

316

À noite, Jarbas relatou a Luciana e José Antônio sua conversa com Maria Lúcia. Quando acabou, Luciana não se conteve:
— Eu sabia que havia algo!
— Ela se surpreendeu muito com a notícia de seu noivado. A princípio chegou a duvidar.
— Jarbas, você é realmente nosso amigo e está se esforçando para nos ajudar. Por tudo isso, devo ser honesta com você e contar-lhe nosso segredo.
— Segredo?
— Sim. Há um segredo em nossas vidas, unindo minha família e a de Maria Lúcia.

Enquanto Egle preparava o chá, Luciana, sentada no sofá, tendo a mão de José Antônio entre as suas, contou a Jarbas a história de seu nascimento. O moço ouviu-a com respeito e admiração, e ao final não se conteve:
— Então, vocês são irmãs!
— Somos. Eu me aproximei dela a pedido de meu pai para poder ajudá-la.
— As aulas de música foram pretexto!
— Isso! Sabe como dona Maria Helena é austera. Se soubesse a verdade, jamais me permitiria frequentar sua casa. Depois de tudo que aconteceu, fico me perguntando: terá ela descoberto a verdade? Será esta a razão de sua repulsa por mim?

Jarbas balançou a cabeça pensativo.
— Não sei. Se ela houvesse descoberto tudo, não seria mais natural que reagisse, falasse com você, com o doutor José Luís, enfim, procurasse uma explicação?
— Não creio. Dona Maria Helena é sempre muito reservada. Agora, depois do que me contou, só pode ter sido isso. Ela descobriu tudo e afastou-me de sua casa.
— Certo. Suponhamos que isso tenha acontecido. Mas e Maria Lúcia, por que estaria contra você?
— Não sei o que lhe disseram. Ela é muito sensível e não estava ainda bem o bastante para poder discernir. Sentiu-se enganada e magoada.
— Tenho uma ideia — disse José Antônio. — Na semana que vem haverá o sarau dos Albuquerques, e dona Maria Helena

317

costuma frequentá-lo com o marido. Poderia interessar Maria Lúcia e acompanhá-los?

— Certamente. Posso tentar. Ela anda muito isolada, mas insistirei. João Henrique disse-me que dona Maria Helena aprovou minha proximidade com Maria Lúcia. Tenho bom pretexto. O que pensa fazer?

— Minha irmã costuma frequentar os Albuquerques. Talvez possamos ir com ela.

— Eu?

— Sim, Luciana. Afinal, preciso apresentá-la aos amigos.

— Será embaraçoso. Dona Maria Helena não vai gostar.

— É educada. Não vai se atrever a demonstrar isso. Será uma boa oportunidade para falar com Maria Lúcia e tentar desfazer esse mal-entendido.

— Não gostaria de forçar uma situação. Não quero prejudicar o relacionamento de meu pai com a família. Vamos esperar um pouco mais.

Maria Lúcia, depois de despedir-se de Jarbas, foi para o seu quarto. Sentia-se confusa e emocionada. A confissão dele sensibilizara-a, mas principalmente o beijo de amor que lhe dera fazia seu coração bater mais depressa. Nunca ninguém a beijara daquela forma. Os beijos de Ulisses haviam sido tão excitantes na época... Agora, diante da sensação tão ardente e nova que experimentara, pareciam-lhe frios e distantes.

Seria ela tão sem pudor a ponto de emocionar-se quando um homem a tocava? Ela não amava Jarbas. Por que sentira tanta emoção?

Sentou-se no chão e encostou-se na beira da cama, tentando encontrar resposta para o que sentia. Não conseguia. Quando ele a tomara nos braços e a beijara, fora arrebatador. Só de recordar-se, sentia arrepios pelo corpo. Que loucura! E se acontecesse de novo?

Levou a mão ao peito como para impedir o coração de acelerar suas batidas. Nunca havia sentido isso por Ulisses. Estaria enganada? Lembrou-se de Luciana. Amaria o noivo de verdade? Ou estaria fingindo? Continuaria a amar seu pai ou o teria esquecido? Desejava saber a verdade.

Ulisses! Seria tão sem caráter a ponto de forçar Luciana? Não podia duvidar. Jarbas não mentiria. Fora por causa disso que Luciana e o noivo se conheceram.

Sentiu saudade de Luciana. Seria bom conversar com ela, desabafar, conhecer seus sentimentos, saber tudo.

Seu rosto entristeceu-se. Isso não era possível. Luciana não era a pessoa que ela gostaria que fosse. Tudo mentira. Interesse, nada mais. A pessoa da qual ela gostava não existia. Tudo ilusão. Ela era sozinha e não adiantava ter esperança.

Pensou em Jarbas e seu coração apressou as batidas. Teve medo. Poderia confiar? Não a estaria enganando, como Ulisses ou Luciana? Melhor seria não se envolver com ele. Sentiu-se muito só e sem vontade de lutar. O melhor seria ficar ali, em seu canto, onde nada nem ninguém conseguiria magoá-la mais.

XIX
Décimo Nono
Capítulo

Sentado em frente à sua escrivaninha lavrada, João Henrique estudava atentamente o projeto que tinha estendido sobre ela. Urgia terminá-lo, porquanto dentro de dois dias iria apresentá-lo a uma comissão do Senado, de onde esperava a licitação para iniciar sua execução.

Batendo ligeiramente à porta, Ulisses entrou no escritório. Seu rosto estava transtornado e descomposto. Fitando-o, João Henrique não conteve a admiração.

— Aconteceu alguma coisa?

— Aconteceu — disse ele, deixando-se cair na poltrona em frente à escrivaninha.

— O que foi? Você parece aborrecido.

— Aborrecido? É pouco! O mundo desabou sobre mim.

João Henrique enrolou o projeto, colocou-o de lado e sentou-se novamente, dizendo:

— O que houve?

— Aquela ingrata! Tudo preparado. Tudo certo. E ela simplesmente disse não. Veio com uma história de que não iria fazer-me feliz, que não era a mulher que eu queria... Simplesmente me recusou.

— Assim, sem motivo?

— Assim. Depois de tudo, jamais pensei que fizesse isso comigo. Estou desesperado. Ela me paga. Não vou deixar assim.

— Pretende insistir?

— Isso eu já fiz. Tentei por todos os meios. Exigi, implorei, fiz tudo. Ela não voltou atrás.

João Henrique entristeceu-se. Lembrou-se de Antonieta. As mulheres sabiam ser cruéis. Penalizado, tentou confortar o amigo.

— Não adianta. Quando não há amor, insistir não ajuda. Já passei por isso. Acalme-se. Dói, mas passa. O tempo é um santo remédio.

— Não sou você. Não vou me conformar. Ela vai ter de me aceitar. Se continuar recusando, vou me vingar. Ninguém me humilha impunemente. Isso eu garanto.

Havia tanto rancor em sua voz que João Henrique se assustou.

— Calma! Não podemos obrigar uma pessoa a nos amar!

— Ela foi gentil comigo desde o começo, deu-me não só esperanças como a certeza de que poderíamos ser felizes juntos! Eu acreditei. Coloquei todos os meus sonhos em suas mãos, e agora, quando fiz o pedido, ela disse não! O que ela queria era humilhar-me!

— De nada adianta revoltar-se. O melhor será aceitar e tentar esquecer.

— Isso não.

— Eu consegui. Agora nem me recordo daquele amor louco. Passou. Não cometa nenhuma loucura. Tudo vai passar.

João Henrique tentou inutilmente acalmar o amigo, que por fim saiu nervoso e revoltado. Vendo-o afastar-se, João Henrique suspirou, sentindo-se aliviado por estar imune à paixão. A cada dia mais se convencia de que o amor era uma armadilha perigosa e inútil, na qual jamais voltaria a cair. Ulisses estava nervoso, logo refletiria e por certo mudaria de opinião.

Estudou o projeto que estendeu novamente sobre a mesa e mergulhou no trabalho com interesse.

Quando Jarbas chegou, uma hora depois, encontrou-o ainda trabalhando.

— Estou preocupado — disse Jarbas.

— Com quê? — indagou João Henrique sem muito interesse.

— Com Ulisses.

João Henrique levantou os olhos e respondeu:

— Não é nada. Ele passou por aqui há pouco. Marianinha recusou-o. Está magoado, mas logo passará. Sei como é.

— Ulisses não é como você. É muito vingativo. Está planejando uma loucura.

— Está ameaçador, mas logo pensará melhor. Você vai ver.

— Agora, quando vinha para cá, eu o vi na loja do sargentão, comprando um revólver.

— O quê?

— Isso mesmo. Ele não me viu.

— Por que não o abordou?

— Não adianta. Ele não me ouve nunca. Vim chamá-lo. Você tem mais força sobre ele. Com você, ele é mais atento. Não está planejando boa coisa. Sinto o cheiro no ar. Sei que, quando ele se enfurece, é um perigo. Não raciocina. Depois, parece que as coisas não estão indo bem ultimamente. Ele anda sem dinheiro e está endividado.

— Ele sempre gastou muito e andou endividado. Mas a herança garante tudo. Ele não precisa se preocupar.

Jarbas olhou o amigo, indeciso.

— O que está me escondendo? — disse João Henrique. — Quando você fica com essa cara...

— É que ultimamente têm chegado a meu conhecimento certos fatos com relação a Ulisses. Mas não sei até que ponto são reais.

— Intrigas sempre existem. O que falam dele agora?

— Que nunca teve herança nenhuma. Que sempre foi pobre e que essa história era para iludir as pessoas.

— O fato de ser pobre não o desmerece.

— Mas querer enganar os outros, até os amigos, sim.

— Ele pertence a uma excelente e tradicional família.

— É verdade. Seja como for, ele é nosso amigo. Não podemos deixá-lo cometer uma besteira e estragar sua vida.

João Henrique concordou.

— Tem razão. Num momento de crise podemos exagerar. Vamos até sua casa.

Jarbas concordou, e os dois dirigiram-se à casa de Ulisses.

A tarde estava no fim quando tocaram a campainha. Em um bairro calmo e residencial, ele morava com uma tia, irmã de sua mãe, na velha e ampla casa da família, onde tudo recordava os tempos antigos. Ulisses conservava-a em memória dos pais, dizia ele, mortos em um trágico acidente no mar.

Informados de que Ulisses não voltara para casa, eles conversaram um pouco com a tia, não mencionando sua preocupação. A convite dela, resolveram entrar e esperar. A noite caíra de todo e Ulisses não voltava.

Esforçando-se por não demonstrar preocupação, os dois despediram-se e, na rua, deram vazão à ansiedade. Onde Ulisses teria ido? O que pretendia fazer? Como encontrá-lo?

— Só há um jeito — disse Jarbas. — Irmos ver Marianinha.

— Isso não. Eu nem sequer a conheço!

— Eu, sim. Não muito, porque ela é pouco sociável. Mas nossas famílias visitam-se. Seus pais frequentam os Albuquerques. Você nunca foi aos saraus?

— Eu? Claro que não. Não tenho tempo para essas futilidades.

— Houve tempo em que você não pensava assim.

— E você viu no que deu. Depois, aquelas pessoas eram diferentes dessas provincianas do Rio de Janeiro.

— Isso não importa. O que penso é que Ulisses vai tentar alguma coisa contra Marianinha. Se a arma que ele comprou foi para vingar-se, ele vai procurá-la!

— É verdade.

— E nós estaremos alertas. Podemos evitar uma tragédia. Ele ficará com raiva, mas mais tarde vai nos agradecer.

— Pensando bem, tem razão.

João Henrique tirou o relógio do bolso do colete, dizendo com ar preocupado:

— Não será um pouco tarde para um sarau? Depois, não estou vestido para isso.

— Você está sempre muito bem-vestido. Nosso traje pode não ser o mais elegante, mas não destoará, por certo.

— Então, vamos lá.

A casa dos Albuquerques estava iluminada, os pesados reposteiros de veludo corridos e as janelas protegidas apenas pelas delicadas e finas cortinas brancas de *voile* deixavam passar a luz pelas vidraças e mostravam os vultos das pessoas movimentando-se em seus salões.

João Henrique suspirou entediado, e Jarbas, tentando disfarçar o riso, vendo-o constrangido, tocou a sineta. Um empregado abriu imediatamente a porta, e Jarbas foi dizendo:

— Doutor Jarbas Junqueira Silva e doutor João Henrique Camargo.

O criado inclinou a cabeça:

— Queiram entrar, por favor.

Os dois acompanharam-no. Quando entraram no vasto salão, houve um movimento de curiosidade. Embora sempre muito requisitado, João Henrique nunca comparecia às reuniões familiares. Sua presença despertou logo um zum-zum-zum inusitado. Imediatamente, dona Pérola apressou-se em recebê-los. Enquanto os dois lhe beijavam a mão com galanteria, ela foi dizendo:

— É uma honra recebê-los em minha casa. Sejam bem-vindos.

Enquanto conversavam trivialmente com a dona da casa e o coronel Albuquerque, seu marido, eles disfarçadamente procuravam Ulisses entre os convidados. Felizmente ele não estava. Teria desistido?

Pérola, mulher requintada e fina, cumulou-os de gentilezas, apresentando-os às pessoas com delicadeza. Bonita, alta, elegante, sabia receber com maestria, e João Henrique entendeu por que Maria Helena lhe frequentava a casa.

Apresentado a Marianinha, João Henrique não conteve um pensamento de rancor. Cumprimentou-a educadamente, porém com frieza. Vendo-a ereta, elegante, muito bem-vestida, os negros cabelos curtos muito bem penteados, o vestido curto ousado deixando à mostra suas pernas bem torneadas e principalmente seus olhos grandes e negros, a boca altiva e carnuda, bonita e dona de si, olhando-o com indiferença, sentiu raiva. Por causa dela, Ulisses estava disposto a destruir sua vida, e ela não parecia importar-se. Destruíra os sentimentos dele e não se importava. Permanecia indiferente e fria, altiva e intocável, como uma deusa.

Irritado, disse disfarçadamente a Jarbas:

— Ele não está. Vamos sair daqui.

— Não agora. Não seria elegante. Depois, e se ele aparecer? Pode estar esperando acabar o sarau.

325

A parte musical havia parado para dar tempo a que os homens fossem fumar e conversar seus assuntos, e as mulheres, por sua vez, fizessem o mesmo, tomando licor e saboreando a rica mesa da sala de jantar.

Os jovens, em sua maioria, preferiam os jogos de salão e ruidosamente se entretinham em outra sala.

— Aceitariam vinho, licor ou refresco? — insistiu gentilmente dona Pérola, chamando delicadamente o empregado para servi-los.

Vendo-os com uma taça de vinho nas mãos, ela completou:

— Estejam a gosto. Se preferirem, poderão passar à outra sala. Creio que conhecem quase todas as pessoas presentes. Pena não haverem chegado a tempo de ouvirem o recital. Esteve belíssimo. Apesar disso, sentimos a ausência de Maria Helena. Ela sempre nos delicia com sua execução.

— Mamãe toca bem.

— Toca bem? Ela é magistral! Sempre muito aplaudida.

Pérola afastou-se, e os dois rapazes juntaram-se a alguns conhecidos conversando. João Henrique era muito conceituado socialmente. As pessoas mais velhas apreciavam ouvi-lo e procuravam-no para conversar.

Jarbas deixou-o na companhia de várias pessoas e dirigiu-se ao jardim. Vira Marianinha e decidiu abordá-la.

— Marianinha — chamou.

Ela se voltou e esperou. Ele continuou:

— Preciso conversar com você.

Lado a lado foram andando, e o moço tocou no assunto que o preocupava.

— Tem visto Ulisses?

— Por que pergunta?

— Porque ele a ama e parece que você não o aceitou. Isso é verdade?

— É. Ulisses é um moço bonito, de boa família, mas eu não o quero para marido.

— Não gosta dele?

— Ele é interessante, atencioso, tem me cercado de gentilezas, mas para casar é preciso haver algo mais.

— Que você não tem.

— Isso.

— Ele está inconformado e infeliz. É sua resposta definitiva? Não deseja pensar no assunto?

— Não. Para quê? Para ser franca mesmo, jamais me casaria com ele.

— Viemos aqui esta noite por causa disso. Ele não está aceitando sua recusa. Ele está muito revoltado e você deve tomar alguns cuidados.

— Acha que ele seria capaz de tentar à força?

Jarbas tentou contornar:

— Não sei. Um homem apaixonado, desesperado, pode cometer muitos excessos. Mesmo agora, no jardim, sinto certo receio.

— A situação é assim tão grave?

— Bem. Não sei. Ele diz que você o encorajou só para poder humilhá-lo.

— Sempre desconfiei de seu excesso de atenções. Pareciam-me falsas. Para dizer a verdade, nunca as levei a sério.

— Ele disse que você o encorajou.

Pelos olhos dela passou um brilho de contrariedade.

— Nunca fui além dos princípios da boa educação para com uma pessoa que me cercava de gentilezas. Não tive para com ele nenhum gesto mais especial. Lamento que ele, em sua exaltação, tenha interpretado de outra forma.

— Sua recusa fê-lo sofrer.

— Sofreria muito mais se eu me casasse sem amor. Creia: logo isso passará, estou certa.

— Apesar de tudo, tome cuidado pelo menos por alguns dias, até ele se acalmar.

Ela sorriu levemente.

— Não vai acontecer nada.

Jarbas e João Henrique ficaram até a hora das despedidas e, aliviados, saíram, agradecendo a hospitalidade.

Uma vez na rua, decidiram passar novamente na casa de Ulisses. Tudo escuro. Teria ele desistido?

— Vamos embora, Jarbas. A estas horas, ele já deve estar dormindo ou bebendo em algum bar para esquecer.

— Pode ser. Mas não estou sossegado.

— Fizemos o possível. Com certeza ele já se acalmou. Vamos para casa.

No carro de João Henrique, Jarbas pediu:

— Antes de me deixar em casa, vamos dar uma passada pela casa de Marianinha, ver se tudo está bem.

— Bobagem. Em todo caso, se isso o acalma, vamos lá.

A rua estava calma e deserta. Ao passarem pela casa, Jarbas segurou o braço do amigo com força.

— Pare. Há um homem no jardim. Vi um vulto escondendo-se atrás da árvore.

— Tem certeza?

— Tenho. Escondeu-se quando nos viu.

— Então vamos seguir e fingir que fomos embora.

Deixaram o carro em uma rua próxima e voltaram, sem fazer ruído, espiando pelas grades do portão. Tudo quieto, normal.

— Você se enganou — sussurrou João Henrique.

— Não! Eu vi claramente! Só pode ser ele. Vai fazer besteira!

— O que vamos fazer? Não podemos alarmar todo mundo. E se não houver ninguém?

— Vamos pular o muro e verificar.

— Você está louco! E se nos descobrem, o que diremos?

— Não sei. Eles não têm cachorros, isso eu sei. Vamos. Não é difícil.

João Henrique olhou-o, indeciso.

— Venha, homem. Trata-se de ajudar um amigo! Vamos lembrar nossas aventuras românticas. Recorda-se de Marilda? Quando pulamos aquele muro na ausência do marido?

— Nem quero lembrar. Loucuras da adolescência. Nunca mais faria isso de novo.

Jarbas começou a rir.

— Até que ela era interessante...

— Deixe de risadas. Desse jeito todos vão acordar!

— Calado! Psiu! Vamos!

Os dois, depois de olharem para os lados, certificando-se de que não havia ninguém por perto, subiram pelas grades e entraram no jardim.

O silêncio era profundo e eles foram caminhando devagar, procurando não fazer ruído.

— Parece que está tudo bem — sussurrou João Henrique.

— Você se enganou. Vamos embora.

Jarbas apanhou algo no chão.
— Veja isto! Uma abotoadura! É de Ulisses!
— Como sabe?
— Olhe o monograma.
— É mesmo.
— Ele está aqui! Precisamos achá-lo.
Cautelosos, olharam para a casa. Tudo escuro, nenhuma luz.
— Olhe aquela janela lá em cima. Está entreaberta! Vai ver que ele entrou por ali — disse Jarbas.
— E se não for? Não podemos invadir a casa. Podem acordar!
— É ele! Vamos subir e espiar.
— Como?
— Pela varanda. É difícil. Vamos tirar os sapatos.
— É loucura. O melhor é chamar os donos da casa.
— E promover um escândalo? Eles vão nos odiar se o fizermos. Vamos subir. Se não houver nada, prometo que iremos embora e esquecerei o assunto.
— Vamos, então.
Cautelosamente, sem ruído, os dois ganharam o telhado da varanda e espiaram pela janela entreaberta. O que viram estarreceu-os: Mariana, seminua, encostada na parede do quarto, tendo Ulisses à sua frente, de costas para a janela.
A moça tremia assustada enquanto ele dizia em tom contido:
— Não adianta, meu bem. Se gritar, eu atiro. Agora que fechei a porta, ninguém entrará. Estamos sozinhos, eu e você. Eu queria casar-me, você recusou. Vamos, tire a roupa toda. Não adianta fugir. Ninguém me humilha impunemente. Eu me vingo! Pensou que eu iria aceitar um não? Você vai ser minha de qualquer jeito. Depois, vou embora! Você ficará com a minha marca!
— Você está louco! Vá embora. Recusei seu pedido porque não o amo. Saia e eu não contarei a ninguém o que se passou aqui.
Ele nem parecia ouvir. Aproximou-se dela encostando a arma em seu pescoço.
— Você é linda! — disse. — Se eu atirar, vai ser uma pena.
— Meu pai vai matá-lo!
— Ninguém vai me ver.
Ulisses, com a mão esquerda, abraçou a cintura da moça, conservando com a direita a arma encostada no peito dela.

329

Aterrorizada, ela não se mexia, e ele a beijou nos lábios repetidas vezes.

Jarbas e João Henrique, do lado de fora, não sabiam o que fazer. Temiam precipitar a tragédia. No estado emocional de Ulisses, um susto poderia fazê-lo puxar o gatilho.

João Henrique sussurrou no ouvido de Jarbas:

— Vou tentar entrar sem ruído.

— Cuidado.

Ulisses, empolgado, sentia-se seguro. Marianinha, olhos abertos, percebeu a presença de João Henrique e, vendo que o moço cautelosamente tentava entrar, procurou desviar a atenção de Ulisses:

— Você nunca me beijou desse jeito — disse.

Ele exultou.

— Ah! Gostou? Era o que eu pensava. As mulheres fingem indiferença, mas adoram ser dominadas. Vai ver que, depois desta noite, você me aceitará como marido. Eu sou bom nisso, sabia?

— Só agora estou percebendo como você é — retrucou ela. — Se afastar essa arma, poderemos ficar mais à vontade.

— Pensa que sou tolo? Por enquanto é melhor não facilitar.

João Henrique aproximou-se e, tendo feito um sinal para que Marianinha se abaixasse, aproveitou o momento em que Ulisses a beijava para dar um soco violento na arma, segurando seu braço e torcendo-o para trás.

Ulisses assustou-se violentamente, puxou o gatilho, mas Marianinha escorregara para o chão e a bala perdeu-se em um canto do quarto. Jarbas atirou-se sobre Ulisses, tentando segurá-lo.

Gritos, sustos, as luzes da casa se acendendo. Quando os pais de Marianinha bateram na porta do quarto, Jarbas abriu-a, ante os olhos assustados do resto da família.

Ulisses esbravejava a um canto, dominado por João Henrique. Marianinha, trêmula, com um robe que se apressara em vestir, estava salva.

O coronel dominava-se a custo. Exigiu explicações. Como se atreviam a entrar em sua casa às escondidas, daquela forma?

Foi Mariana quem explicou:

— Papai, se estou viva, devo a João Henrique e a Jarbas. Nunca esquecerei o que fizeram por mim esta noite.

330

Os dois não sabiam o que dizer. Precisavam dar explicações ao coronel, mas não desejavam agravar a situação do amigo, a quem julgavam enlouquecido.

— Alguém pode explicar o que se passou aqui? Quem atirou?

— Eu posso contar o que aconteceu — disse Mariana.

— Você está pálida e trêmula, filha, precisa acalmar-se. Essa é uma conversa para homens — interveio Pérola.

— E para a polícia — disse o coronel.

— Não, mamãe. Por minha causa, esses dois cavalheiros arriscaram a vida e a honra. Não posso permitir que sejam envolvidos. Estou disposta a esclarecer o que se passou e sei que meu pai, justo como é, saberá agir corretamente.

— Está bem — anuiu o coronel. — Vamos até a sala. Vou entregar este homem para a polícia.

Ulisses, rubro de ódio, disse com voz abafada:

— Vocês me pagam! Diziam-se meus amigos! Traidores!

O coronel, apontando a arma que trazia, ordenou:

— Vamos. Se facilitar, mato-o como a um cão. Sabe que, se o fizer, a lei vai me proteger. O senhor, além de assaltar minha casa durante a noite, atentou contra a vida de minha filha. Ande. Vamos. Obedeça se quer continuar vivo!

Os olhos do coronel brilhavam firmes, e Ulisses obedeceu prontamente. Na sala, colocado sob a mira da arma de dois empregados da casa, Ulisses arrependia-se da aventura. Mas era tarde. A família reunida ouvira o relato de Mariana, que ao final se dirigiu aos dois moços emocionada:

— Quando vi você, João Henrique, aparecer na janela, pensei: estou salva! Meu coração parecia que ia sair pela boca. Temia que ele atirasse se o visse.

— Confesso que tremi — respondeu o moço emocionado.

— A porta do quarto estava fechada à chave. Senti que não podia perder um segundo, nem avisar ninguém. Foi uma tentativa desesperada. Nem quero me lembrar!

— Eu pensei que, se conversasse com ele tentando distraí-lo, você teria mais chance.

— Foi muito inteligente de sua parte. É muito corajosa — disse João Henrique.

— Eu não queria morrer! Nem permitir que ele fizesse o que pretendia. Tinha de tentar!

Pérola abraçou João Henrique com os olhos cheios de lágrimas.

— Obrigada, meu filho! Mariana tem razão. Nunca poderemos pagar o que você fez! Permita-me dar-lhe um abraço. De hoje em diante, terá em mim uma amiga dedicada!

— Agradeça a Jarbas — respondeu ele, tentando disfarçar a emoção. — Foi ele quem suspeitou de Ulisses. Eu nunca poderia pensar que sua loucura chegasse a tanto.

Comovida, Pérola abraçou Jarbas.

— Vocês merecem uma medalha. Nunca esquecerei esta noite.

— Vamos, Pérola — disse o coronel, tentando disfarçar a emoção. — Providencie um café para nós. Todos precisamos.

Quando o chefe de polícia chegou, o coronel acusou formalmente Ulisses de haver atentado contra a vida de Mariana após ver recusado seu pedido de casamento. Ele não teve outro jeito senão levar Ulisses preso. Este, vendo-se em perigo, procurou dominar a raiva e tentar safar-se. Alegou desespero, fingiu-se louco de paixão, buscando impressionar o delegado. Conseguiu até certo ponto, alegando o bom nome de sua família, dizendo estar sofrendo muito.

Uma vez na delegacia, no interrogatório, chorou, jurou que nunca teria coragem de ameaçá-la, que a arma era apenas para seu suicídio. Estava disposto a matar-se se essa última tentativa fracassasse.

Apesar de condescendente, o delegado não podia ignorar a queixa do coronel, pessoa influente e benquista na sociedade. Por isso, manteve Ulisses preso, aconselhando-o a se acalmar e desistir do suicídio. Mulher alguma merecia isso.

Vendo-se recolhido à cela, Ulisses deu livre curso ao rancor. Sua raiva era contra João Henrique e Jarbas. Por que haviam se intrometido? Se eles não houvessem aparecido, não só estaria livre como ninguém saberia de nada. Acreditava que, uma vez consumado seu plano, Marianinha não teria alternativa senão aceitar seu pedido de casamento.

Aqueles idiotas, intrometidos, eram os responsáveis pela triste situação em que se encontrava. Não temia a prisão. Tinha certeza de que um bom advogado o livraria facilmente. Sabia que o coronel era enérgico, porém contava impressionar a opinião pública a seu favor se preciso fosse. Um homem apaixonado e desesperado cativaria logo a simpatia da sociedade.

O que ele temia e o que o irritava era a possibilidade de ver descoberta a mentira de sua vida. A ideia da herança, junto com o nome da família, abrira-lhe todas as portas. O que seria de sua reputação se o soubessem pobre e endividado? O moço rico, desesperado, apaixonado, sofrendo a ponto de querer acabar com a própria vida, por certo seria visto com bons olhos e até com simpatia. O moço pobre, mentiroso, pressionado pelas dívidas, oportunista, tentando um casamento rico como última saída, seria por certo execrado.

Estava claro que representaria o papel do primeiro com vigor e contava com isso para sair dali, mas e se descobrissem o que temia? E se desconfiassem e fossem investigar?

Nesse momento, pensando nisso, seu desespero era bem real.

"Bandidos!", pensou. "Aqueles dois me pagam! Nunca pensei que fossem capazes de prejudicar-me! Eles vão me pagar. Quando sair daqui, vou me vingar."

No dia seguinte, a notícia correu de boca em boca. João Henrique não comentou o que acontecera. Mas, ao jantar, Maria Helena já sabia. Preocupada com alguns comentários, procurou a amiga, e Pérola relatou-lhe tudo detalhadamente, terminando por tecer comentários elogiosos aos dois rapazes.

Maria Helena emocionou-se. João Henrique arriscara a vida! Sentiu-se orgulhosa por seu gesto.

Na hora de jantar, ela mencionou o assunto. Maria Lúcia assustou-se. Ulisses tentara matar Marianinha! Que horror! Prestou atenção ao que João Henrique contava. Era verdade, então. Ele tentara com Luciana e agora com Mariana. Não tolerava recusa.

— Nunca pensei que Ulisses pudesse proceder assim — comentou Maria Helena. — Você passou por um problema parecido, mas teve uma reação diferente.

333

— Posso entender o que ele sentiu. Estávamos tentando evitar uma tragédia. Pensávamos ajudá-lo. Mas, vendo-o agir daquela forma, percebi que estávamos enganados a respeito dele. Havia maldade no que ele dizia. E pode parecer estranho, mas ele não demonstrava estar apaixonado por Mariana. Ao contrário, mostrava-se calculista, deliberadamente cruel. Confesso que desconhecia Ulisses.

— Ouvi dizer que a tal herança que ele vive a apregoar nunca existiu — comentou José Luís.

— Ele precisava de dinheiro, com certeza. Está coberto de dívidas — respondeu João Henrique. — Seu desespero com a recusa dela pode ter sido por causa disso. Jarbas contou-me o que aconteceu com Luciana.

— O que foi? — indagou Maria Helena, curiosa.

— Foi o noivo dela quem contou a Jarbas. Ulisses, vendo-se recusado por Luciana, esperou-a quando saía daqui e tentou obrigá-la a aceitá-lo. Agarrou-a justamente no portão de dona Margarida. José Antônio ouviu ruídos e socorreu-a, pondo Ulisses para correr. Foi assim que se conheceram.

— Que canalha! — interveio José Luís.

— Eu nunca soube que ele se interessou por Luciana! — considerou Maria Helena.

— Isso eu sei muito bem. Ele se entusiasmou desde o primeiro dia, quando a conheceu. Eu e Jarbas nos divertimos, porque ela nunca lhe deu a menor atenção. Aliás, Luciana sempre foi muito correta.

Maria Lúcia ouvia, sentindo suas dúvidas crescerem. Por isso Luciana não gostava de Ulisses e aconselhava-a a não alimentar seu interesse por ele. E o caso com seu pai? Seria verdade? Até que ponto Ulisses as iludira? Começou a suspeitar que fora ingênua não tentando averiguar melhor a verdade. Jarbas teria razão?

Emocionou-se ao pensar nele. Aquele beijo ardente não saía de sua lembrança. Ele havia lhe afirmado que Luciana a queria bem. Poderia acreditar? Não estaria ele mentindo, como Ulisses?

— Que diferença de Jarbas! — considerou Maria Helena.

— Não se pode comparar. Jarbas é digno de toda a confiança — disse José Luís.

— Concordo. Jarbas sempre foi muito diferente de Ulisses. Mais correto, sincero, bondoso, educado — ajuntou João Henrique. — Ulisses sempre foi meio desatento, desorganizado, leviano com as mulheres. Não pensei que chegasse a tanto. Alegou que Marianinha o encorajou para divertir-se à sua custa. A princípio, acreditei, embora Jarbas afirmasse o contrário. Mas ontem notei que era verdade. Ela foi muito corajosa e, mesmo ameaçada, tendo a arma encostada no pescoço, portou-se com seriedade. Tem muita coragem. Aguentou a situação sem nenhum chilique. Quando o coronel entrou no quarto e exigiu explicações de nossa presença ali, ela esclareceu tudo com firmeza.

— Marianinha é muito correta. Por não gostar de futilidades, é tida como orgulhosa. Conheço-a bem. Ela não perde tempo com mexericos nem banalidades. Gasta seu tempo com coisas interessantes. Pinta muito bem e é muito culta — respondeu Maria Helena.

— A senhora a conhece bem. Aliás, entendi por que lhes frequenta a casa. Dona Pérola é muito agradável e educada. O coronel, um homem de bem.

— Isso mesmo, meu filho. Os Albuquerques são nossos melhores amigos. Fico contente por você os apreciar. Pérola ficou encantada com vocês dois. Insistiu que voltassem a visitá-los com frequência.

— O coronel também se interessa muito em melhorar nossa cidade. Tem até algumas ideias que me expôs, muito inteligentes. Esse é um assunto do qual ele gosta muito e que o torna eloquente e entusiástico. Conversou com ele sobre seus projetos?

— Não, papai. Não houve oportunidade. Não sabia desse particular.

— Quando tiver chance, fale sobre esse assunto. Ficará surpreendido com o que ele sabe. Acredito mesmo que encontrará nele poderoso aliado. É muito influente politicamente.

— Não diga! Farei isso.

Maria Lúcia, assim que acabou o jantar, foi para o seu quarto. Fechou a porta e olhou-se no espelho. Não gostou do que viu. Estava feia. Jarbas gostava de seus cabelos soltos. Rapidamente tirou os grampos que os prendiam, apanhou uma escova e começou a escová-los, tentando penteá-los de diversos modos.

335

Estavam compridos. A nova moda era cortá-los bem curtos. Ela os preferia pelos ombros. Qual seria a preferência de Jarbas?

Sim. Seus cabelos eram lindos, sedosos, brilhosos. Jarbas tinha razão. E se passasse um pouco de carmim? Luciana ensinara-a a colorir delicadamente as faces e os lábios. Ela não era tão feia como pensava. Seu vestido não lhe caía bem.

Abriu o guarda-roupa, apanhou um que Luciana gostava e vestiu-o. Sentiu-se mais animada. No dia seguinte, vestiria aquela roupa. Talvez Jarbas viesse; queria que a achasse bonita.

Pensou em Luciana. Teriam sido enganadas? Ulisses poderia ter mentido para vingar-se dela. Mas e seu pai? Como entraria nessa história? Teria se apaixonado por Luciana? Ela era linda e inteligente, e seu pai, muito sedutor. Sua mãe tratava-o friamente. Teria tido uma paixão? Uma aventura? Luciana não era uma aventureira. Talvez o tivesse recusado. Continuava cheia de dúvidas e, por mais que tentasse, não conseguia esclarecê-las.

Na tarde do dia seguinte, quando Jarbas chegou, encontrou Maria Lúcia modificada. Satisfeito, percebeu que ela soltara os cabelos, vestira-se melhor e parecia mais à vontade.

Aproximou-se dela, dizendo com prazer:

— Que alegria encontrá-la! Como vai?

Ela corou ao responder:

— Bem. E você?

— Melhor agora, vendo você. Senti saudade. Não pude vir antes.

— Faz três dias que não vem aqui.

— Sentiu minha falta?

— Senti. Fiquei sabendo do que houve na casa de Marianinha.

— João Henrique lhe contou?

— Dona Pérola contou a mamãe, e ele explicou como foi.

— Não ficou triste?

— Eu? Por quê?

— Você gosta de Ulisses.

Ela enrubesceu. Ele continuou:

— Não negue. Você gosta dele.

— Estava enganada. Não o conhecia. Agora sinto que nunca gostei realmente dele. Foi coisa de criança.

— Não sofreu com o que aconteceu?

— Nem um pouco.
— Melhor assim.
Ficaram calados alguns segundos, depois ela disse:
— Tenho pensado muito no que me disse sobre Luciana.
— Sim?
— Sim. Tenho tido algumas dúvidas. Ontem quando João Henrique falou sobre Ulisses e Luciana, pensei que ele poderia ter inventado tudo para vingar-se.
— Então ele inventou algo? Ele fez intrigas sobre Luciana, como eu suspeitava.
— Sim. Ele disse coisas graves e sérias.
— Conte-me tudo.
— Não posso. São coisas de família.
— Não posso ser indiscreto, mas afirmo que, seja o que for que ele tenha inventado, Luciana é inocente.
— Tem certeza? Talvez você não saiba certas coisas...
— Sei o bastante para dizer isso. Luciana é uma moça muito digna, correta e ama muito você e toda a sua família.
— Gostaria muito de acreditar!
— Você gosta dela!
— Ela era minha melhor amiga. Era como se fosse da família.
Jarbas colocou as mãos nos braços de Maria Lúcia, olhou-a bem nos olhos e pediu:
— Venha comigo. Vamos ver Luciana.
Maria Lúcia estremeceu.
— Não posso! Minha mãe não permitiria!
— Confie em mim. Pedirei a dona Maria Helena para levá-la a uma confeitaria e iremos à casa dela.
Maria Lúcia, trêmula, de um lado pelo prazer de sair com ele, e de outro pela possibilidade de rever Luciana, excitada, não sabia o que responder.
— Venha — disse ele. — Vamos até a sala. Dona Maria Helena vai permitir.
Maria Helena não só permitiu como se sentiu agradavelmente surpreendida. Jarbas estaria pretendendo namorar sua filha? Claro que sim. Ela se arrumara melhor, estava mais bonita. Começou a pensar que Jarbas seria o genro ideal. Bonito, fino, educado, rico, honesto, amigo da família.

337

Uma vez no carro, Maria Lúcia, assustada, considerou:

— Não será impróprio aparecer assim, sem avisar? Ela me receberá?

— Tanto ela quanto dona Egle ficarão felizes em abraçá-la.

Jarbas abraçou-a com carinho, segurando entre as suas a mão gelada da moça.

— Acalme-se — recomendou. — Há muito já deveria ter feito isso. Abra seu coração, conte-lhes o que aconteceu. Tenho certeza de que tudo vai se esclarecer.

— Você acha?

— Estou certo disso.

Quando Jarbas tocou a sineta, Maria Lúcia, trêmula, lutava para dominar a emoção. Luciana abriu a porta e, vendo-os, foi tomada de forte emoção.

— Maria Lúcia! — disse e correu a abrir o portão do jardim, abraçando-a carinhosamente.

Maria Lúcia abraçou-a também e não conteve o pranto, chorando copiosamente.

Quando se dominou um pouco, Luciana disse:

— Venha, minha querida. Vamos entrar. Soou a hora de esclarecermos muitas coisas. Temos muito que conversar.

Egle abraçou-a com carinho. Maria Lúcia não conseguia parar de chorar. Seus sentidos soluços eram eloquentes o bastante para dizer o quanto havia sido dolorosa para ela aquela separação.

— Venha, Jarbas — convidou Egle. — Vamos para outra sala. Elas têm muito que conversar.

Quando os dois se afastaram, Luciana fez Maria Lúcia sentar-se no sofá e sentou-se a seu lado, segurando as frias mãos dela entre as suas.

— Estou muito feliz com sua visita — disse. — Sei que tem algo a me dizer. Há muito desconfio de que o afastamento de vocês teve algum motivo. Suspeito qual tenha sido. Gostaria de saber a verdade.

— Eu também. Quando eu soube o que Ulisses fez a Marianinha, não consegui tirar a dúvida de minha cabeça. Vim aqui saber a verdade. Gostaria que não mentisse para mim. Por mais dolorosa que seja, eu quero saber. Não aguento mais.

— O que quer saber?

— Sobre você e meu pai.
— Então é isso? Você já sabe?
— Então é verdade? Você e ele...
— Foi há muitos anos. Aconteceu antes que ele conhecesse sua mãe.
— Do que está falando?
— Dele e de minha mãe.
— Sua mãe?
— Sim. Ele a conheceu antes de sua mãe. No tempo em que ele era estudante em São Paulo. Depois, no Rio, começou a namorar sua mãe e casou-se com ela. Quando eu nasci, ele já estava casado.
— Não estou entendendo. Quer dizer então que você conhecia meu pai?
— Não. Vou contar-lhe tudo como aconteceu, sem omitir nada.

Segurando as mãos de Maria Lúcia, Luciana contou detalhadamente o que sabia do passado, o encontro com o pai no cemitério, a maneira pela qual resolvera apresentar-se na casa dele.

Maria Lúcia, comovida, começava a entender muitas coisas sobre o relacionamento dos pais. Quando Luciana acabou, ela não se conteve:

— Você é minha irmã! Meu Deus! Como fomos injustos com você! Que vergonha!

— Eu pensei que dona Maria Helena houvesse descoberto a verdade e não me perdoasse pelo fato de havê-la ocultado. Tive receio de que ela não me aceitasse. Sou uma filha bastarda. Sei como ela é exigente com suas relações.

— Você é uma moça digna. Isso é o que importa. Estou muito orgulhosa de ser sua irmã. Mamãe nem sequer desconfia dessa possibilidade.

— Então por que me afastou de vocês?
— Ulisses. Ele disse que...

Ela parou envergonhada.

— Fale, o que foi?
— Ele disse que você e papai... eram... amantes. Que papai havia até comprado esta casa.

Luciana empalideceu. Essa ideia jamais lhe ocorrera.

— Como puderam acreditar? Nem me deram chance de me defender!

— Uma noite, ele trouxe mamãe aqui e ela viu quando papai saiu abraçado a você na varanda e beijou-a ao despedir-se.

— Ulisses fez isso? Que maldade! Ela acreditou?

— Acreditou. Ela viu com os próprios olhos. Jamais poderia pensar que ele fosse seu pai!

— Por que não me disse nada? Eu teria explicado tudo. Papai também não sabe disso. Ele estava tão feliz, agora que descobriu que a ama e estão vivendo melhor. Várias vezes desejou contar-lhe a verdade.

— Mamãe precisa saber de tudo. Não quero que ela continue a julgá-la capaz de tanta falsidade.

— Certamente. Mesmo que ela não me aceite agora, precisamos sossegar seu coração. Avalio o sofrimento dela com essa calúnia, no momento em que eles haviam reatado e constatado seu amor!

— Ela sofreu muito. Lutou para esconder, mas eu notei. Fomos a Petrópolis. Lá eu a ouvia andar pelo quarto à noite, e, no dia seguinte, ela ficava abatida. Receei que adoecesse.

— Você me odiou.

— Não. Eu não podia odiá-la, mesmo acreditando naquela calúnia. Mas confesso que sofri muito.

Luciana abraçou-a com carinho.

— Abençoado Jarbas, que conseguiu trazê-la aqui hoje.

— Ele sempre tentou convencer-me a vir.

— Ele a quer muito bem.

O rosto dela coloriu-se.

— Você acha mesmo? Não estará com pena de mim?

— Não. Ele a ama muito. Tanto que faz tudo para vê-la feliz.

— Penso que estou gostando dele. Fui ingênua com Ulisses. Ele fingiu que me amava.

— Chegou a isso?

— Sim. Quando falou de você, não acreditei. Ele me beijou, disse que ficaria sempre a meu lado, que me amava. Que eu podia confiar. Pediu segredo com minha família, que ele me pediria em casamento no momento propício. Disse-me que fazia tudo pelo meu bem e para defender minha mãe. Acreditei.

Luciana, indignada, esforçava-se para controlar-se.

— Ele teve a coragem!

— Depois de tudo, quando mamãe me proibiu de ver você e disse que presenciara o fato, ele desapareceu. Quase não frequentava nossa casa e quando aparecia era com João Henrique. Nem me notava. Descobri que não me amava. Quando soube que pedira a mão de Marianinha, não pensei que ela fosse recusar.

— Você sofreu com isso.

— Um pouco. Mas ontem, quando João Henrique contou o que ele fizera, descobri que estivera enganada. De algum tempo para cá, eu mudei. Já não pensava nele.

— Não? Pensava em algum outro?

— Para você, posso contar. Uma tarde, Jarbas confessou-me seu amor e beijou-me. Senti uma emoção muito forte, como eu não sentira com o beijo de Ulisses. Desde esse dia, quando penso nele, sinto um calor no corpo, meu coração bate forte. Gostaria que me beijasse de novo.

Luciana sorriu:

— Você está se apaixonando por ele. Desejo que seja amor. Ele certamente a fará muito feliz.

— Em casa todos o apreciam.

— É um homem de bem. Além disso, um moço bonito, tem todas as qualidades.

— E seu noivo? Ouvi dizer que vai se casar.

Luciana, abraçada a Maria Lúcia, contou-lhe tudo a respeito de José Antônio, de quanto o amava. Entretidas, as duas continuaram trocando confidências.

Finalmente, Egle e Jarbas reapareceram. Havia na copa um lanche saboroso. Egle convidou-os a saboreá-lo.

— Antes, vovó, quero que saibam a razão do afastamento de dona Maria Helena.

Em poucas palavras, expôs os fatos, e os dois, surpreendidos, não esconderam a indignação.

— Isso é bem de Ulisses — reconheceu Jarbas. — Desde os tempos de colégio, nunca deixou passar uma ofensa sem revide. Não pensei que chegasse a tanto.

— Depois do que me contou sobre Marianinha, ele é capaz de muito mais — considerou Egle.

— O que pensa fazer? — indagou Jarbas a Luciana.

— Claro que esclarecer tudo. Não posso permitir que dona Maria Helena sofra e prejudique sua vida com o marido por causa disso. Contudo, não devo procurá-la. Embora atingida por essa calúnia, o passado não me pertence. Falarei com papai. Gostaria que você, Maria Lúcia, não dissesse nada a sua mãe. Esse assunto deverá ser resolvido entre ela e ele. Agora que descobriram que se amam, precisam entender-se, explicar-se. Para que esse amor se modifique, não pode haver nenhuma sombra entre eles.

Egle assentiu com a cabeça.

— Tem razão, Luciana. Essa conversa será definitiva para eles.

— Vou pedir a papai que venha aqui para colocá-lo a par de tudo.

— E você? Não vai defender-se? Pensei em chegar em casa e dizer a mamãe o quanto nos enganamos — disse Maria Lúcia.

Luciana sacudiu a cabeça.

— Não. Eu não tenho culpa de nada. Não preciso de defesa. Ele é quem deverá entender-se com ela.

— Eu não quero que ela me afaste de você — disse Maria Lúcia. — Se ela me proibir de vê-la, não vou obedecer. Fugirei de casa.

Luciana olhou-a surpreendida. Essa atitude, vindo dela, mostrava que ela havia mudado.

— Faria isso por mim?

— Sim. Faria também por mim. Hoje percebi que, apesar de tudo, dentro de mim eu sentia que podia confiar em você. Sentia saudade. Pensava em você, no que me dizia, como você fazia as coisas. Senti muito sua falta. Quero estar com você, eu gosto de você, e não deixarei que ninguém me impeça.

Luciana abraçou-a, beijando-a na face.

— Saber o que quer e lutar por isso é meio caminho para a felicidade — disse Luciana olhando para Jarbas com intenção.

— Vamos ao lanche — sugeriu Egle, e desta vez foi atendida prontamente.

Quando deixaram a casa de Luciana, Maria Lúcia parecia outra pessoa. Corada, olhos brilhantes, voltara a ser a moça que Jarbas aprendera a amar.

No trajeto de volta, ele se esforçou para controlar o desejo de tomá-la nos braços e beijá-la de novo. Não queria aproveitar-se da situação. Ela passara por momentos de forte emoção.

— Obrigada — disse ela de repente. — Se não fosse você, eu não estaria tão feliz!

— Adoro vê-la feliz!

— Estive pensando. O que me disse no outro dia é mesmo verdade? Você gosta mesmo de mim? Seja sincero. Não me engane.

— Eu não teria coragem de enganá-la. Se não fosse verdade, eu não teria dito. Depois, você não sentiu? Quando a beijei, pensei morrer de emoção. Não percebeu? Acha que isso se pode fingir?

Jarbas abraçara-a sentindo que seus escrúpulos desapareciam. Ela tão próxima, olhos brilhantes, lábios entreabertos, cheia de emoção, fazia-o esquecer tudo o mais.

— Eu a amo! — disse. — Muito! Muito!

Beijou-a repetidas vezes e ela o abraçou também, sentindo vontade de que aquele momento não acabasse. Depois, ele, com voz trêmula, disse-lhe baixinho:

— Será verdade o que estou sentindo? Você não me recusa? Você me quer, ainda que seja um pouco? Diga. Posso ter esperanças?

— Sim. Não sei se isso é amor. Mas nunca senti nada assim antes. Queria que o dia de hoje não acabasse.

— Meu amor! Se me quiser, serei o homem mais feliz do mundo! Você é tudo que eu sonhei.

Maria Lúcia passou os braços no pescoço dele e beijou-o levemente nos lábios. Comovido, Jarbas estreitou-a ao peito e eles ficaram abraçados, sentindo o coração bater descompassado, mas ao mesmo tempo com uma deliciosa sensação de alegria e paz.

Ao chegarem em casa, Maria Lúcia assustou-se.

— Meu Deus! Já escureceu! Mamãe vai ralhar comigo.

— Demoramo-nos mais do que o previsto. Pedirei desculpas a dona Maria Helena. Não quero que nos impeça de sair novamente.

Ela sorriu feliz. Quando entraram na sala, Maria Helena levantou-se, olhando-os curiosa. Percebeu logo o rosto emocionado de Maria Lúcia.

— Espero que me desculpe, dona Maria Helena. Ficamos conversando e entretemo-nos tanto que não percebemos o tempo passar.

José Luís, sentado em gostosa poltrona, observava-os.

— De fato é tarde. Não pensei que demorassem tanto.

— A culpa foi minha — tornou Jarbas. — Sinto muito.

— A culpa também foi minha — disse Maria Lúcia. — A conversa estava tão boa que eu não vi passar o tempo.

Maria Helena ficou boquiaberta. Sua filha nunca tivera uma atitude como essa. Era sempre evasiva, reticente, tímida. Algo acontecera e ela ainda não sabia se era bom.

— Você sabe que não pode ficar tanto tempo fora de casa.

— Quando sairmos de novo, prometo pensar nisso.

José Luís olhou para Maria Helena. Estaria ouvindo bem?

— Certamente, minha filha — respondeu ela educadamente.

Jarbas agradeceu a compreensão deles e despediu-se. Maria Lúcia foi para o quarto.

— Você ouviu? — indagou Maria Helena quando se viu a sós com o marido.

— Sim. O que está havendo? Jarbas e Maria Lúcia estarão namorando? Terei entendido bem?

— Tudo faz crer que sim. É surpreendente! Eles abusaram para um primeiro passeio, porém gosto dele, é excelente partido para nossa filha.

— Quanto a isso, concordo. Ela parece diferente. Estará apaixonada por ele?

Maria Helena balançou a cabeça e sorriu:

— Quem diria?! Parecia tão sonsa, tão boba... Conquistar logo um moço como ele! Será mesmo que ele se interessa por ela?

— Por que a levaria a passear? Nunca fez isso antes. Depois, eles pareciam diferentes, havia um brilho em seus olhos!

— Se isso for verdade, nem acredito. Maria Lúcia terá condições de casar-se, dirigir uma família?

— Por que não? O amor move montanhas.

O rosto de Maria Helena sombreou-se.

— Veremos isso — disse.

Afastou-se. José Luís notou sua súbita tristeza. Teria ciúme da filha? Ainda se fosse com João Henrique, poderia entender, mas com Maria Lúcia era loucura. Maria Helena nunca fora apegada a ela.

Pensou em Luciana. Sentiu saudade. Estar com ela era como sair numa manhã clara de primavera e sentir o sol. Sempre se sentia revigorado ao visitá-la.

Na tarde do dia seguinte foi procurá-la. Depois do abraço carinhoso, Luciana disse alegre:

— Esperava-o com impaciência, papai. Ontem Maria Lúcia esteve aqui.

— Aqui? Então...

— Jarbas trouxe-a.

— Pensei que... isso é... nós, Maria Helena e eu, imaginamos que eles estivessem namorando. Foi a primeira vez que Jarbas a convidou para sair. Enganamo-nos.

Luciana sorriu balançando a cabeça com graça:

— Não. Não se enganaram. Jarbas é apaixonado por ela há algum tempo. Ela agora parece interessar-se por ele.

— Então é verdade?

— Talvez seja um pouco cedo para dizer. Se Maria Lúcia quiser, Jarbas ficará feliz.

— Quem diria! Mas o que ela veio fazer aqui?

Luciana narrou-lhe em poucas palavras o que sabia. José Luís reagiu indignado:

— Aquele patife já está preso, caso contrário acertaríamos as contas. Que maldade! Nunca pensei que ele chegasse a esse ponto. Afinal, sempre foi recebido em nossa casa como um filho!

— É lamentável, papai. Posso avaliar a tristeza de dona Maria Helena.

— Ela me conhece. Como pôde imaginar-me capaz de uma atitude dessas? Sempre respeitei a família. E você, ela acreditou que fosse capaz de tanta desfaçatez?

— Pai, o ciúme cega as pessoas. Dona Maria Helena viu-nos abraçados tarde da noite. Presenciou seu beijo de despedida. O que mais poderia pensar?

345

— Eu sou culpado. Deveria ter-lhe contado a verdade. Você é minha filha, orgulho-me disso. Vou procurá-la e esclarecer tudo.

— Será melhor. Vocês se amam. Para que a união de ambos se complete, não deve haver nenhuma sombra, nenhuma dúvida ou desentendimento. Deixe o orgulho de lado. Seja sincero, fale de seus sentimentos. Tenho certeza de que dona Maria Helena compreenderá.

— Tem razão, Luciana. Não quero que isso dure um dia mais. Hoje mesmo conversaremos. Vou reconhecer você como minha filha. Não desejo que ninguém mais se julgue no direito de insultá-la.

— Papai, isso não será preciso. Dentro de menos de um mês estarei casada. O nome de José Antônio será suficiente para colocar-me ao abrigo de qualquer mal-entendido.

— Apesar disso, vou reconhecê-la.

— Dona Maria Helena pode sentir-se constrangida. É muito conhecida na sociedade. Não há necessidade de perturbá-la. Ela já sofreu muito por causa do passado. Não é justo que continue a ser molestada por algo que nem sabia.

José Luís balançou a cabeça negativamente.

— Não. Se Maria Helena não souber compreender, se ela, apesar dos muitos benefícios que recebeu de seu coração generoso, preferir o preconceito, a hipocrisia social, então não é a mulher que eu pensei. Nesse caso, será muito difícil conservar nosso amor. Para amá-la, sinto que preciso admirá-la. Todos esses anos, mesmo perdido nos sonhos do passado, eu a admirava como mulher de classe, como mãe, como esposa. Sempre me orgulhei dela. Sempre a tive como extraordinária mulher. Quando descobri que ela não era fria e indiferente como eu pensava, foi fácil amá-la. Mas o amor tem um encanto que de repente pode romper-se.

— Não é o caso de dona Maria Helena.

— Talvez não. Mas para isso preciso saber. É preciso que nossas almas se desnudem para avaliar nossos sentimentos.

Luciana suspirou pensativa.

— Não se preocupe, filha. A você não cabe nenhuma responsabilidade sobre nosso relacionamento. Ao contrário. Você sempre me mostrou coisas que eu desconhecia, fez-me pensar.

Tentou unir-nos. Mas isso é uma coisa minha e dela. A partir desse entendimento, nossa vida vai mudar.

— Para melhor. Eu sei.

— Quero você junto com o resto da família! Você soube conquistar o amor e a amizade de todos.

— Estou feliz por sentir seu carinho e a estima de Maria Lúcia. Nossa amizade não precisa de mais nada. Não gostaria de aborrecer dona Maria Helena, constrangê-la. Por favor! Não force nenhuma situação.

José Luís acariciou o rosto dela levemente.

— Não se preocupe. Sei como fazer as coisas.

Ele se despediu. No caminho de volta, deu largas a seu desagrado. Maria Helena julgara-o capaz de tanta baixeza! Jamais teria o desplante de colocar uma amante em convivência íntima com sua filha. Como pudera pensar isso dele? É verdade que durante anos declinara seu papel de marido, mas logo agora que haviam se entendido, que lhe confessara seu amor, que demonstrava maior interesse em ser feliz ao lado dela e da família!

Que espécie de homem ela julgava que ele fosse? Diante do que presenciara, por que não lhe contara, ainda que fosse para exigir-lhe explicações? Por que representara uma comédia, fingindo amá-lo, guardando a mágoa no coração?

Julgara Luciana sem ao menos ouvi-la ou dar-lhe chance de se explicar. Maria Helena fora longe demais. Ulisses armara o laço, mas ela aceitara sem questionar. Sentia-se decepcionado, triste. Como conviver com alguém capaz de esconder seus verdadeiros sentimentos? A situação entre eles tornara-se insustentável. Percebia que havia chegado a hora da verdade. Não podiam continuar convivendo sem esclarecer bem o sentimento que os unia.

Se fosse antigamente, ele simplesmente voltaria à indiferença costumeira e esqueceria os últimos acontecimentos. Mas agora não se conformava mais com isso. Havia percebido o quanto Maria Helena significava em sua vida. Sentia que a amava. Desejava estar com ela, beijá-la, sentir seu amor. Não se contentava mais com sua frieza ou sua indiferença. Precisava conhecer a extensão dos sentimentos dela. Saber se ela fingia amá-lo apenas para o bem-estar da família, para mantê-la unida, bem como ao nome.

Sabia como isso era importante para ela. Até que ponto o amava? Teria aceitado seu amor apenas por convenção?

Passou a mão pelos cabelos, angustiado. Teria a vida se vingado dele a esse ponto? Ele, que se casara por interesse, agora que estava apaixonado por ela, estaria recebendo o troco?

Esse pensamento fê-lo inquietar-se ainda mais. Estava farto de meias situações. Queria saber.

XX
Vigésimo
Capítulo

João Henrique estugou o passo dizendo a Jarbas:

— Vamos, que não é delicado chegar atrasado. Logo ao jantar! É horrível.

Jarbas sorriu e considerou:

— Foi você quem demorou para arrumar-se. Agora fica me apressando!

— Os Albuquerques são pessoas de classe, estão nos fazendo uma gentileza.

— Você parece muito animado com esse jantar. Faz tempo que não o vejo tão bem-disposto.

— Minha mãe ensinou-me as normas da boa educação. Esse jantar é em nossa homenagem.

— Está bem. Vamos lá.

Tocaram a sineta e o empregado abriu a porta, convidando-os a entrar. Na sala de estar, o coronel e Pérola apressaram-se em abraçá-los.

— Sejam bem-vindos, meus filhos. Que prazer! — disse Pérola com alegria.

— Espero não estar muito atrasado! — desculpou-se João Henrique.

— Não está, não. Aceita um aperitivo?

— Obrigado, coronel. Aceito.

Ele os serviu com prazer. Era especialista em vinhos e adorava apreciá-los com os amigos.

— Sentem-se, por favor.

Os dois acomodaram-se e a conversa fluiu agradável. Minutos depois, Marianinha e sua irmã Ester apareceram na sala. Os rapazes levantaram-se para cumprimentá-las.

— Então? — perguntou João Henrique. — Já se recuperou do incidente?

— Estou tentando. Não nego que foram maus momentos. Gostaria de poder esquecê-los.

— Marianinha sempre foi a corajosa, e eu, a medrosa — disse Ester com um sorriso. — Mas agora ela não gosta de dormir sozinha no quarto.

— Depois do que ela passou, é natural — disse João Henrique.

— Se fosse comigo, nem sei como estaria! Só de pensar nisso fico apavorada.

— Não há perigo de nada — garantiu o coronel. — Ulisses está preso e cuidarei para que não saia de lá tão cedo.

— Pelo menos até que ele se esqueça do que aconteceu — disse Jarbas.

— Por que diz isso? — indagou Mariana.

— Ulisses não gosta de perder. Sempre vai à forra. Dessa vez chegou a perder até a liberdade. Pelo que sei sobre ele, é bom mesmo que fique lá, pelo menos até se esquecer do que houve.

— Pensa que ele tentaria alguma coisa mais? — indagou Pérola, assustada.

— Não sei, dona Pérola. Pode ser que a lição tenha sido suficiente. Em todo caso, é bom não facilitar.

— Pode crer que estou vigilante. Ficará lá por uns tempos — garantiu o coronel, determinado.

— Falemos de coisas mais agradáveis — propôs João Henrique. — Esqueçamos aquele lamentável incidente.

— Não esquecerei nunca — disse Mariana com um brilho emocionado nos olhos. — Foi isso que nos aproximou e fez-me perceber quem são meus verdadeiros amigos.

— Tem razão — aduziu Pérola. — Pelo menos, esse foi o lado bom. Recebemos vocês dois em nossa casa e tornamo-nos verdadeiramente amigos.

Os rapazes sorriram satisfeitos. O ambiente dos Albuquerques era tão agradável que eles se sentiram muito bem lá. O jantar foi magnífico e João Henrique pensou em sua mãe. Ela sabia escolher muito bem seus amigos.

Depois do jantar, os dois rapazes foram com as duas moças para a sala de música, enquanto o coronel e Pérola jogavam uma partida de xadrez. João Henrique estava alegre, animado. Enquanto Jarbas e Ester colocavam discos na vitrola, cantarolando as músicas em voga, João Henrique conversava com Marianinha.

Olhando para ela, ele não podia se esquecer da beleza de seu corpo semidespido. Ela era realmente bonita. Tendo-a tão próxima de si, sentiu vontade de tocá-la, beijar seus lábios carnudos e entreabertos. Conteve-se a custo. Ela era uma moça de família.

— Compreendo por que Ulisses se apaixonou por você! — disse quase sem pensar.

— Por quê?

— Você é muito atratente. Ele não resistiu.

— Espero que não pense que eu tentei conquistá-lo. Nunca senti nenhuma atração por ele.

— Ele ficou louco por você!

Ela sacudiu a cabeça.

— Não sei, não. Pelo que soube a respeito dele, penso que o dinheiro de meu pai foi que despertou essa paixão louca.

João Henrique riu francamente. Ela estava certa em parte. Conversaram sobre outros assuntos, e João Henrique encantou-se quando descobriu que ela ajudava o coronel em seus projetos para melhorar o Rio de Janeiro.

Era estudiosa dos costumes e sonhava poder melhorar a cultura, a vida do povo, fazer do Rio de Janeiro um lugar maravilhoso, como as grandes capitais do mundo.

— Quando estudei na França — comentou ela —, aprendi muito com a educação do povo, seu amor pela cidade e sonho tornar nosso Rio tão privilegiado, tão lindo, uma cidade limpa, educada, como Paris, para a admiração e a alegria de todos. É muito agradável morar em uma cidade civilizada. Sou admiradora ardorosa de nossa cidade, que considero uma das mais belas do mundo.

João Henrique não escondeu seu entusiasmo. Encantado, falou de seus projetos, e os dois empenharam-se tanto no assunto que nem perceberam o adiantado da hora. Foi Jarbas quem lembrou ao amigo que precisavam ir embora. Ao despedir-se, Marianinha disse:

— Gostaria de continuar nosso assunto. O tempo passou tão depressa! Que pena! Papai adoraria falar com você sobre isso.

— Voltarei outro dia — prometeu João Henrique com prazer.

Uma vez na rua, Jarbas considerou:

— Foi uma noite muito agradável!

— Maravilhosa!

— Pelo jeito, pretende voltar logo.

— Claro! Você não?

Jarbas olhou o amigo, pensou um pouco, depois disse:

— Não. Sinto-me bem, vendo-o tão animado. Fez-lhe bem. Marianinha é uma moça muito atraente e culta. Mas preciso confessar-lhe uma coisa.

— O que é?

— Você é meu melhor amigo, meu companheiro no trabalho, não posso esconder a verdade.

— Fale logo! O que é?

— Estou apaixonado por Maria Lúcia. Desde nosso baile de formatura que eu gosto dela.

— Você! Por que nunca me disse nada?

— Porque eu pensava que ela gostava de Ulisses. Mas agora ela está gostando de mim, e eu estou mais apaixonado a cada dia.

— Tem certeza disso?

— Tenho. Gosto de seu olhar, de seu sorriso, de seu jeito doce. Se ela me aceitar, pretendo casar-me.

João Henrique, emocionado, abraçou o amigo.

— É mesmo sério!

— É. Vou esperar um pouco mais. Ela está despertando para a vida. Não pretendo aproveitar-me de sua ingenuidade. Se ela me amar de verdade, serei o mais feliz dos homens. Por isso, pretendo estar ao lado dela o mais que puder. Quero conversar com seus pais e pedir permissão.

— A minha você já tem. Se vocês se casarem, será a felicidade total. Meus pais adoram você.

— Obrigado, amigo.
— Vamos acabar parentes.
— Deus o ouça!

José Luís chegou em casa e encontrou Maria Helena na sala de estar. Sentia-se magoado e triste.

Como ela se deixara enganar daquele jeito? Por que não lhe contara nada e ainda mentira para ele?

A injustiça com Luciana doía-lhe. Ela havia se dedicado em ajudá-los e não merecia essa desconfiança. Graças a ela, Maria Lúcia saíra da depressão, João Henrique superara sua crise e até os dois, ele e ela, haviam aprendido a se amar e a viver melhor.

Ele se sentia ferido. Apesar de seus erros passados, sempre respeitara a família. Julgá-lo capaz de tanta desfaçatez machucava-o.

Maria Helena, vendo-o, notou que ele não estava bem. Não disse nada. Foi ele quem falou com ar sério:

— Venha, Maria Helena. Precisamos conversar.

Dirigiu-se ao quarto, e ela o acompanhou com o coração aos saltos. O que teria acontecido? Teria ele descoberto que ela sabia de tudo?

Uma vez no quarto, ele fechou a porta à chave, puxou Maria Helena para a cama, fazendo-a sentar-se a seu lado. Ela não disse nada. O ar sério do marido fazia-a sentir que precisava acautelar-se. Ele começou:

— Nossa conversa será franca e sincera. Já é tempo de esclarecermos o que vai em nosso coração e sinto que não dá mais para vivermos juntos, como até agora, escondendo nossos sentimentos, numa situação falsa que nos distancia e separa.

Maria Helena, pálida, pensou angustiada: "Ele vai dizer que ama outra mulher. Que não me ama mais e que vai embora!".

Sentiu as pernas trêmulas e o coração batendo descompassado. Não desejava perdê-lo! Mesmo sabendo que ele tinha outra, pelo menos queria tê-lo ao lado, cuidar dele, ter a ilusão de ser amada.

353

— Não faça isso — balbuciou com voz apagada. — Deixe tudo como está.

— Não posso. Não é esse o tipo de vida que desejo para mim. Descobri que estou vivo. Que posso amar e ser feliz. Pensei haver encontrado tudo isso. Agora, porém, sei que estava enganado. Você disse que me ama, mas na verdade julga-me um canalha. Não posso aceitar isso. Sempre a admirei por sua dignidade, sua postura, sua honestidade, e agora descobri que isso não era verdade. Você me enganou e não confiou em mim.

— Por que me censura? Você, a quem dei tudo de mim e que me humilhou tão cruelmente?

— Nunca a humilhei. Confesso que nosso casamento foi um erro. Que eu amava outra mulher a quem preferi deixar, interessado em posição social, poder, dinheiro. Nesta hora, Maria Helena, estou cansado de mentiras e quero que me veja como sou. Fui falso, cruel, usei você para alcançar meus fins. Claro que você me atraía, senão não teria sido possível a união. Mas amar, eu amava outra. Eu era jovem e cheio de ilusões. Pretendia casar-me e continuar meu amor com Suzanne.

Maria Helena, braços caídos ao longo do corpo, ouvia calada e as lágrimas desciam-lhe pelas faces pálidas. Ele prosseguiu, não se poupou, contou tudo. Como procurara Suzanne, seu tormento, seu remorso, seu amor infeliz, sua busca incessante.

— Eu não vivi. Fiquei parado no tempo, cheio de remorsos e culpando-me a cada dia. Até que eu soube que ela havia morrido. Consegui o endereço do túmulo e, numa tarde de domingo, fui até lá. Levei flores, ajoelhei-me e chorei sobre sua sepultura. Foi aí que encontrei Luciana. Estava intrigada porque eu chorava no túmulo de sua mãe. Conversamos. Pelas datas, cheguei à conclusão de que ela era minha filha.

Maria Helena deu um pulo, sobressaltada:

— Filha?

— Sim. Minha filha. Acompanhei-a à sua casa e tive certeza. Dona Egle não pôde esconder a verdade. Pedi-lhe perdão. Falei de meu arrependimento. Mostrei-me disposto a reconhecê-la publicamente como minha filha. Ela delicadamente não aceitou. Não desejava molestar minha família.

— Meu Deus! Quem poderia supor isso?

— Concordei. Mas não podia deixar de fazer alguma coisa. Comprei uma casa, dei-lhe uma mesada. Cedo descobri que eu tinha uma filha de alma nobre e bondosa, inteligente e linda. Se quer saber, foi ela quem mudou minha vida. Transformou-me. Com ela voltei a viver. Eu estava parado no tempo, preso ao passado, a um amor impossível. Foi ela quem me fez perceber o quanto estava cego. Foi ela quem me mostrou a felicidade que eu não via e que tinha nas mãos: o amor de nossos filhos, seu amor, a alegria de viver, o prazer de me sentir digno. Sabe, Maria Helena, depois que me casei com você por interesse, senti-me desprezível. Não conseguia me ver como um homem de bem. Luciana mostrou-me que eu podia reaver a dignidade perdida, amando-a verdadeiramente e sendo um pai extremoso para nossos filhos. Dedicou-se a Maria Lúcia com afeto e ajudou-a a despertar para a vida. Até João Henrique ela ajudou. Trata-se de uma moça nobre e bondosa, digna. Dona Egle é uma *lady*. Dói-me saber que você aceitou a calúnia sem titubear, depois de haver recebido tanto delas. E eu? Está certo que estava cego. Parado no tempo. Mas, quando descobri que a amava, fui sincero. Dói-me pensar que você foi capaz de aceitar que eu houvesse sido tão leviano. Nós confessamos nosso amor. Por que me ocultou essa calúnia? Por que preferiu acreditar naquele patife a esclarecer tudo comigo?

Maria Helena deixou o pranto correr livremente. Cansara-se de reprimir seus sentimentos. A confissão do marido, sincera e comovida, tocava fundo seu coração. Por que fora tão cega? Por que se deixara envolver?

Começou a falar sentindo cada palavra:

— Eu acreditei porque vi vocês dois abraçados. Apesar de você me dizer que me amava, eu me sentia insegura de seu amor. Quando nos casamos, eu estava loucamente apaixonada por você. Delirava de felicidade. Contudo, aos poucos fui percebendo e sentindo seu desinteresse. Agora compreendo o que acontecia então. Eu sentia que, apesar de casados, você nunca foi meu. Havia uma barreira entre nós, separando-nos. Todas as noites, aguardava ansiosamente sua visita em minha cama, e muitas vezes chorei minha solidão até a madrugada.

Surpreendido, ele perguntou:

— Por que nunca me disse? Pensei que não se importasse.

— Um pouco por orgulho, outro pouco porque tinha receio de perdê-lo.

— Mas isso nos distanciou ainda mais.

— Fui educada severamente. Era o homem quem deveria tomar as iniciativas. A mulher, nunca. Muitas vezes temi sucumbir e mostrar o quanto o amava. Eu me sentia feliz em vê-lo todos os dias, em cuidar de suas coisas, de sua alimentação, sair com você, tê-lo a meu lado.

— Você se mostrava tão fria, tão distante!

— Era minha defesa. Estremecia quando me tocava. Temia revelar o que sentia. Foi isso que me fez acreditar. A barreira que havia entre nós e que eu não sabia derrubar, a insegurança de me sentir desprezada, o fato de eu haver ousado dizer-lhe que o amava, tudo me perturbava. Quando Ulisses me escreveu a carta anônima, pareceu-me verdade. Sempre me perguntara como você tinha se arranjado. Fazia anos que não me procurava. Um homem não pode ficar sem mulher. Eu suspeitava de que haveria outra. Eu poderia perdoar isso, como coisa do passado. O que me chocou foi pensar que fosse Luciana. Fiquei louca de ciúme. Ela era jovem, linda, como competir? Fiquei desesperada.

— Por que não me disse nada?

— Tive medo. Pensei que estivesse loucamente apaixonado por ela. Se eu falasse, poderia deixar-me, e isso eu não suportaria.

— Preferiu sofrer em silêncio.

— Sim. Não queria prejudicar nossa família. Vejo que agi mal. Deveria ter conversado com você francamente.

— Maria Helena, há muito que deveríamos ter sido sinceros um com o outro. Agora sei que uma vida em comum precisa ser solidificada na confiança mútua. Há de haver sinceridade. Durante anos convivendo, éramos como dois estranhos.

— Lamento o que aconteceu. Você se diz magoado, mas eu também estou. Ambos nos enganamos, agimos de forma inadequada, machucamo-nos e sofremos. Mas agora só uma coisa me preocupa. O que vamos fazer daqui para a frente? Apesar de tudo, meu amor por você continua mais forte e vivo do que nunca. Tenho medo de perdê-lo. Eu o amo, sincera e apaixonadamente. Você é digno, bom e inteligente. Eu o admiro. É o que eu sinto de coração. Gostaria que fizesse o mesmo. Que me dissesse o que sente de verdade. Preciso saber. Não me poupe. Seja honesto.

José Luís olhou-a nos olhos e colocou as mãos nos braços dela dizendo:

— Eu também a amo. O passado está morto. Suzanne tem seu lugar em meu coração como uma coisa bonita de minha juventude. Mas é você que eu quero agora, que me emociona e faz meu coração bater mais forte. A quem respeito, admiro, desejo beijar, abraçar, viver junto. Eu quero você. Acho que sempre quis, sem saber.

Maria Helena olhava-o com paixão, e ele a apertou em seus braços beijando-a repetidas vezes apaixonadamente.

— Esqueçamos o passado — disse ela. — Comecemos uma vida nova daqui para frente. Podemos ser felizes. Agora nenhuma sombra há entre nós.

— Penso em Luciana.

Maria Helena ficou pensativa durante alguns instantes, depois disse:

— Estou envergonhada. Devo pedir-lhe que me perdoe. Pobre Maria Lúcia! Sofreu muito a separação. Houve momentos em que temi que voltasse ao que era antes. Faltou pouco. É preciso contar-lhe a verdade.

— Ela já sabe. Jarbas levou-a ontem para ver Luciana. Foi ela quem lhe contou tudo. Luciana não sabia de nada.

— Maria Lúcia também sofreu. Mostrou-se solidária comigo. Tivemos uma conversa. Queria que ela se afastasse de Luciana. Temia que se recusasse. Surpreendentemente, foi mais fácil do que pensava. Ela me atendeu prontamente. Mas sei que ela sofreu.

— Não foi só a você que Ulisses iludiu. Envolveu Maria Lúcia também. Ela estava enamorada, e ele fingiu que a amava.

Maria Helena indignou-se:

— Que canalha!

— Queria evitar que ela procurasse Luciana e esclarecesse tudo. Fez-lhe promessas de casamento. Além de dizer-lhe o mesmo que a você, disse que Luciana o amava e desejava a todo custo impedi-lo de namorá-la. Disse que Luciana estava comigo por dinheiro e o queria para o amor.

357

— Que ousadia! E pensar que frequentava nossa casa havia anos! Que mau-caráter. Pobre Maria Lúcia, como deve ter sofrido. Por tudo isso foi tão dócil quando lhe pedi para não ver Luciana.

— Felizmente ela se deu conta de seu engano. O noivado de Luciana e o caso de Marianinha ajudaram-na a perceber a verdade. Quando Jarbas a convidou para ir ver Luciana, ela aceitou. Estava cheia de dúvidas!

— Então eles foram lá!

— Foram. Jarbas sabia que Luciana era minha filha. Ela pediu-lhe ajuda. Sentia que algo de muito grave havia acontecido e desejava saber o quê. Chamou-o, contou-lhe sobre nosso passado.

— Pensei que Jarbas e Maria Lúcia estivessem namorando.

— E estão. Jarbas é apaixonado por nossa filha há tempo. Ela andava iludida com Ulisses.

— Que horror!

— Agora está tudo bem. Eles estão se entendendo.

Maria Helena ficou pensativa por alguns instantes, depois disse:

— Como fui tola!

José Luís aduziu:

— Todos nos enganamos. Agora não adianta lamentar o passado. Chega de desencontros. Luciana está certa. Ela diz que a felicidade está no presente. É preciso aprender a senti-la, valorizá-la. Nós nos amamos, temos uma família adorável, conforto, não nos falta nada. Estou cansado de viver no passado, lamentando por atitudes e decisões que agora já não posso mudar. O passado já acabou e não volta nunca mais. É tempo de vivermos nossa vida com a alegria de estarmos juntos, de podermos conviver e tornar nosso tempo mais agradável. É o que pretendo fazer de agora em diante. Apreciaria que você fizesse o mesmo. Que deixasse de lado os enganos do passado. Que passasse uma borracha no que ficou para trás e sentisse como é bom nos amarmos, confiarmos um no outro, colocando nossos sentimentos reais e verdadeiros em nossas atitudes.

Maria Helena olhou-o com olhos brilhantes.

— Sei que tem razão. Também desejo viver a alegria que sinto em perceber que ainda temos tempo para usufruir nosso convívio. A imagem que criei de você, quando nos casamos, não era verdadeira, mas a que imaginei todos estes anos também não. Hoje conheço você como é e confesso que me agrada muito. Nada pode ser melhor para mim do que estar aqui, com você, agora. Você falou em viver o presente, a felicidade. É isso o que estou sentindo agora. De fato, sou muito feliz.

José Luís abraçou-a com efusão e sentiu a voz embargada. Seu coração também cantava de alegria, e ele prazerosamente deixou-se ficar.

XXI
Vigésimo Primeiro
Capítulo

Sentado na pequena sala da delegacia, Ulisses esperava. Aqueles dias na prisão haviam sido um pesadelo. Embora houvesse recebido um tratamento especial por causa do nome de sua família, e o delegado simpatizasse com seu drama de apaixonado, pois ele continuava desempenhando esse papel, não o libertara.

O coronel Albuquerque era muito influente e estava realmente empenhado em punir o rapaz exemplarmente. A prisão suja, a cama dura, a comida horrível, a humilhação e a raiva eram insuportáveis. Mandava comprar comida fora, e a tia conseguira-lhe um advogado a quem encarregara de tirá-lo dali. Esperava-o com impaciência.

Doutor Antero chegou sobraçando sua pasta de couro, e Ulisses levantou-se ansioso. Quando o guarda fechou a porta e o advogado sentou-se do outro lado da pequena mesa que estava à sua frente, Ulisses cumprimentou-o e, antes mesmo de tornar a sentar-se, indagou:

— E então?

O advogado colocou a pasta sobre a mesa, tirou o chapéu e colocou-o sobre ela.

— Bem — começou ele, escolhendo as palavras —, é preciso ter calma.

— Calma? Estou aqui nesta prisão infecta e você me pede calma? Quero saber quando vai me tirar daqui. Sou de classe. Não posso ser tratado como uma pessoa qualquer.

— Ficar nervoso não vai facilitar as coisas. Você está encrencado. O coronel é influente e está empenhado em mantê-lo aqui.

— Ele não pode fazer isso. Afinal, ninguém saiu ferido.

— Ele não se esquece do vexame da filha e do susto que passaram.

— Preciso sair daqui. Não aguento mais.

— Estou fazendo o que posso.

— Também tenho amizades influentes. Minha tia não lhe deu as cartas para procurá-los?

— Deu. E eu fui.

— E então?

O advogado coçou a cabeça, indeciso.

— Fale. O que eles disseram?

— Bem... Recusaram-se a intervir. O doutor Menezes disse que não moverá uma palha para libertá-lo, e o doutor Campos disse que você teve o que mereceu.

— E Ernesto Gomes?

— Disse que foi bem feito.

— Bandidos! Em resumo...

— Ninguém quis ajudar. Ao contrário, preferem vê-lo preso. Disseram que o riscaram da lista de amigos. E, se quer saber, não o receberão mais em casa.

— Que súcia de traidores!

— A coisa anda feia. Na sociedade, nos clubes, nas casas de família, estão todos contra você.

Ulisses levantou-se e começou a andar de um lado para outro, preocupado.

— Nesse caso, precisamos usar outros meios. O dinheiro compra tudo. Vamos dar um jeitinho. Talvez o delegado ou o próprio carcereiro facilite minha saída.

— Pensa em fugir?

— Sim. Ficarei escondido até que me esqueçam.

— Será pior. A lei é dura para o infrator reincidente. Se o apanham, a pena dobra. Depois, para onde iria? Sua casa,

362

impossível. E todos estão contra você. Não teria como se esconder e logo seria descoberto. O coronel moveria céus e terra.

— O problema é meu. Seu papel é facilitar minha saída.

— Como arranjará dinheiro? Sei que está quebrado. Sua tia está passando dificuldades.

— Ela terá de dar um jeito, arranjar seja como for. Vá lá, fale com ela. Diga que não suporto mais ficar aqui. Faça-me um favor: peça-lhe que dê um pulo até aqui.

— Está bem, irei.

Depois que o advogado saiu, o carcereiro convidou Ulisses a recolher-se no pequeno quarto que lhe servia de cela. Estirado na cama dura, Ulisses arrependeu-se do passo impensado que dera. Fora estúpido e imprudente. Aqueles idiotas, que se diziam seus amigos, puseram tudo a perder e ainda se saíram bem, como heróis. Eles ficaram com o papel de salvadores, e ele como vilão. Eles não perdiam por esperar. Agora precisava sair dali, defender a pele. Seu instinto advertia-o de que o coronel não sossegaria enquanto não acabasse com ele.

Precisava pôr-se ao largo. Talvez fosse melhor sair da cidade. Estava riscado na sociedade. Endividado. E sua mentira sobre a herança, descoberta. Ninguém lhe emprestaria nem um níquel sequer. Restava-lhe a casa da família. Nunca quisera vendê-la porque representava seu trunfo para conseguir um casamento rico. Enquanto pudesse manter as aparências, pensava, teria chance. Agora, descobertas suas mentiras, estava perdido.

Seria melhor vender a casa e, com o dinheiro, tentar a sorte em outro lugar. Faria isso. Para onde iria? O coronel iria persegui-lo, tinha certeza.

Foi então que decidiu. Iria para Portugal. Prepararia tudo e tomaria o próximo vapor para lá. Tomada essa decisão, esperou a tia com impaciência.

Só no fim da tarde foi que ela chegou. Estava abatida e triste. Sentia vergonha. Parecia-lhe que todos a apontavam, e ela se trancara em casa, de onde só saíra diante da insistência do advogado e por causa do desespero do sobrinho.

Vendo-o, abraçou-o comovida. Ulisses, percebendo que o carcereiro se afastara e fechara a porta, disse em voz baixa:

— Tia, preciso de sua ajuda. Fiquei sabendo que o coronel Albuquerque pretende vingar-se. Deseja matar-me!

Ela torceu as mãos, aflita:

— Valha-me Deus! Que maldade!

— Pois é. Não contente em destruir-me com infâmias e mentiras, ele ainda deseja acabar comigo. Preciso de sua ajuda para fugir daqui.

— Eu?! O que posso fazer?

— O que eu disser. Estive pensando. Ouça-me com atenção.

Segurou as mãos dela, olhando-a nos olhos com determinação.

— O que quer que eu faça?

— Depois do que aconteceu, não posso mais ficar no Rio de Janeiro. Estou desmoralizado, perdido. Além do mais, há o coronel, que quer me matar. Nós não temos dinheiro. Precisamos vender a casa.

— Nossa casa? — disse ela com voz dorida.

— Sim. É a única forma de me salvar. Você vai ao senhor Manuel Carvalho, que sempre quis comprá-la, e faça a proposta de venda.

— A casa é só o que temos. O que será de nós sem ela?

— Já pensei em tudo. Iremos embora para Portugal. Lá começaremos vida nova, longe de tudo isto. As más línguas falam. Como você vai ficar aqui depois do que aconteceu? Com o dinheiro, montaremos um negócio qualquer e viveremos bem.

Ela meneou a cabeça, indecisa:

— Não sei, não...

— Prefere ver-me morto? O que fará se eles me matarem?

Ela estremeceu horrorizada.

— Não diga isso. Você é como meu filho! Só tenho você neste mundo.

— Então faça o que estou falando. O tempo passa e eu tenho medo.

— Está bem. Farei o que me pede. Seja tudo pelo amor de Deus.

— Assim é melhor, tia. Vai fazer tudo como eu disse. Vá à agência de viagens e traga-me as partidas mais próximas para

364

a Europa. Aí, planejaremos tudo. Venderemos a casa, compraremos as passagens e, quando tudo estiver pronto, partiremos.

— Como sairá daqui?

— Não se preocupe. Com dinheiro na mão, será fácil. Agora vá e faça tudo o mais depressa que puder.

Quando a tia saiu, Ulisses sentiu-se mais calmo. Se eles pensavam em acabar com ele, enganavam-se. Não lhes daria esse gosto. Em Portugal, tinha alguns amigos com quem pretendia recomeçar a vida. Formara-se na universidade com dificuldade. Não se interessava pelos estudos, nem pela profissão. Não pretendia trabalhar para ganhar a vida. Não se contentava com migalhas. Queria mais. Em todo caso, o diploma servia-lhe para dar-lhe posição e conseguir impressionar. Uma vez lá, onde ninguém sabia de nada, poderia continuar a representar seu papel de rico herdeiro e conseguir o casamento que precisava.

Haveria de mostrar aos dois falsos amigos o quanto valia, quando, rico e bem-posto, regressasse ao Rio de Janeiro. Eles haveriam de ver. Então, seria ele quem lhes daria as costas e não os quereria para relacionar-se.

No dia seguinte, Eufrásia voltou à delegacia para ver o sobrinho, levando na bolsa as informações que ele pedira.

Ulisses esperava-a ansiosamente. Apanhou os folhetos das viagens e leu-os com atenção.

— Veja, tia, há um vapor que sairá na próxima semana, dia cinco, vejamos, terça-feira. Iremos nele. Falou com o senhor Manuel?

— Falei. Disse-lhe que queria ir-me para São Paulo, por causa do escândalo, conforme mandou.

— E ele?

— Mostrou-se interessado. Quer ficar com a casa.

— Por quanto?

— Oito contos de réis.

— É pouco. Está aproveitando-se da situação. A casa vale para mais de quinze. Trata-se de um palacete.

— Isso disse-lhe eu.

— Diga-lhe que há outro interessado em pagar dezoito contos e vamos vender a ele.

— Mas não há ninguém.

— Faça de conta que há. Diga-lhe isso e verá que ele pagará mais. É preciso saber negociar. Ah, se eu pudesse sair daqui! — reclamou Ulisses.

— Talvez piorasse as coisas. Ele não sabe que pretendemos ir juntos.

— Nem deverá saber. Se descobrem nosso plano, estarei perdido. Você vai fazer o seguinte...

Ulisses cuidadosamente ensinou o que a tia deveria fazer, desde a reserva das passagens até a venda da casa e os preparativos para a viagem, quando usaria documentos falsos de identidade.

Quando ela saiu, Ulisses sentiu-se aliviado. Sempre fora inteligente e soubera defender-se muito bem. Não seria agora que o derrubariam.

Quando o carcereiro apareceu, encontrou-o triste e encolhido em um canto.

— Se quiser que eu vá comprar comida, tem de ser agora, enquanto o delegado foi almoçar.

Afonso oferecia-se todos os dias, esperando embolsar a gorjeta.

— Estou sem fome — disse Ulisses, fingindo-se arrasado. — E o pior é que não posso viver sem essa mulher! O que será de mim de hoje em diante?

O outro coçou a cabeça e sugeriu:

— Deixe disso. O coronel não é sopa, não.

— Estou desesperado. Eu adoro Marianinha!

— Você está se desgraçando por causa dela. Não vale a pena. Um moço como o senhor, rico, bem-posto. Deixe disso!

Ulisses levantou-se e, aproximando-se de Afonso, disse-lhe com voz súplice:

— Se ao menos eu pudesse vê-la pela última vez!

— Melhor não fazer mais besteira.

— Vou contar um segredo. Você tem sido meu amigo. Posso confiar em você?

— Pode. Se eu puder ajudar...

— Minha tia deu-me uma triste notícia, é segredo.

O outro aproximou-se mais, baixando o tom de voz:

— Fale! Confie em mim!

— Sei de fonte limpa que o coronel jurou-me de morte.

Afonso empalideceu:

— Cruz-credo! Como soube?

— Não posso dizer. Minha tia descobriu. Planejaram tudo na terça-feira. O matador virá aqui.

— É impossível! Vou falar com o delegado. Dobrar a guarda.

— Não vai adiantar. Isso só vai adiar minha morte.

— Que situação!

— Estou desesperado. Preciso sair daqui antes que seja tarde. Você é meu amigo. Se me ajudar, não vai se arrepender. Minha tia está vendendo a casa. Estou disposto a dar-lhe bom dinheiro pelo favor.

Os olhos de Afonso brilharam.

— Não posso permitir que cometam esse crime.

— Sem falar que o matador pode até matá-lo para entrar aqui.

— Deus me livre! Vire essa boca para lá!

— Então, vai me ajudar?

— Não posso recusar.

— Vamos planejar tudo.

Ulisses explicou a ele o que fazer, combinando que o deixaria amarrado para inocentá-lo da fuga. Tudo acertado, ele aguardou as providências da tia e preparou-se para a fuga.

O vapor partiria no começo da noite. Ele fugiria assim que escurecesse e iria ao encontro da tia em uma pensão no cais, onde trocaria de roupa e colocaria uma barba como disfarce. Embarcariam no navio, para onde as bagagens já teriam sido levadas pela manhã.

Eufrásia não conseguiu vender a casa por quinze contos de réis, mas Manuel, pressionado, chegou aos doze, e Ulisses aceitou prontamente. Isto feito, tudo acertado, no dia combinado, quando o delegado saiu para jantar, Afonso, tendo recebido o dinheiro adiantado e colocado em lugar seguro, deixou-se amarrar por Ulisses e, quando escureceu, ele saiu pelos fundos, dirigindo-se à pensão do cais, conforme o combinado.

Quando o navio apitou dando o primeiro sinal, Eufrásia, tendo colocado um grande chapéu cujo véu lhe cobria o rosto, dando o braço ao sobrinho, envelhecido por uma barba que lhe cobria metade do rosto, subiu as escadas que conduziam ao convés. Ninguém desconfiou, e eles, satisfeitos e aliviados, fecharam-se na cabine, fazendo planos para o futuro.

Era já noite quando o navio levantou âncora e zarpou.

XXII
Vigésimo Segundo
Capítulo

Sentado em seu gabinete, tendo um projeto estendido sobre a mesa, o coronel Albuquerque debruçava-se interessado, ouvindo com atenção as explicações de João Henrique.

Marianinha, sentada ao lado, também estava muito interessada.

— Precisamos ter consciência de que nossa cidade, uma das mais belas do mundo, precisa ser cuidada, valorizada, amada — dizia João Henrique com entusiasmo.

— Por certo — admitiu o coronel com satisfação. — Precisamos convocar os homens públicos e o próprio governo a que se decidam a trabalhar. Estou convencido de que só o esforço conjunto vai poder mudar este estado de calamidade em que vive nossa cidade.

Pérola entreabriu a porta e entrou dizendo com um sorriso:

— Permitam-me interromper. Estão aí há horas. Já chega. Vou servir o jantar.

— Desculpe, dona Pérola. Não notei o tempo passar. Espero não haver causado muitos problemas. Já estou de saída. Continuaremos outro dia.

— De forma alguma. Não permitirei que saia agora. Você janta conosco. Já coloquei seu prato à mesa.

— Não se preocupe, dona Pérola. Vou para casa.

Desta vez o coronel interveio:

— Não nos fará uma desfeita dessas...
— Desfeita?
— Claro. Roubando-nos o prazer de continuarmos conversando — insistiu ele.
— Nesse caso, terei também muito prazer em ficar.

Marianinha aproximou-se e, segurando o braço de João Henrique, disse:

— Vamos agora dar uma trégua. Fazer uma pausa para outros assuntos. Há uma revista que recebi de Viena e gostaria de lhe mostrar.

João Henrique sorriu encantado. O jantar decorreu agradável, e, depois do licor, Mariana e João Henrique sentaram-se lado a lado no sofá para verem a belíssima revista, repleta de gravuras de arte e de novidades da Europa. O coronel fumava seu charuto conversando com Pérola, e Ester entretinha-se lendo.

O ambiente calmo e agradável foi interrompido quando um empregado apareceu assustado.

— Coronel, tenho uma notícia para o senhor.
— O que foi, Antônio?
— O moço fugiu da cadeia.

O coronel deu um salto.

— Fugiu? Como? Quem disse?
— Brás! Passou na delegacia e havia um corre-corre. Afonso foi encontrado amarrado, e o moço escapou.

Pérola olhou assustada para Mariana:

— Meu Deus! E agora? E se ele voltar aqui?
— Não se atreveria! — esbravejou o coronel. — Vá chamar meus homens para guardar a casa. Dois ficam aqui e dois vão comigo pegar aquele safado.

João Henrique levantou-se rápido.

— O que posso fazer?
— Fique aqui até que eu volte. Ficarei mais tranquilo com você aqui. Nunca se sabe o que aquele maluco pode tentar.

João Henrique abanou a cabeça:

— Não creio que venha aqui. Com certeza vai tentar fugir para bem longe.

— Não deixarei que isso aconteça. Vasculharei esta cidade toda se preciso for. Hei de trazê-lo de volta. Posso contar com a sua cooperação?

— Claro, coronel. Estarei atento e esperarei por seu regresso.

— Vou deixar dois homens na guarda da casa.

Vendo os homens chegarem armados e dispostos a perseguir Ulisses, João Henrique entristeceu-se. Por que ele escolhera aquele caminho? Fugir representava o temor de ver-se castigado. Lembrou-se dos tempos de estudante e da época da universidade. Embora Ulisses sempre transgredisse as regras, nunca imaginou que chegasse a tanto. E se o prendessem? Temia que o ferissem.

Calado, João Henrique sentou-se novamente no sofá, depois que o coronel saiu recomendando cuidado e atenção. Mariana não disse nada. Sentou-se calada. Depois de alguns minutos, João Henrique caiu em si:

— Desculpe. Não esperava que acontecesse uma dessas.

— Apesar de tudo, você lamenta, não é?

Sentindo-se compreendido, João Henrique deu livre curso às suas preocupações.

— Sim, lamento. Afinal, ele foi meu amigo, companheiro de universidade, graduou-se, tinha um nome de família, é jovem, poderia ter um destino melhor, construir alguma coisa, ser feliz.

— Posso entender. Quando vejo um moço elegante, eu diria bonito, de boa aparência, fazer o que ele fez, também lamento. Mas, ao mesmo tempo, sei que cada um dá o que tem, e Ulisses, por mais que sua aparência iludisse, não sabia ser melhor. Achou que podia usar as pessoas, seus sentimentos, e isso nunca deu certo. Havia qualquer coisa nele que não me agradava. Não poderia precisar, mas foi isso que me impediu de me apaixonar.

— Ele disse que você se interessou a princípio.

— Eu tentei. Afinal, ele era tão amável, cumulava-me de tantas gentilezas e atenções, que eu muitas vezes me sentia injusta, ingrata, por não conseguir aceitá-lo. Naquele tempo, cheguei a julgar-me tola por isso. Agora sei que eu estava certa. Era como uma intuição, uma certeza de que não seria feliz ao seu lado.

— Posso entender. Às vezes a gente sente coisas que não se pode explicar com palavras.

João Henrique recordava-se de Antonieta. No fundo, sempre soubera que ela não ficaria com ele.

Os dois continuaram conversando agradavelmente, e João Henrique sentiu-se bem ali, com ela a seu lado. Pôde perceber o quanto ela era sensível e equilibrada. Além disso, seus olhos negros fitavam-no brilhantes e seus lábios vermelhos e carnudos faziam-no desejar beijá-la ali mesmo. Lançou um olhar furtivo para Pérola, que folheava uma revista, e para Ester, que continuava lendo calmamente seu livro.

O tempo foi passando, e Pérola apressou-se a oferecer-lhes um chá. João Henrique só se deu conta do avançado das horas quando o pesado relógio do *hall* bateu meia-noite.

— O que estará acontecendo? — disse Pérola, pensativa.

— Saberemos quando o coronel chegar. Se estão com sono, não façam cerimônias. Podem recolher-se e eu ficarei aqui, esperando por ele.

— De forma alguma — respondeu Pérola. — Ninguém conseguirá dormir com essa preocupação.

— Ficaremos aqui juntos — decidiu Mariana. — Sinto-me mais segura. Depois, é tão bom tê-lo conosco que desejo aproveitar todos os minutos.

Lisonjeado, João Henrique sorriu e, diante do que viu nos olhos dela, aproveitou-se de uma saída rápida de Pérola para pegar a mão de Mariana e levá-la aos lábios.

A moça estremeceu, e ele teve vontade de tomá-la nos braços, porém conteve-se. Pérola voltava, sentando-se diante deles.

Contudo, os olhos de Mariana falavam mais do que as palavras, e João Henrique sentiu uma emoção doce envolver-lhe o coração. Mariana estaria interessada nele? Esse pensamento, que algum tempo atrás o teria feito fugir de seu convívio, agora lhe dava uma sensação de alegria, bem-estar, excitação, desejo, carinho. Como poderia descrever seus sentimentos? Nem ele mesmo sabia.

Eram mais de duas da manhã quando o coronel regressou. Ester adormecera sobre o livro, Pérola recostara-se na poltrona; só João Henrique e Mariana não viam o tempo passar, sentindo o prazer da proximidade, do roçar de braços, dos olhares intencionais e eloquentes, dos beijos furtivos que João Henrique dava nas mãos dela.

O coronel entrou agitado. João Henrique levantou-se.

— Nem sinal dele. O patife sumiu como por milagre. Afonso contou uma história que não me convenceu. Manuel, do bar, disse-me que era ele quem comprava comida para o preso. O malandro tratava-se bem. Para isso, certamente Afonso era gratificado. Cesteiro que faz um cesto faz um cento!

— O senhor suspeita dele?

— Deve tê-lo ajudado na fuga. Amanhã vou ter uma conversa com ele. Há de contar tudo. Vocês verão.

Foi a vez de Pérola intervir:

— Chega por hoje. Não adianta enervar-se. Não é bom para a saúde.

— Pelo menos por aqui ele não passou. Os dois que ficaram vigiando são meus melhores homens.

— Ulisses pode estar desequilibrado, porém não creio que tivesse coragem de aparecer por aqui. O que ele quer é safar-se. Pôr-se ao largo. Está com medo — comentou João Henrique.

— Você pode ter razão. Contudo, nunca se sabe. Depois do que ele fez!

— Sei como ele faz. Na escola, quando se enfurecia, não via quem tinha pela frente. Precisávamos segurá-lo. Mas, depois que passava, ficava apavorado com tudo e com todos.

— Quero crer que esse moço seja descontrolado. Ficou órfão muito cedo, de maneira trágica — ajuntou Pérola.

— Lá vem você com sua piedade. O que Ulisses fez não tem justificativas.

— Não justifico, mas posso entender e lamentar. Um jovem jogar a vida fora desse jeito! — rematou ela.

— Sua generosidade é conhecida, minha querida — disse o coronel, passando carinhosamente o braço pelos ombros da esposa.

— João Henrique, hoje aumentei minha dívida com você. Obrigado por haver me esperado até tão tarde.

— Eu é que agradeço a confiança, coronel. Fui privilegiado por haver ficado tanto tempo em tão boa companhia. Nem senti o tempo passar.

373

Quando João Henrique se despediu, o coronel disse-lhe:

— Não demore a voltar aqui. Estou muito interessado em suas ideias. Juntos ainda poderemos ajudar nossa cidade.

— Sem dúvida, coronel. Voltarei certamente.

— Papai fala sério, João Henrique. Não são palavras convencionais. Ele não é disso.

— O prazer de estar aqui foi tanto que os desejos do coronel são ordens.

João Henrique despediu-se e saiu.

Olhou o céu estrelado e suspirou. O rosto de Mariana, a maciez de sua pele, o brilho de seus olhos fizeram-no desejar voltar lá no dia seguinte.

Foi para casa pensando em arranjar uma desculpa para ver Mariana. A fuga de Ulisses seria sua justificativa. Iria lá no dia seguinte. O coronel poderia precisar dele, deixando-o com a família enquanto se ausentava.

No dia seguinte, João Henrique dormiu até tarde e só desceu para o almoço. Sentia-se leve e alegre. Nunca sua casa lhe pareceu tão bonita, perfumada e florida. Notou que a mesa estava festiva e que todos estavam diferentes. Que fada transformara sua família em pessoas bonitas, brilhantes e mais alegres? Estaria vendo bem ou seria um sonho?

Maria Helena, remoçada, alegre... Ele notou até que ela se enfeitara mais do que o usual. O pai também lhe pareceu muito bem-disposto, e até Maria Lúcia resplandecia.

Vendo-o, Maria Helena considerou:

— O jantar dos Albuquerques foi longo, nem sequer percebi quando chegou.

— Tarde, mamãe. Quase às três.

— Não estará abusando?

João Henrique contou as novidades.

— Pobre Pérola. Ficará preocupada com a filha. Depois de tudo!

— Não creio que Ulisses seja corajoso o bastante para tentar de novo. Conheço sua covardia. O que acho é que se pôs ao largo com medo do coronel.

— Espero que ele nunca mais volte — disse Maria Lúcia.

374

João Henrique admirou-se com a firmeza de seu tom. Sorriu, um pouco indeciso, depois disse:

— O que aconteceu aqui? Ontem isto era um túmulo. Todo mundo triste, agoniado. Hoje tudo está diferente.

— Inclusive você — disse Maria Lúcia.

— É verdade. Eu estava trabalhando muito.

— Não foi lá para falar do projeto?

— Fui. Mas eles são maravilhosos. Dona Pérola, grande dama; o coronel, um homem inteligente, eu diria brilhante; e há Mariana.

Maria Helena olhou o marido agradavelmente surpreendida. José Luís limitou-se a dizer:

— Uma bela e inteligente mulher.

— É verdade — concordou João Henrique. — Deu-me boas sugestões. Ela estuda muito as questões sociais, adorou minhas ideias.

— O difícil será você conversar com ela sobre coisas tão sérias — comentou José Luís.

João Henrique riu sonoramente.

— Não foi fácil concentrar-me no assunto. Para ser franco, não consigo recordar suas palavras.

— Em compensação, talvez recorde seu perfume, a cor de seus olhos.

Todos riram maliciosos. O almoço decorreu alegre e depois Maria Helena pediu ao marido:

— Vamos todos para a sala e conversar. De hoje em diante, não desejo que paire nenhum segredo entre nós. João Henrique precisa saber de tudo.

Sentados no aconchego agradável da sala de estar, tendo entre as suas a mão da esposa, José Luís contou tudo. Foi objetivo e sincero.

João Henrique, emocionado, ouviu em comovido silêncio. Ao final, comentou como para si mesmo:

— Eu, egoísta, pensei só em minha desilusão, como se fosse a mais negra tragédia. Hoje percebo como fui ingênuo e a felicidade que eu possuo por ter pais como vocês. Atravessando tantos problemas, jamais deixaram de nos apoiar e ajudar. Pai, agora compreendo muita coisa. Pobre Luciana! Foi a mais injustiçada

375

em tudo isso. Foi quem nos deu mais e nunca pediu nada em troca. Respeitou nossa escolha. Sentindo-se rejeitada por aqueles a quem só fez bem, esperou com a dignidade dos iluminados e inocentes que tudo se esclarecesse. O que faremos para remediar tanta injustiça?

— Propus reconhecê-la como filha legítima. Ela não quer. Vai se casar. Acha que o nome do marido será suficiente — confidenciou José Luís.

— E a senhora, mamãe, como ainda não correu lá para abraçá-la e desfazer toda essa situação?

— Esperei para contar-lhe. Gostaria que participasse conosco dessa alegria.

— E se fôssemos todos lá esta tarde? — sugeriu Maria Lúcia.

— Acha que isso seria o mais adequado? — perguntou Maria Helena.

João Henrique olhava a irmã boquiaberto. Ela parecia outra pessoa: olhos brilhantes, postura firme, ousando tomar a iniciativa. E o mais surpreendente é que sua mãe aceitava naturalmente.

— Claro, mamãe — respondeu ela. — Luciana ficou tão feliz com minha visita! Foi tão bom ter ido lá! Foi a melhor coisa que eu fiz.

— Foi ela quem descobriu a verdade. Ela e Jarbas — esclareceu Maria Helena.

— Jarbas? Pelo jeito ele andou depressa — comentou João Henrique bem-humorado.

Maria Lúcia corou, porém não se atemorizou. Sentia-se forte e alegre. Descobrira que podia confiar em seus sentimentos. Desde o princípio, desejara rever Luciana. Seu coração queria isso, mas o orgulho a impedia. Aprendera que, se algumas pessoas mentem e enganam, outras são confiáveis e sérias. Nunca mais aceitaria uma situação sem tentar esclarecê-la diretamente com as pessoas. Arrependia-se de não ter cobrado de Ulisses o que lhe prometera. Não para que ele cumprisse, mas para esclarecer a verdade e desmascará-lo perante a família. Se houvesse feito isso, por certo teria evitado muito sofrimento. Compreendia que sua postura ingênua favorecera a crueldade de Ulisses. Estava disposta a não mais se deixar usar por ninguém.

Vendo o olhar de João Henrique cheio de malícia e curiosidade, não se perturbou. Disse simplesmente:

— Ele sempre teve pressa, eu é que demorei para compreender.

— Pelo jeito ele já se declarou.

— Isso é segredo — retrucou Maria Lúcia com um sorriso.

— Então, mamãe, vamos lá agora?

— Não será melhor telefonar? — indagou Maria Helena.

— Eu telefono — sugeriu Maria Lúcia. — Só para saber se estão em casa. Direi que vou sozinha.

José Luís, emocionado, não conseguia dizer nada.

— Enquanto isso, vou me preparar.

Maria Helena subiu para apanhar o chapéu e a bolsa, e João Henrique foi tirar o carro enquanto Maria Lúcia telefonava. Pouco depois, os quatro no carro dirigiam-se para a casa de Luciana.

Com o coração aos saltos e o rosto vibrando de alegria, Maria Lúcia tocou a sineta. O portão estava encostado, e eles entraram até a varanda. João Henrique ao lado dela e atrás Maria Helena e José Luís.

Quando Luciana abriu a porta e viu-os juntos na varanda, emocionada, não conseguiu articular palavra. Maria Lúcia abraçou-a com força, beijando-a na face com entusiasmo.

— Luciana, viemos todos! Que alegria!

João Henrique abraçou-a por sua vez, dizendo emocionado:

— Você não é só nossa irmã pelo sangue, é também pelo coração. Estou feliz em saber disso!

Luciana deixava as lágrimas correrem livres pelo rosto corado, sem conseguir falar. Depois de João Henrique, Maria Helena e Luciana viram-se frente a frente. A moça esperou que ela falasse:

— Peço-lhe que me perdoe — disse Maria Helena.

Luciana balançou a cabeça negativamente:

— Não tenho nada a perdoar. Fomos todos vítimas de uma mentira.

— Sinto-me culpada. Conhecendo você como conheço, depois de tantas demonstrações de caráter e dignidade, eu jamais deveria ter acreditado. Você nunca seria capaz de uma indignidade.

— Obrigada, dona Maria Helena. Sinto-me recompensada nesta hora, tendo-os todos aqui. Entrem, por favor.

Egle aproximou-se e abraçou-os carinhosamente. Uma vez na sala, foi Maria Helena quem falou primeiro:

— Depois de tudo que passei, decidi que nunca mais deixarei nada sem esclarecer. Percebi que, se tivesse perguntado a verdade a José Luís ou mesmo a você, Luciana, eu não teria sofrido tanto nem feito o jogo de Ulisses. Eu caí como um patinho na armadilha. Mas eu estava insegura, e o ciúme é mau conselheiro. Ele cega e impede a pessoa de perceber a verdade. Agora que José Luís nos contou tudo e não há mais nenhuma sombra entre nós, sinto-me segura e em paz. Reconheço, Luciana, que foi você quem nos ajudou a perceber muitas coisas. De você só recebemos dedicação e amor. Eu teria muita honra se você fosse minha filha! Sei que Suzanne não se importaria em dividir esse papel comigo, uma vez que, de onde ela está, não poderá fazer certas coisas. Acredito que ela nos tenha auxiliado não só quando nos levou a João Henrique, mas também em muitas outras ocasiões em que necessitamos.

A voz de Maria Helena traía sua emoção e sinceridade.

Luciana aproximou-se dela, abraçando-a e beijando-a na face demoradamente.

— Luciana — interveio José Luís —, vou reconhecê-la como filha legalmente. É vontade de Maria Helena também.

— Sinto-me feliz. Vocês me emocionam e enternecem. Contudo, eu não desejo que façam isso. Para que levantar essa história perante a sociedade? Não desejo nada a não ser o afeto de vocês. Não aguentava mais de saudade. José Antônio ajudou-me a suportar essa tristeza. Mas agora não existe no mundo ninguém mais feliz do que eu! Dentro de alguns dias estarei casada e realizarei meu sonho de mulher. Não há necessidade de nenhum documento para justificar os laços de amor que nos unem no coração. Vê-los comparecer a meu casamento era o que eu mais queria!

Maria Helena ouviu-a enternecida. O desinteresse de Luciana e o desejo de salvaguardar o nome da família emocionavam-na ainda mais.

— Você é muito nobre, Luciana. Renunciar a um direito seu é muito desprendimento — comentou Maria Helena.

378

— Não estou renunciando a nada. Ao contrário, eu desejo estar mais com vocês a cada dia.

A conversa fluiu animada. Falaram sobre o casamento e, quando José Antônio chegou no fim da tarde, ainda os encontrou conversando em harmoniosa e contagiante alegria.

Epílogo

Os salões do clube Náutico estavam lindamente decorados para a cerimônia de casamento. Margarida preparara tudo carinhosamente e convidara a nata da sociedade para o acontecimento. Tanto os tapetes de veludo vermelho impecavelmente escovados quanto o brilho dos candelabros de prata e da baixela no salão do banquete, os arranjos de flores, as toalhas de linho branco, os empregados, tudo reluzia.

A um canto, a mesa para o juiz de paz, que efetuaria o ato solenemente preparada. Margarida, elegantemente vestida, circulava verificando todos os detalhes.

Os convidados e o juiz chegaram. Maria Helena juntou-se a Margarida. De onde estava podia ver Jarbas de braço com Maria Lúcia. Ele lhes pedira permissão para o namoro, e Maria Lúcia a cada dia revelava-se mais alegre e feliz. A emoção de Maria Helena aumentou ao ver João Henrique entrar em companhia dos Albuquerques, tendo em seu o braço de Mariana. Seus olhares apaixonados não deixavam dúvidas de que o namoro começara sob a aprovação de toda a família.

Ver o filho feliz, amando e sendo amado por uma mulher leal e inteligente, era seu maior sonho. Agora tudo indicava que iria tornar-se realidade.

A música começou e as pessoas aconchegaram-se perto dos cordões de isolamento para ver a noiva passar. José Antônio, elegante e com olhos brilhantes de emoção, esperava diante do juiz. Quando a porta principal se abriu ao som da marcha nupcial e Luciana entrou de braço com o pai, houve um burburinho geral.

Ela estava linda em seu vestido de renda branca, com o corpete justo rebordado por delicadas pérolas e vidrilhos, uma saia cheia de pequenos babados, salpicada aqui e ali de pequenos brilhos. Nos cabelos, penteados em gracioso coque no alto da cabeça, havia um enfeite de pérolas de onde saía o véu que caía até a barra da saia. Nas mãos, um buquê de flores naturais.

José Luís, emocionado, pensou em Suzanne. Estaria ali?

Sentia-se feliz com o casamento da filha e mais ainda pelo rumo que sua vida tomara. Agradecia a Deus e sentia que Luciana fora instrumento da vida para fazê-lo compreender que ela age, independentemente de nossa vontade, sempre de forma acertada e para o melhor, ainda que não tenhamos consciência de onde está a nossa felicidade. Ela lhe dera tudo. Ele é que não conseguira ver. Sem a ajuda de Luciana, talvez ainda estivesse cego, preso ao passado. Agora que podia apreciar todo o bem que possuía, queria estar presente e usufruir essa felicidade em todos os minutos. Nunca mais olharia para trás. Era muito bom estar vivo, poder amar e ser amado.

Entregou Luciana ao noivo, e colocou-se ao lado de Maria Helena; eram padrinhos da noiva.

O juiz, amigo de Margarida, depois de realizar o casamento, fez comovida oração sobre a família e o amor, terminando por evocar Deus na bênção ao casal e a desejar-lhes felicidades.

Luciana, feliz, recebeu o beijo do marido e juntos dirigiram-se ao outro salão para as fotos e os cumprimentos. Tudo era alegria e felicidade.

Suzanne, emocionada, contemplava-os reunidos alegremente na mesa de banquete quando Anita aproximou-se:

— Finalmente, Suzanne. Você se libertou. Agora continuarão sem você.

— Sim. Agora eu já posso seguir adiante. Nada mais tenho a fazer aqui. Vou despedir-me.

Aproximou-se de Luciana, abraçando-a comovida, dizendo-lhe ao ouvido:

— Seja feliz, querida!

Luciana sentiu a presença e emocionou-se. Egle, ao lado, percebeu e sorriu. Ela sentia que Suzanne estava ali.

Suzanne abraçou a mãe, José Luís e a família, e juntou-se a Anita, pronta para partir.

Notando o brilho de uma lágrima nos olhos de Suzanne, Anita tornou:

— Apesar de tudo, você não quer deixá-los.

Suzanne olhou-a com brilho harmonioso nos olhos.

— Quem ama nunca se separa. Aonde quer que eu vá, estaremos sempre juntos. Quando eu quiser vê-los, não será difícil voltar.

— Nesse caso, vamos. É hora.

Abraçadas, as duas saíram. A noite caíra de todo, realçando o brilho das estrelas que, faiscando no céu, tentavam contar aos homens os segredos do Universo e as maravilhas de Deus.

FIM

Rua das Oiticicas, 75 – SP
55 11 2613-4777

contato@vidaeconsciencia.com.br
www.vidaeconsciencia.com.br